칸쿤 홀리데이

칸쿤 홀리데이

2024년 3월 15일 개정 3판 1쇄 펴냄

글 주소은 · **사진** 한기호
발행인 김산환
편집 박해영
디자인 윤지영
지도 글터
펴낸 곳 꿈의지도
인쇄 다라니
종이 월드페이퍼

주소 경기도 파주시 경의로 1100, 604호
전화 070-7535-9416
팩스 031-947-1530
홈페이지 blog.naver.com/mountainfire
출판등록 2009년 10월 12일 제82호

ISBN 979-11-6762-085-9-14980
ISBN 979-11-86581-33-9-14980(세트)

지은이와 꿈의지도 허락 없이는 어떠한 형태로도 이 책의 전부, 또는 일부를 이용할 수 없습니다.
※ 잘못된 책은 구입한 곳에서 바꿀 수 있습니다.

CANCUN
칸쿤 홀리데이

글 주소은 · 사진 한기호

꿈의지도

Prologue

◇

칸쿤을 다녀온 사람이라면 누구든 이렇게 이야기한다. "천국!"

지구에 이렇게 아름다운 곳이 있었다니! 청춘을 온전히 보낸 미국 유학 시절 친하게 지냈던 남미 친구들을 따라 처음 가본 칸쿤에서 엄청난 충격을 받았다. 그 후 나는 어떤 이름난 곳을 가도 칸쿤을 떠올리고 마는 몹쓸 버릇이 생겼다. 결혼하게 되면 사랑하는 사람과 꼭 다시 칸쿤에 가리라 다짐도 하면서. 물론 결혼 준비를 하면서 가장 먼저 칸쿤행 티켓을 발권했다. "칸쿤?" 신혼여행지로 칸쿤을 선택했다는 내 말에 의아해하던 남편은 매력적이고 아름다운 칸쿤의 모습에 반해 순간순간을 부지런히 카메라에 담았다. 칸쿤에서의 시간은 꿈같기도, 영화 같기도 했다. 덕분에 시간이 많이 흘렀지만 아직도 남편은 칸쿤앓이 중이다.

다시 칸쿤으로 향하게 된 건 책 때문이었다. 한국에서도 휴양과 신혼여행지로 떠오르고 있는 칸쿤이지만, 제대로 된 정보가 없었다. 그래서 우리가 여행자들에게 도움이 될 만한 칸쿤의 정보를 책에 담아 보기로 한 것이다. 두 번째 여행에서는 칸쿤을 최대한 꼼꼼히 살폈다. 실제로 도움이 되는 가이드북을 만들기 위해 수개월을 무더운 태양과 싸우며 현지의 일상으로 들어갔다. 최고급 리조트부터 저렴한 호스텔까지, 숨어 있는 세노테와 유카탄반도의 작은 마을들, 마야 유적지를 찾아다녔다. 아름다운 낙원 칸쿤에서 두 번의 여름과 한 번의 겨울을 지낸 우리는 때로는 여행자로, 때로는 현지인들과 함께 어울려 살기도 하면서 어느덧 칸쿤 여행 전문가가 되어 있었다.

칸쿤이 인기 여행지로 떠오르면서 나는 칸쿤을 중심으로 멕시코 동남부 지역을 장시간 수차례 여행했다. 그 과정에는 일흔을 넘기신 엄마와의 동행도 있었다. 그동안 숨겨져 있던 칸쿤의 보석 같은 지역인 홀복스섬과 일곱 빛깔 물빛의 바칼라르를 발견해 감동의 시간도 보냈다. 나 혼자만 알기에는 너무나 아까운 이곳을 이 책의 개정판에 아낌없이 소개했다. 그 결과 유명한 TV 프로그램에서 바칼라르의 아름다운 일상을 방영해 주었고, 연예 프로그램에서는 호텔 존과 활동적이고 힘찬 플라야 델 카르멘의 모습을 보여주기도 했다. 그 열정과 보람으로 지금도 계속 새로운 정보를 업데이트하고 있다.

이 책을 보며 꼭 필요했던 칸쿤의 정보를 찾거나 당장 칸쿤으로 달려가고 싶은 마음이 들면 좋겠다. 카리브해의 에메랄드빛 바다가 만들어 내는 아름다운 시간이 꼭 당신과 함께하기를. 그래서 꼭 행복하기를.

Special Thanks to

◇

한국의 첫 칸쿤 여행 가이드북 〈칸쿤 홀리데이〉를 쓰게 되어 무척 기쁘고 감사하다. 2015년 초판 이후 10년에 걸쳐 5번째 개정판으로 새롭고 생생한 콘텐츠를 업데이트하여 전달할 수 있는 유일한 책사에 지금심마저 느낀다.
이 일을 내게 맡겨준 꿈의지도 김산환 대표님, 박해영 편집자님께 깊이 감사드린다. 책의 기획부터 마무리까지 물심양면 도움을 준 박효진 이사님과 오랜 기간 지구 반대편을 돌아다니는 자식들 걱정에 잠 못 이루신 양가 부모님들, 항상 우리를 응원해주는 가족들에게 감사와 사랑을 전한다.

〈칸쿤 홀리데이〉 100배 활용법

칸쿤 여행 가이드로 〈칸쿤 홀리데이〉를 선택하셨군요. '굿 초이스'입니다. 칸쿤에서 뭘 보고, 뭘 먹고, 뭘 하고, 어디서 자야 할지 더 이상 고민하지 마세요. 친절하고 꼼꼼한 베테랑 〈칸쿤 홀리데이〉와 함께라면 당신의 칸쿤 여행이 완벽해집니다.

01
스마트한 여행준비
내 스마트폰의 앱을 잘 활용하면 만족스러운 여행을 할 수 있다! 여행에 꼭 필요한 앱과 활용법을 알기 쉽게 정리했어요. 디지털 시대, 스마트폰을 잘 활용하는 스마트 여행법을 차근차근 익혀 보세요.

02
칸쿤을 꿈꾸다
STEP 01 » PREVIEW 를 먼저 펼쳐 보세요. 여행을 위한 워밍업. 칸쿤 하면 떠오르는 럭셔리한 호텔 존과 중남미의 향기 물씬 풍기는 현지인 동네까지 골목골목을 안내합니다. 당신이 칸쿤에 왔다면 꼭 봐야 할 것, 해야 할 것, 먹어야 할 것을 알려줍니다. 놓쳐서는 안 될 핵심 요소들을 사진으로 만나 보세요.

03
여행 스타일 정하기
STEP 02 » PLANNING 을 보면서 나의 여행 스타일을 정해 보세요. 칸쿤 여행의 목적이 신혼여행인지, 가족 여행인지, 배낭여행인지에 따라 여행 일정과 스타일이 달라집니다.

04

할 것, 먹을 것, 살 것 고르기

여행의 밑그림을 다 그렸다면 구체적으로 여행을 알차게 채워갈 단계입니다. `STEP 03 » ENJOYING` 에서 `STEP 05 » SHOPPING` 까지 펜과 포스트잇을 들고 꼼꼼히 체크해두세요. 설탕처럼 부드러운 모래사장에서 캐리비안 비치를 배경으로 남기는 웨딩 스냅, 놓치면 후회할 마야 문명 유적지 치첸이트사, 화려한 쇼에 룸이 들썩여지는 코코 봉고 클럽, 정통 멕시칸 요리와 테킬라까지 찜해 놓으면 됩니다.

05

지역별 일정 짜기와 QR코드 활용하기

여행의 콘셉트와 목적지를 정했다면 이제 지역별로 묶어 동선을 짜봅니다. `CANCUN By Area` 에서 칸쿤 지역별 관광지와 쇼핑몰, 레스토랑을 보면 이동 경로 짜기가 수월해요. 자세한 정보가 더 필요하다면 QR코드를 활용해 보세요. 스마트폰 하나로 현지 정보를 간편하게 확인할 수 있답니다.

06

숙소 정하기

어디서 자느냐가 여행의 절반을 좌우합니다. `CANCUN By Area SLEEP` 을 보면서 내가 묵고 싶은 칸쿤의 숙소들을 찜합니다. 칸쿤만의 특별한 매력 '올 인클루시브 리조트'에서는 하루 종일 무제한 음식과 재미있는 프로그램을 즐길 수 있습니다. 럭셔리 리조트 부터 호스텔, 한인 민박까지 자신의 상황과 스타일에 맞는 숙박을 다양하게 제안합니다.

07

D-day 미션 클리어

여행 일정까지 완성했다면 여행준비 컨설팅을 보면서 혹시 빠뜨린 것은 없는지 챙겨 보세요. 자세한 여행준비 체크리스트와 여행 90일 전부터 출발 당일까지 날짜별로 챙겨야 할 것들을 리스드로 만들었습니다.

08

홀리데이의 최고의 여행 즐기기

이제 모든 여행 준비가 끝났으니 <칸쿤 홀리데이>가 필요 없어진 걸까요? 여행에서 돌아올 때까지 내려놓아서는 안돼요. 여행 일정이 틀어지거나 계획하지 않은 모험을 즐기고 싶다면 언제라도 <칸쿤 홀리데이>를 펼쳐야 하니까요. <칸쿤 홀리데이>는 당신의 여행을 끝까지 책임집니다.

CONTENTS

- **006** 프롤로그
- **008** 〈칸쿤 홀리데이〉 100배 활용법
- **013** 유카탄반도 지도

- **016** 01 스마트폰 데이터 로밍
- **018** 02 칸쿤여행 필수 앱
- **021** 03 필수 앱 활용 노하우

CANCUN BY STEP
여행준비 & 하이라이트

STEP 01
Preview
칸쿤을 꿈꾸다
024

- **026** 01 칸쿤 MUST SEE
- **032** 02 칸쿤 MUST DO
- **036** 03 칸쿤 MUST EAT

STEP 02
Planning
칸쿤을 그리다
038

- **040** 01 칸쿤 여행 만들기
- **044** 02 칸쿤 교통 완전 정복
- **048** 03 칸쿤 3박 4일 코스
- **052** 04 허니문 커플을 위한 1DAY
- **053** 05 아이와 함께 하는 가족 여행 1DAY
- **054** 06 리얼 칸쿤을 즐기는 액티비티 1DAY
- **056** 07 치첸이트사 마야 문화 유적 탐방 1DAY
- **057** 08 라스베이거스 & 뉴욕 스톱오버 2DAYS

STEP 03
Enjoying
칸쿤을 즐기다
060

- **062** 01 리얼 캐리비안 베이! 칸쿤이 특별한 이유
- **064** 02 캐리비안의 천국으로 첨벙! 칸쿤의 해양 스포츠
- **066** 03 무엇을 상상하든 그 이상! 어메이징 칸쿤의 액티비티 월드
- **076** 04 핫한 칸쿤의 나이트 라이프
- **078** 05 카리브해에서 평생 잊지 못할 비치 웨딩 & 스냅 촬영
- **080** 06 신비한 문명, 마야를 찾아서

STEP 04
Eating
칸쿤을 맛보다
082

- *084* **01** 멕시코 타코의 모든 것, 멕시코 정통 타코 맛보기
- *086* **02** 숯불 향 가득한 파히타 & 부리토
- *088* **03** 멕시코 스타일의 치킨 & 맥주 100배 즐기기
- *092* **04** 칸쿤에서 맛볼 수 있는 이국적인 음식
- *094* **05** 칸쿤에서 즐기는 멕시코 전통술과 칵테일, 음료
- *100* **06** 저렴하고 맛있는 로컬 간식 즐기기

STEP 05
Shopping
칸쿤을 남기다
102

- *104* **01** 멕시코를 영원히 기억하다, 칸쿤 기념품
- *106* **02** 안 사고 돌아가면 아쉬운 특산품
- *108* **03** 중남미의 캐리비안과 시가, 그 둘의 환상적인 콜라보
- *110* **04** 귀국용 선물 저렴하게 득템하기! 슈퍼마켓 & 멀티숍
- *112* **05** 없는 것이 없는 대형 쇼핑몰 BEST 4

CANCUN BY AREA
칸쿤 지역별 가이드

01 호텔 존

- 118 호텔 존 미리보기
- 119 호텔 존 추천 코스
- 120 호텔 존 찾아가기
- 122 MAP
- 124 ENJOY
- 130 EAT
- 134 BUY
- 136 SLEEP

02 다운타운

- 152 다운타운 미리보기
- 153 다운타운 추천 코스
- 154 MAP
- 156 다운타운 찾아가기
- 157 ENJOY
- 161 EAT
- 168 BUY
- 171 SLEEP

03 플라야 델 카르멘

- 176 플라야 델 카르멘 미리보기
- 177 플라야 델 카르멘 추천 코스
- 178 플라야 델 카르멘 찾아가기
- 180 MAP
- 182 ENJOY
- 192 EAT
- 205 BUY
- 211 SLEEP

04 이슬라 무헤레스

- 222 이슬라 무헤레스 미리보기
- 223 이슬라 무헤레스 추천 코스
- 224 이슬라 무헤레스 찾아가기
- 226 MAP
- 227 ENJOY
- 233 EAT
- 237 BUY
- 238 SLEEP

05 치첸이트사 & 툴룸

- 244 치첸이트사
- 245 치첸이트사 찾아가기
- 246 SEE
- 253 SLEEP
- 254 툴룸
- 255 툴룸 찾아가기
- 256 ENJOY
- 260 EAT
- 262 SLEEP

06 홀복스 & 바칼라르

- 268 홀복스
- 269 홀복스 찾아가기
- 270 MAP
- 272 ENJOY
- 274 EAT
- 276 SLEEP
- 278 바칼라르
- 279 바칼라르 찾아가기
- 280 MAP
- 281 ENJOY
- 284 EAT
- 288 SLEEP

- 290 여행준비 컨설팅
- 304 INDEX

스마트한 여행준비

스마트폰과 홀리데이 한 권이면 여행준비 끝~!
내 스마트폰 안에 답이 있다!

외국에서도 한국에서처럼 편리하게 스마트폰을 사용하려면 어떻게 해야 하지?

 공항에서 입국심사할 때 어렵진 않을까?

낯선 곳에서 길을 잃지는 않을까?

 환전은 어디서 어떻게 하는 게 가장 좋을까?

스마트폰 데이터 로밍

여행 떠나기 전 가장 먼저 챙겨야 할 1단계는 스마트폰 데이터! 스마트폰 안 터지면 우리는 하루도 못 산다. 비행기에서 내리자마자 당장 스마트폰을 쓸 수 있는 방법을 알아보자.

01 미국, 캐나다, 멕시코 공용 유심

미국 대형 통신 회사인 버라이즌, T-Mobile, AT&T 3개 중 선택이 가능하다. 여행 전 미리 구입해 집에서 받아볼 수 있으며, 여행 당일 시간 여유가 있다면 공항 수령도 가능하다. 최소 1일 전 구매해야 하며, AT&T는 아이폰만 사용 가능하니 안드로이드는 다른 회사를 선택해야 한다. T-Mobile 제품은 단기사용(1~60일) 상품이니 여행 날짜에 맞춰 구입하거나 기간 연장을 따로 해야 한다. AT&T는 기간 연장이 불가능하며 토·일요일에는 개통 신청이 불가하니 주중에 미리 해두어야 한다. 버라이즌Verizon은 출국 최소 1일 전에 기기 정보 등록을 완료해야 한다. 모두 미국 현지 번호를 받아서 사용하게 되며 캐나다, 멕시코 지역에서도 공용사용이 가능하여 편리하다. 참고 링크는 store.maaltalk.com *QR로 연결됩니다.

02 유심(USIM)

유심은 현지 유심칩을 구매해 교체해서 데이터를 사용하는 방법으로 로밍에 비해 가격이 저렴하다. 번거롭다고 생각하는 사람들도 있는데, 막상 해보면 어렵지 않다. 클립처럼 생긴 유심핀과 사용설명서도 다 들어 있으니 보고 그대로 따라 하기만 하면 된다. 멕시코 현지에 도착해서 가까운 편의점 어디서나 구입이 가능하며 멕시코 최대 통신 회사인 텔셀Telcel 회사의 유심카드를 구입하면 편하다. 신분증도 필요 없고 어떠한 조건 설명도 필요 없이 원하는 금액만 고르면 된다. 카드값 29페소는 별도 추가이며 특별한 등록 절차 없이 카드만 바꿔 끼우면 끝이라 너무나 간단하다. 남은 금액 확인 및 추가 충전도 웹사이트에 들어가서 카드결제로 이용이 가능하다.

※ www.mitelcel.com/mitelcel/login *QR로 연결됩니다.

03 이심(eSIM)

요즘 가장 편하고 핫한 데이터 이용법은 이심(eSIM)이다. 휴대폰에 장착된 디지털 유심을 사용하기 때문에 클립 들고 헤매면서 유심칩을 갈아 끼울 필요가 없다. 이메일로 미리 받은 QR코드를 스캔하면 끝! 단, 모든 휴대폰이 되는 게 아니기 때문에 내 휴대폰의 기종을 확인해야 한다.

이심은 가격도 저렴한 편이다. 5일 사용 데이터 무제한 상품이 2만 원 정도다. 케이케이데이(www.kkday.com)나 클룩(www.klook.com)사이트(또는 앱)에 들어가서 예약하면 된다. 도시락통(dosiraktong.com)에서는 와이파이 도시락, 유심칩, 이심(eSIM) 모두 살 수 있다. 결제 완료하면 이심 바우처가 메일로 온다. 설명서를 참고하여 실행하면 끝! 주로 출국 당일 인천공항에서 활성화해서 가면 일본공항에 내리자마자 바로 빠른 데이터를 사용할 수 있다.

04 통신사 로밍

로밍은 통신사 간 제휴를 통해 데이터와 내 전화번호를 그대로 이용가능하다. 가장 편하지만 요금은 가장 비싸다. 요즘은 통신사마다 가격 경쟁으로 데이터 할인 상품들이 다양하게 나오고 있지만, 그래도 보통 하루에 1만 원 정도는 한다. 1~2일 여행 갈 때는 괜찮지만, 3일 이상에서는 비추. 출발 전에 내 통신사에 전화해서 해외 자동로밍 서비스의 가격이나 상품 등을 문의하고 신청하자.

칸쿤여행 필수 앱

항공과 숙소, 환전과 데이터 준비가 끝났다면 여행지에서 필요한 준비물들을 챙겨야 한다. 가장 먼저 할 일은 현지에서 사용할 스마트폰 앱을 미리 다운로드 및 로그인 하는 일. 길도 찾고, 택시도 부르고, 날씨도 체크하고, 의사소통도 할 수 있는 가장 유용한 앱들을 준비하고 사용법을 익혀 두자.

01 길찾기

단연 구글맵Google Maps ! 해외에서 구글맵만 있다면 길찾기는 문제없다. 볼거리, 맛집, 숙소 등을 골라 미리 나만의 구글지도를 만들 수도 있다. 미리 만들어 놓은 구글지도는 구글맵스로 길찾기를 할 수 있다. 내비게이션, 대중교통수단, 걷기 모두 다 가능하다.

02 숙소

자신이 예약한 숙소 앱을 다운로드 해 두자. 예를 들어 아고다에서 숙소 예약을 했다면 아고다 앱은 기본적으로 다운로드 해두는 게 좋다. 예약 시 앱을 설치하면 할인 혜택도 받을 수 있고, 여러 가지 서비스나 정보를 받아볼 수 있다.

03 번역

해외에서 의사소통이 되지 않아 두렵다면 이제 걱정할 필요 없다. 파파고 앱 하나면 된다. 예전에 비해 번역 수준이 많이 좋아졌다.

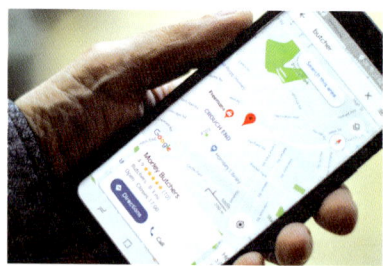 

04 교통

교통 앱은 여행지의 지하철이나 패스, 기차 앱들이 있으니 필요한 앱들을 다운로드해서 사용법을 익혀 두자.

🏴 아데오 ADO /레제르바모스 Reservamos

아데오 버스 앱은 멕시코 여행 시 필수이며 사용도 역시 가장 높다. 멕시코로 변경해서 앱 다운이 가능하며 한국에서는 사용이 불가하다. 레제르바모스는 버스 예약 및 확인 앱으로 아데오 버스 이외의 다른 버스 검색도 가능하다. 레제르바모스에서 버스 시간과 가격을 확인하고 아데오에서 티켓팅하는 방법을 추천한다.

🏴 우버 Uber / 디디 DIDI

택시, 바이크 등 차량 픽업 서비스와 음식 배달 서비스가 가능한 앱. 미국이나 유럽에서 사용하기 편리하다. 현재는 멕시코에도 유입되어 이용이 가능하며 후발주자인 디디는 공격적인 프로모션을 자주 펼쳐서 가끔 우버보다 더 저렴한 요금으로 소비자를 유혹한다. 우버는 미국계 기업, 디디는 중국계 기업인 것이 다른 점이며 이용 방법 및 안전도는 대동소이하다.

05 환전과 결제 앱

해외에서 환전과 결제를 위해 필요한 앱들은 꼭 미리 준비해 두자. 특히 스마트폰으로 환전도 하고 결제도 가능한 트래블 카드 관련 앱들은 필수. 칸쿤 여행에 필요한 멕시코 페소는 현금으로 환전할 경우 국내에서 달러로 환전한 후 멕시코 현지에서 페소로 이중 환전해야 하는 번거로움이 있다. 하지만 실시간 환전이 가능한 트래블 카드를 이용하면 멕시코 페소로 직접 환전할 수 있고 현지에서 결제도 할 수 있어 편리하다. 트래블 카드 관련 앱을 미리 설치하고 실물 카드를 신청해 준비해 두자. 여러 가지 통화로 환전할 수 있으니 달러와 멕시코 페소가 둘 다 필요한 칸쿤에서도 유용하다.

🏴 트래블 월렛(트래블 페이) Travel Wallet

앱과 자신의 은행 계좌를 연결해 외화를 실시간으로 환전하고, 현지에서는 실물 카드나 모바일 카드로 결제하면 된다. 카드 신청, 환전, 송금 등이 이 앱에서 모두 가능하다. 실물 카드로 현지 ATM에서 현금 인출도 할 수 있다. 카드 사용 활성화를 앱에서 직접 할 수 있어 카드 관련 사고를 예방할 수 있다. 실시간 이용내역 확인, 안전하게 결제할 수 있는 컨택리스 기능과 승차 공유 앱 결제도 가능하다.

🪪 하나머니(트래블 로그) Hana Card

하나머니 앱에 하나은행 계좌를 연결해 외화를 실시간 환율로 환전하고, 충전해 사용할 수 있는 앱. 체크 카드와 신용카드 중 선택해서 발급받을 수 있다. 국내외 모두 사용할 수 있는 트래블 로그 카드는 해외에서 인터넷 연결이 잘되지 않아도 해외 ATM 인출이나 국내외 결제 시 부족한 금액이 연결 계좌에서 자동충전 되는 기능이 있다. 외화 자동 충전 시 실시간 환율 적용이 된다. 환전 및 결제 수수료 면제 부분, 실물 카드나 모바일 카드로 결제, 해외 ATM 인출, 카드 사용 활성화 기능, 이용내역 확인, 컨택리스 기능, 교통 카드 결제 기능 등은 모두 트래블 월렛과 동일하다.

06 날씨 정보

날씨는 여행지에서 많은 것들을 좌우한다. 여행지 기상 상황에 따라 필요한 앱을 사용하자. 종합 날씨 앱으로 잠금 화면에 날씨를 나타내주는 웨더 스크린Weather Screen을 추천한다.

07 챗GPT 활용

요즘 핫한 챗GPT를 여행에 활용해 보자. 여행 일정을 짜거나 여행지나 숙소, 맛집 추천, 여행지 정보를 알아보는 데 활용할 수 있다. GPT-3.5 버전만 무료로 사용할 수 있다. 추천받은 정보는 반드시 확인해 보아야 한다. 여행지나 맛집, 숙소 등을 추천받고 싶을 때는 링크를 추가로 추천받으면 편리하다.

03 필수 앱 활용 노하우

01 구글맵

구글맵은 현지에서 길을 찾을 때 없어서는 안 될 앱이지만, 여행 전에 미리 여행지 등록이나 오프라인에서 사용할 지도를 다운로드해 놓으면 현지에서 아주 유용하게 쓸 수 있다. 여행지 등록은 자신의 일정에 따라 나만의 여행 지도를 만들어 사용할 수 있고, 오프라인 지도는 여행 갈 지역 지도를 스마트폰에 미리 다운받아 놓으면, 데이터를 사용할 수 없는 곳에서도 편하게 길을 찾을 수 있다. 요모조모 유용한 구글맵을 다양하게 활용해 보자.

내 지도 만들기

가보고 싶은 여행지나 맛집, 숙소 등을 지도에 추가해 나만의 여행 지도를 만들 수 있다. 구글맵의 웹사이트를 이용해 '새 지도 만들기'를 누르면 '제목없는 지도'가 나타난다. 내가 만들고 싶은 지도의 제목을 넣고, '제목없는 레이어'에 맛집이나 여행지, 숙소, 혹은 여행 날짜별 등으로 레이어 제목을 정한다. 가고 싶은 스폿을 검색한 후 지도에 저장하면 나만의 여행 지도가 완성된다. 이 지도는 휴대폰으로도 볼 수 있으며, 다른 사람에게 공유도 가능하다.

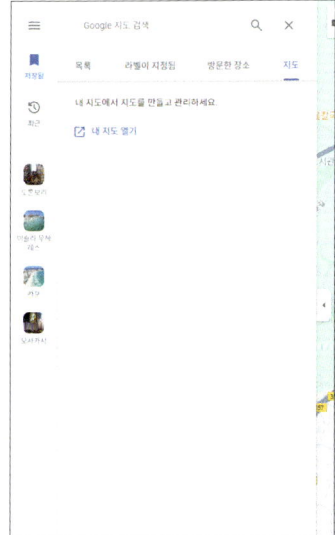

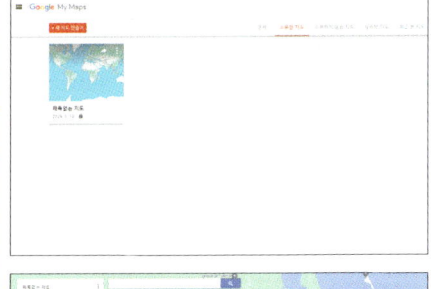

🎯 오프라인 지도 다운로드

앱에서 오프라인 지도 다운로드를 선택해 여행지를 확인한 후 저장하면 된다. 지도가 정상적으로 다운로드 되었는지 확인해 두자. 구글맵을 종료한 뒤 비행기 모드로 설정한 후 구글맵을 열어 다운받은 지도를 선택해 열어보면 된다.

🎯 길찾기와 교통 수단 정하기

출발지와 목적지를 입력하면 경로 지도와 가장 빠른 경로, 도로 상태 등이 표시된다. 자동차나 대중교통, 도보, 택시, 자전거 등 이용할 수 있는 이동 수단과 소요 시간도 표시된다. 대중교통의 경우 여러 가지 이동 노선과 자세한 정보를 확인할 수 있다.

02 파파고 활용 팁

해외에서 가장 두려운 것은 바로 언어! 특히 칸쿤은 스페인어를 쓰기 때문에 영어 소통도 원활하지 않을 수 있다. 그럴 때 꼭 필요한 게 바로 파파고! 간단한 팁을 알아두면 언어소통이 답답하고 어려울 때 효과적으로 활용할 수 있다.

🎯 파파고 번역 기능+음성으로도 입력과 들을 수 있는 기능 가능

실시간으로 번역해 음성으로 들려준다. 스피커 모양 아이콘을 누르면 음성으로 들을 수도 있다.

🎯 실시간 대화 기능

홈 화면 하늘색 대화 탭을 눌러 보자. 위아래에 상대방과 나의 음성 입력 부분이 나타난다. 상대방이 말할 때는 상대방의 마이크를 누르고, 내가 말할 때는 나의 마이크 아이콘을 누르고 이야기하면 실시간으로 통역이 가능하다.

🎯 카메라로 텍스트 번역(표지판, 안내문, 메뉴판)

표지만이나 안내문, 맛집에서 메뉴판을 읽지 못해 난감하다면? 카메라 앱을 열어 화면을 비춰보자. 화면의 외계어 같은 외국어가 바로 번역되어 화면에 표시되는 마법을 볼 수 있다.

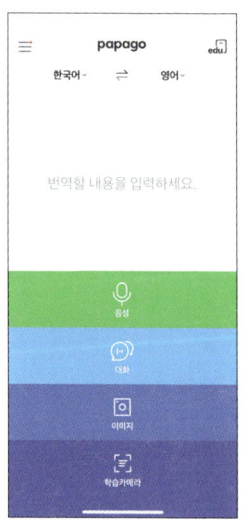

03 택시 앱 활용하기

여행지에서 택시를 타야 한다면 안전하고 편한 택시 앱을 활용해 보자. 운전기사와 가격을 흥정하거나 목적지를 설명하느라 애쓸 필요 없고, 결제까지 한 번에 해결할 수 있다. 국내에서 카카오 택시를 이용해 본 적이 있다면 비슷하므로 쉽게 사용할 수 있다. 우버는 차량 픽업 서비스 외에도 바이크 이용이나 음식 배달 서비스 등 다양한 활용이 가능하니 이용해 보자.

🚖 우버 Uber / 디디 DIDI

우버, 디디 택시 앱을 설치하고 카드 등록을 미리 해두면 된다. 한국에서는 UT 앱인데, 미국 등 입국 시에는 자동으로 우버로 바뀐다.

우버 앱을 다운받아 카드 등록을 하고 목적지를 입력하면 예상 가격이 나타나고 차량 선택을 하면 배차가 진행된다. 이때 우버 X가 가장 기본 택시이니 알아두자. 우버의 경우 팁 문화가 있는 나라에서는 우버 탑승 후 결제 시에 '팁 추가하기'를 눌러 팁을 줄 수 있다. 팁 문화가 있다 하더라도 우버 이용 후에는 굳이 팁을 주지 않아도 되니 요령껏 선택하자. 캐리어나 짐을 실을 때 도움을 받았다면 1달러 정도 감사의 의미로 팁을 줄 수도 있다. 우버는 차량 예약 서비스도 있다. 공항으로 이동하거나 중요한 일정이 있을 때 이용하면 편리하다. 최대 90일 전부터 예약이 가능하고, 최대 60분 전까지 무료 취소가 가능하다. 대신 예약 수수료는 별도 부과된다.

우버 택시 이용 시 주의할 점은 지정한 장소에서 기다리지 않았다가 정해진 시간 안에 탑승하지 못할 경우 시간 페널티 수수료가 발생할 수 있다는 것. 여러 명의 일행이 우버를 이용한다면 차량 선택 시 차량 이름 옆에 적힌 숫자를 살펴보고 선택하는 것이 좋다.

Step 01
Preview

칸쿤을
꿈꾸다

01 칸쿤 MUST SEE
02 칸쿤 MUST DO
03 칸쿤 MUST EAT

PREVIEW 01

칸쿤 MUST SEE

신혼부부와 배낭 여행객들 사이에서 급부상한 환상의 휴양지 멕시코 칸쿤. 중남미의 뜨거운 열정과 눈부신 카리브의 자연이 만나 지금껏 만날 수 없었던 여행의 세계로 초대한다.

1 칸쿤 호텔 존

아름다운 카리브해가 펼쳐진 라스베이거스보다 더 화려한 곳 → 118p

과달루페의 성모 마리아 성당

캐리비안에서 가장
아름다운 성당 → **230p**

바칼라르

tvN 〈서진이네〉의 그곳 → **278p**

4 세노테

곳곳에 숨어 있는 신비한 밀림 속 천연 연못 → **259p**

5 툴룸
캐리비안 베이에 둘러싸인 아름다운 마야 유적지 → **256p**

6 코수멜섬
전 세계 스킨 스쿠버들의 로망, 아름답고 한적한 해변이 유명한 섬
→ **191p**

7 고래상어 투어
이슬라 무헤레스에서
전설의 고래상어 투어
즐기기 → **229p**

8 캐리비안 베이
하늘빛 캐리비안 베이 즐기기 → **138p**

9 핑크라군
라스 콜로라다스 해안에 있는 핑크빛 소금호수 → **160p**

10 치첸이트사
놓치면 두고두고 아쉬운 세계 7대 불가사의 중 하나 → **246p**

> PREVIEW 02

칸쿤
MUST DO

"천국이 있다면 그곳은 칸쿤!" 한 번 와 본 사람은 꼭 다음 여행을 다짐하게 된다. 최고급 휴양부터 천연 자연과 함께 하는 액티비티까지 부족한 것 찾기가 힘든 칸쿤. 무조건 누리고, 즐기자.

1 최고급 리조트에서 호화로운 휴양 즐기기

3 골프 카트로 이슬라 무헤레스 일주하기

4 리얼 캐리비안 베이에 누워 선탠하기

2 정통 멕시코 해먹 즐기기

5 바다거북이와 함께 수영하는 이색 체험 즐기기

6 천연 종유석 동굴 탐험하기

7 지프차 운전하며 정글 누비기

9 쇼핑의 천국 라 이슬라, 럭셔리 애비뉴에서 하루 종일 시간 보내기

8 아무도 없는 코수멜섬 도로를 마음껏 달리기

10 아찔한 즐거움, 집라인 타기

11 보트를 직접 운전하며 리얼 정글투어 하기

칸쿤 **MUST EAT**

타코, 부리토, 과카몰리, 살사 등 멕시코 정통 음식을 마음껏 즐겨 보자. 우리 입맛에 제격인 매운 핫소스도 공짜로 즐길 수 있으니 입속의 천국이 따로 없다.

한국에서 맛본 타코는 잊어라.
리얼 타코

육중하고 튼튼한 몸매의
부리토

들어나 봤나,
생선 타코

마야 전통 돌절구 요리
몰카테

유카탄 전통 음식
코치니타 필빌

고소하고 매콤한
할라피뇨 튀김

베네수엘라 스타일의
아레파

진짜 이스라엘 주인이 만들어 주는 정통
팔라펠

새콤달콤 해산물 샐러드
세비체

멕시코 전통
테킬라 마음껏 즐기기

선상에서 즐기는 시원한
코로나 맥주

현지인들과 함께 줄서서 먹는
스트리트 푸드

입 안 가득 퍼지는 아보카도의 고소함,
과카몰리

남미의 슈퍼 푸드
아사이볼

Step 02
Planning

칸쿤을
그리다

01 칸쿤 여행 만들기
02 칸쿤 교통 완전 정복
03 칸쿤 3박 4일 코스
04 허니문 커플을 위한 1 DAY

05 아이와 함께 하는 가족 여행 1DAY
06 리얼 칸쿤을 즐기는 액티비티 1DAY
07 치첸이트사 마야 문화 유적 탐방 1DAY
08 라스베이거스 & 뉴욕 스톱오버 2DAYS

PLANNING 01
칸쿤 **여행 만들기**

20시간에 달하는 긴 비행의 압박이 있지만, 비행기가 데려다 줄 지상 낙원, 칸쿤을 생각하면 걱정이 말끔히 날아간다. 달콤한 로맨스, 꿈같은 휴식이 기다리고 있을 칸쿤 여행을 차근차근 준비해 보자.

01 팔방미인 칸쿤의 매력

멕시코 유카탄반도의 북동부에 위치한 칸쿤은 카리브해를 끼고 있는 세계적인 휴양지이다. 1970년대에 멕시코 정부가 본격적으로 개발해, 너비 400m 정도의 좁고 긴 L자형 산호섬 해변 위에 초현대적 호화 호텔들이 늘어서면서 대규모 휴양지가 되었다.

다양한 수상 스포츠를 비롯해 골프, 낚시 등을 일 년 내내 즐길 수 있어 수많은 글로벌 여행자들의 휴식처로 이름 높다. 석회질이 풍부해 매우 고운 모래사장은 에메랄드빛 바다와 맞닿아 그 자체로 아름다운 풍경을 만들어 낸다.

칸쿤은 바다 외에도 신비한 마야 유적지와 천연 동굴 세노테가 곳곳에 남아 있고, 카리브해를 품은 아름다운 섬이 있는 매력 만점 여행지다.

02 여행 형태와 기간 정하기

몇 해 전까지만 해도 중남미의 지리적 여건과 정보 부족 때문에 패키지 투어가 많았지만, 현재는 보다 자유로운 여행 패턴과 합리적인 비용을 추구하는 자유 여행이 많이 선호되는 편이다. 다만 셀 수 없이 많은 숫자의 리조트와 액티비티를 고를 때 충분한 정보 없이는 선택이 쉽지 않다. 동행하는 사람에 따라 여행의 형태 또한 조금씩 달라지므로, 이를 고려한 여행 동선을 짜는 것이 요령이다.

특히나 칸쿤은 왕복 비행시간만으로도 이틀이 소모되기 때문에 최소 5일 이상의 일정이 필요하다. 일주일 정도가 긴 비행시간의 수고가 아깝지 않고 칸쿤의 모든 것을 섭렵하고 올 수 있어 적당하다.

03 여행 시기 결정하기

칸쿤을 여행하기 가장 좋은 시기는 11~3월이다. 그중에서도 미국의 추수감사절부터 크리스마스, 새해 및 발렌타인데이까지 굵직한 홀리데이 시즌이 집중되어 있는 11~2월이 특히 극성수기에 해당한다. 칸쿤의 겨울은 한국의 초가을 날씨처럼 한낮에는 반팔, 아침저녁으로는 얇은 카디건을 걸치는 포근한 날씨를 유지한다. 겨울에는 리조트와 중간급 호텔까지도 일년 중 가장 비싼 요금이 책정되므로, 비용을 아끼고 싶다면 5~7월 중순에 여행을 계획하는 것이 좋다. 7월 중순부터 8월까지는 멕시코 사람들의 휴가철이라 이 시기 또한 성수기이기 때문이다.

한편 칸쿤의 비수기는 무더운 5월~7월이다. 기후적으로 6~10월은 우기인 데다 7~11월 사이에는 허리케인이 올 수도 있다. 7월은 일기예보에 비 소식이 있다가도 이내 맑고 푸른 하늘을 볼 수 있어 가장 변덕스러운 시기다. 다행히 칸쿤에서는 비가 내리더라도 열대성 소나기인 스콜Squall인 경우가 많아 순식간에 세차게 내리다 그치기 쉽다. 또한 여름에는 땡볕 아래 서면 땀이 비 오듯 흐를 정도로 무덥지만, 습기는 강하지 않아 견딜 만하다.

> **Tip 멕시코의 국가 지적 공휴일**
>
> 2/5 제헌절 Dia de la Constitucion
> 3/21 전 대통령 베니토 후아레스 탄생일
>   Dia de Nacimiento de Benito Juárez
> 5/1 근로자의 날 Dia del Trabajo
> 5/5 멕시코 승전일 Cinco de Mayo
> 9/16 독립기념일 Dia de la Independencia
> 10/12 콜럼버스의 날 Dia de la Raza
> 11/20 혁명기념일 Dia de la Revolucion
> 12/25 성탄절 Dia de Navidad

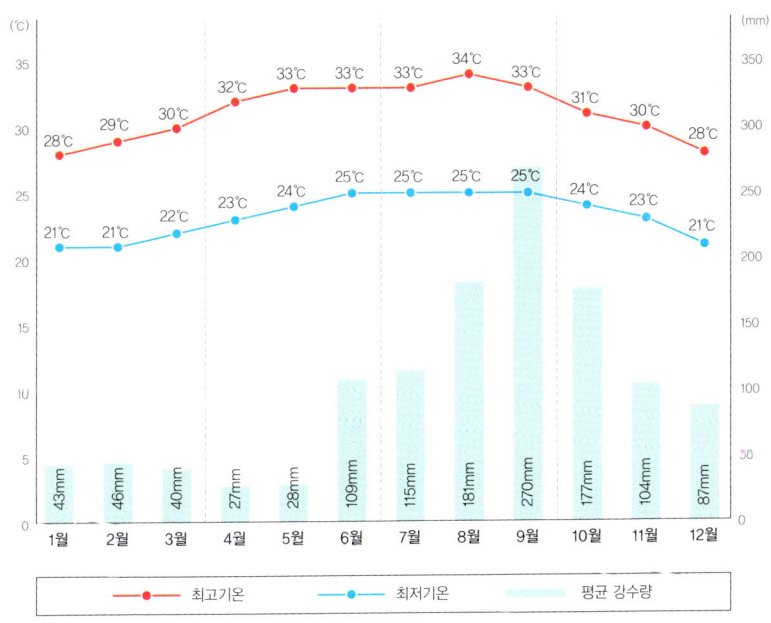

04 항공사와 경유 도시 선택하기

아직 한국에서 칸쿤까지 가는 직항편은 없어 미국이나 멕시코를 경유해야 한다. 대한항공, 아시아나항공, 아메리칸항공, 델타항공을 통해 뉴욕, 샌프란시스코, 로스앤젤레스 등 미국의 주요 도시를 경유해 칸쿤으로 갈 수 있다. 대한항공의 경우 델타항공과 아메리칸 항공, 아시아나 항공의 경우 유나이티드항공과 공동 운항한다. 또한, 아에로멕시코를 통해 멕시코의 수도인 멕시코시티를 경유해 칸쿤으로 갈 수도 있다.

〈주요 항공사 운행 스케줄〉

항공사	최소 비행 시간	경유지
대한항공	18시간 10분	시카고, 뉴욕, 애틀란타 등
아시아나항공	23시간 5분	샌프란시스코, 로스앤젤레스
아메리칸항공	19시간 29분	댈러스
델타항공	19시간 35분	뉴욕, 시애틀, 디트로이트, 로스앤젤레스
아에로멕시코	18시간 20분	멕시코시티

* 2023년 12월 기준, 모든 스케줄은 항공사의 사정으로 변경 가능

05 언어는?

기본적으로 에스파뇨어를 사용한다. 호텔 존과 같은 관광 지역은 영어도 곧잘 통하는 편이니 너무 겁먹지 말자.

06 한국과의 시차

우리나라보다 14시간 느리다. 4월의 첫 번째 일요일부터 10월 마지막 일요일까지는 서머타임이 적용되어 13시간이 차이 난다.

07 칸쿤 여행 예산

여행 경비는 일정과 스타일에 따라 천차만별이다. 칸쿤의 경우 숙박 요금에 따라 여행 예산이 크게 차이가 난다. 음식과 음료를 무한으로 즐길 수 있는 칸쿤의 명물 '올 인클루시브' 리조트의 경우 2인 1박 기준으로 10만 원대부터 100만 원 이상까지 요금 폭이 상당히 넓다. 최고급 수준의 리조트는 60만 원 이상을 고려해야 한다. 호텔의 경우 최저 5만 원부터 30만 원대 이상까지 다양하며, 호스텔의 경우 2만 원 정도이다. 크게 항공권과 고급 올 인클루시브 리조트 2박, 중간급 호텔 2박, 액티비티 2개 정도를 포함하면 1인당 최소 250만 원가량 소요된다. 저렴한 물가의 플라야 델 카르멘, 툴룸, 바카라르, 홀복스 지역으로 여행한다면 예산을 좀 더 절약할 수 있다. 액티비티는 1인당 100달러 전후로 예산을 잡고 훨씬 저렴한 세노테 투어로 대신하는 방법도 있다.

08 멕시코 화폐와 환율

멕시코의 공식 통화인 페소Peso와 미국 달러를 함께 사용한다. 관광 특수 지역이라 거의 모든 계산서에 페소와 달러의 요금이 제시되며, 원하는 화폐로 계산이 가능하다. 현지 사람들은 달러를 받는 것을 선호하는데, 미국 달러의 화폐 가치가 높기 때문. 10페소는 740원~800원, 1달러는 1,300~1,360원의 가치를 가진다(2023년 12월 기준).

멕시코 지폐와 동전

Tip 달러 소액권은 왜 필요할까?
팁 문화가 있는 칸쿤에서는 생각보다 팁을 줄 일이 많다. 적어도 50~60달러 정도를 1달러짜리로 준비해 둬야 팁 때문에 주머니에 타격을 받지 않는다.

09 멕시코 비자와 입국 수속

멕시코는 관광 목적으로 100일까지 무비자 체류가 가능하다. 입국 시 보통 30~90일의 체류 기간을 허가해 주며, 기간이 만료되면 지역 이민국에 가서 총 180일까지 연장할 수 있다. 최근에는 입국 수속 시 필요에 따라 처음부터 180일을 허가해 주기도 한다.

여행 외의 목적으로 멕시코에 입국한다면 한국의 주한 멕시코 대사관에서 비자를 따로 발급받아야 한다. 한편 멕시코 입국 시 주의할 점은 입국 심사를 마치고 여권과 함께 돌려받은 입국 카드를 반드시 소지하고 있다가 출국 시 제출해야 한다는 것이다. 분실 시 공항에서 재발급이 가능하지만 32달러의 추가 비용이 발생한다. 또한 반입 금지 물품과 마약으로 오인될 수 있는 약품, 음식류는 여행 가방에 넣지 않도록 주의하자.

입국 수속은 크게 까다롭지 않지만 보통 여러 비행기가 한꺼번에 도착한 경우 긴 줄을 서서 기다려야 한다. 수속을 마치고 짐을 찾는 수순까지 넉넉하게 1시간 30분은 잡고 공항 픽업 서비스를 신청하는 것이 안전하다. 멕시코는 입국 시 현재 코로나 관련 증명서가 필요하지 않다.

10 미국 비자와 입국 수속

관광 목적의 여행자라면 전자 여행허가제 ESTA를 신청해 발급받아야 한다. 2년간 유효하며, 최대 3개월의 체류 기간이 주어진다. 단, 유효 기간이 6개월 이상 남은 전자여권으로만 발급이 가능하다. 홈페이지(Web esta.cbp.dhs.gov)에 접속해 직접 신청할 수 있는데, 한국어 서비스도 제공된다. 물론 여행사의 대행 서비스를 이용해도 좋다. 세관 검사에서는 반입 금지 품목이 적발되면 장시간 조사를 받아야 하므로 아예 소지하지 않아야 한다.

반입 금지 품목은 농축산물(채소 및 고기류), 가공되지 않은 한약재, 육류가 들어간 전통식품(통조림 포함) 등이며, 적발 시 압수와 함께 벌금이 부과된다. 화장품의 경우 폭발의 여지가 있는 스프레이 종류에 주의하도록 한다.

미국 경유 시 코로나 백신 2차 접종 증명서는 2023년 5월 이후 폐지되어 현재는 필요하지 않다.

〈세관신고서 작성법〉

❶ 성 ❷ 이름 ❸ 국적 ❹ 생년월일(일-월-년도) ❺ 여권 번호 ❻ 방문자 ❼ 멕시코에 체류하는 기간 ❽ 동반 가족의 수 ❾ 수하물 개수(기내 수하물 포함) ❿ 아직 도착하지 않은 (분실 포함) 수하물 개수 ⓫ 입국 방법 (선박-항공-육로) ⓬ 10,000달러를 초과하는 현금, 수표를 소지하고 있는지 여부

PLANNING 02

칸쿤 **교통 완전 정복**

칸쿤의 교통은 간소하며 심플하다. 우리나라 제주도보다 조금 넓은 면적이라 아데오 고속버스, 콜렉티보, 시내버스 세 개면 못 갈 곳이 없다. 버스 환승이 되지 않으므로 여러 번 갈아타야 하는 곳에서는 택시를 활용하자.

택시

공항에서 숙소까지의 이동, 시내로의 이동 등 단거리와 장거리 모두 이용 가능하다. 근거리 이동일 경우 미터기를 켜고 운행하지만, 거리가 멀수록 탑승 전 가격 흥정이 이뤄지는 편이다. 거리에 상관없이 호텔 존의 요금이 가장 비싸다. 플라야 델 카르멘에서 호텔 존까지는 50달러지만, 호텔 존에서 플라야 델 카르멘까지는 약 100달러 이상이다. 칸쿤 공항에서 호텔 존까지는 약 65달러(호텔 존 → 공항 30~40달러), 플라야 델 카르멘까지는 90달러 이상이다. 한편 요금의 5~10%를 별도의 팁으로 주므로, 팁을 포함한 요금으로 흥정하는 것이 편하다. 관광객이라고 바가지를 씌우는 운전기사들도 종종 있으니 주의하자. 콜택시는 콜비에 해당되는 3~5달러의 비용이 추가되며, 호텔 프런트에 요청할 수 있다. 셔틀버스 회사에서도 개인택시 예약 서비스를 이용할 수도 있다. 택시의 기본 요금은 50페소이며, 심야 할증이 따로 있다.

셔틀버스

공항과 시내만을 오가며 시내끼리 잇는 노선은 없다. 살인적인 택시비에 비해 절반가량의 비용으로 공항에서 원하는 지역으로의 이동이 가능해서 택시보다 더 많이 선호되는 교통수단이다. 운행 시간은 따로 정해지지 않으며, 미니밴에 정원이 모두 찰 때까지 기다렸다가 출발한다. 노선 역시 정해져 있지 않고, 탑승한 사람들의 최종 목적지를 빠른 롱신 순으로 운행한다. 한마디로 15명이 한꺼번에 타는 택시라고 생각하면 쉽다.

원하는 목적지까지 서비스하며 내릴 때 짐을 빼주는 운전기사에게 1~2달러의 팁을 준다. 현금 결제만 가능하며(멕시코 페소, 미국 달러) 요금은 호텔 존까지 18달러, 플라야 델 카르멘까지 27달러다.

공항에서 호객 행위가 많아 좀 더 멀리 위치한 버스가 좀 더 저렴할 거라 생각하기 쉽지만 칸쿤 공항에서는 그렇지 않다. 버스마다 가격 차이가 크지 않은 데다, 오히려 공항 가까이에 세워진 버스일수록 회사 규모가 더 크기 때문에 여러모로 안전하다. 인포메이션 센터에서도 공식적인 셔틀버스 연결을 도와준다.

Data 슈퍼 셔틀 Super Shuttle
가는 법 칸쿤공항 출구 왼편에 셔틀버스 정차
전화 998-887-9162
운영 24시간
홈페이지 www.supershuttle.com

아데오ADO 고속버스

시내버스가 운영되지 않는 지역끼리는 아데오 고속버스가 가장 보편적이다. 아데오 버스는 멕시코 전역을 이어주는 중요한 역할을 한다. 40명 이상 정원의 대형 버스로 직행 운행하는 것이 원칙이지만, 지역에 따라서는 직행이 아니라 현지인들의 시내버스처럼 아무 곳에서나 정차하고 태우기도 한다. 버스에는 화장실까지 구비되어 있어 평균 고속버스 사이즈보다 훨씬 크고 안락하다.

결제는 현금만 가능하며, 미국 달러와 멕시코 페소 모두 사용 가능하다. 미리 예약하지 않더라도 비행기 스케줄에 따라 바로 도착하는 아데오 버스를 이용하는 것이 편리하다. 버스에 탑승 후 지속되는 운행 시간 내내 강한 에어컨 바람 때문에 실내가 상당히 추운 편이니 반드시 긴팔 의류를 꼭 지참하도록 한다.

출발지	도착지	운행 시간	소요 시간	요금
칸쿤 공항	다운타운	08:20~23:30	35분	6.80달러
	플라야 델 카르멘	09:15~23:50	1시간 10분	13.50달러
다운타운	플라야 델 카르멘	05:30~22:00	1시간	108페소
	치첸이트사	08:45(1회)	3시간 30분	270페소
	툴룸 시내	05:30~22:15	1시간 50분	240페소
플라야 델 카르멘	치첸이트사	08:10(1회)	4시간	33달러
	툴룸 시내	06:45~22:45	1시간	110페소

*버스 시간은 코로나 이후 주중과 주말이 다르고 그날그날 변경이 심하니 꼭 미리 확인해 보고 탑승하자.

시내버스

칸쿤의 대중버스에는 자세한 노선도가 표시되어 있지 않다. 승차 시 운전사에게 미리 목적지를 말하고 정차 시 알려 달라는 뜻을 전하면 하차할 정류장에서 알려 준다. 다운타운과 플라야 델 카르멘에서는 대부분 도보 이용이 가능하기 때문에, 대부분 호텔 존과 다운타운 사이를 이동할 때 시내버스 R-1과 R-2를 이용한다(환승 불가). 요금은 12페소(1달러)인데 운전사에 따라 거스름돈을 주지 않는 경우도 있다. 버스 정류장이 아니더라도 버스가 지나갈 때 손을 들면 임의로 정차하기 때문에 탑승이 가능하다.

콜렉티보

운영되지 않는 지역까지는 콜렉티보Colectivo라 불리는 미니밴 버스가 운행된다. 주로 다운타운과 플라야 델 카르멘을 오갈 때 이용하며, 정해진 출발 시간 없이 탑승객이 모두 차면 바로 출발한다. 운행 중간중간 로컬 멕시코인들이 수시로 탑승 및 하차하며 사람이 많으면 빈 공간에 서서 간다.

시간이 정해진 아데오 버스에 비해 시간 활용이 편한 장점이 있으며 트렁크가 따로 없는 좁은 승합차이기 때문에 작은 캐리어를 소지하는 것도 불편하다. 만약 쾌적한 승차감을 원하거나 짐이 있다면 아데오 버스를 고려하자. 요금은 승차 시 운전사에게 지불하며 멕시코 페소만 받는다.

출발지	도착지	운행 시간	소요 시간	요금
플라야 델 카르멘	다운타운	05:00~24:30	1시간 10분	45페소
	툴룸 유적지	07:00~22:00	50분	55페소

*다운타운은 바쁜 시간에는 요금이 60페소까지 오르니 참고하자.

렌터카

칸쿤 여행 전 인터넷으로 미리 예약해 놓은 후, 공항 내 렌터카 회사에서 차를 픽업하면 된다(24시간 운영). 렌터카 예약은 헤르츠Hertz, 아비스Avis, 엔터프라이즈Enterprise와 같은 대형 렌터카 브랜드를 한눈에 확인할 수 있는 종합 렌터카 사이트를 이용하자.

렌터카를 위한 국제면허증은 한국에서 미리 준비해 가야 한다. 출국 날 공항에서 렌터카를 반납하려면 비행기 탑승 시간보다 2시간 30분 먼저 도착하는 것이 안전하다. 도로 면적이 넓고 복잡하지 않아서 운전에 큰 어려움은 없지만 셔틀이나 택시 이용이 칸쿤 여행에서 더 편리하니 참고하자. 비용은 1일 기본 8만 원(내비게이션, 보험 포함)이다.

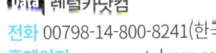 렌털카닷컴
전화 00798-14-800-8241(한국 천봉)
홈페이지 www.rentalcars.com

PLANNING 03

칸쿤 **3박 4일 코스**

가격 대비 세계 최고 수준인 고급 리조트에서의 휴양, 멕시코 현지 관광, 자연 정글에서 체험하는 액티비티는 그 어느 곳에서도 찾기 힘든 칸쿤만의 매력이다. 호텔 존부터 치첸이트사까지 유카탄반도의 핵심 지역을 탐험하는 칸쿤 여행의 깨알같은 재미를 즐겨 보자.

1일

호텔 존

칸쿤 공항 도착. 입국 심사와 수하물을
찾는 데에 약 1시간 30분 소요된다.

↓

숙소 체크인 후 호텔 존의 퍼블릭 비치로
달려가 보자. 하늘색 캐리비안 비치를
제대로 즐기는 시간이다.

↓

밤늦게까지 오픈하는 라 이슬라 쇼핑몰에서 럭
셔리 쇼핑 문화를 맛보자.

↓

크리스토 레스키타도 성당을 둘러보자.

↓

체드라워에서 간식거리, 자외선 차단제 등을
저렴하게 구입하자.
대형 마트 속 아기자기한 구경거리도 많다.

↓

호텔 존 번화가에서 여행 기분을 제대로 느끼며
맛에 놀라고, 푸짐한 양에 또 놀라고
훌륭한 서비스에는 까무러치게 놀란다.

↓

칸쿤을 대표하는 고유명사 코코 봉고 즐기기!
중남미의 정열적 분위기를 제대로 구경하자.

2일

플라야 델 카르멘

플라야 델 카르멘으로 이동하자.

↓

유명한 관광 거리인 5번가에서
마음껏 쇼핑하자.

↓

플라야 마미타스 비치에 누워
플라야 델 카르멘의 캐리비안을 느껴 보자.

↓

라 보데기타에서 헤밍웨이가 사랑한 쿠바의
오리지널 모히토를 마셔 줘야 칸쿤에 온
보람이 있다. 오직 쿠바와 칸쿤에만 있으니
절대 놓치지 말자.

↓

최신식 대형 마트인 체드라위 마트에서
기념품, 선물용 화장품, 테킬라 초콜렛을
저렴하게 구입하자.

플라야 델 카르멘의 대표적인 건축물이자
아름다운 예배당, 카르멘의 성모 마리아
성당에서 해가 질 무렵 저녁 미사를
볼 수 있다.

↓

푼다도레스 파크에서 매일 열리는
다양한 쇼와 멕시코 전통 의식인
볼라도레스를 관람하자.

↓

플라야 델 카르멘 지역 최고의 맛집
엘 포곤에서 저녁 식사를 즐겨 보자.
야외 테이블에 앉아 현지인들과 함께 맛보는
소고기 파히타는 가히 환상적이다.

3일

이슬라 무헤레스 & 다운타운

페리 터미널에서 '여인의 섬'
이슬라 무헤레스로 출발한다.

↓

골프 카트를 대여해 섬을 일주하며
탁 트인 바다와 대자연을 마음껏 만끽하자.

↓

페리 터미널에서 다운타운으로 이동해
재래시장 메르카도 23의 리얼한
현지인 생활을 구경하자.

↓

라스 팔라파스 파크의 푸드 코트에서
간식거리를 맛보자.

↓

고급 쇼핑몰 **플라자 라스 아메리카**에서
다양한 브랜드의 제품을 쇼핑하자.

↓

다운타운의 맛집 **페스카디토스**에서 생선튀김과
함께 시원한 코로나 맥주 한잔을 맛보자.

↓

두바이 카지노에서 저녁 시간을 즐기자.

4일

호텔 존

플라야 델피네스에서 칸쿤 조형물과
기념사진을 찍어 보자.

↓

호텔 존 코랄 니그로 마켓에 들러
귀국용 선물을 구입하자.

↓

타이 코즈 Ty-coz에서
멕시코 햄샌드위치 맛보자.

↓

칸쿤 공항으로 출발하자.

PLANNING 04

허니문 커플을 위한 **1DAY**

일생에 처음이자 단 한 번뿐인 신혼여행, 그야말로 로맨틱이 최우선 목표이다. 단둘이 이국적인 분위기를 즐길 수 있는 아름다운 해변, 크루즈에서의 유쾌한 식사, 그리고 커플 마사지까지 풀코스가 준비되어 있다. 물론 리조트 안에서 즐기는 올 인클루시브 서비스와 비치 선베드만으로도 충분히 로맨스 넘치는 곳이 칸쿤이다.

호텔 리조트의 룸서비스 조식으로 시작되는 아침. 대접받는 기분이 무엇인지 제대로 알 수 있다. 함께 하는 이가 있어 더욱 행복하다.

↓

가장 아름다운 호텔 존의 긴 해변을 손잡고 거닐자. 시간이 멈춘 듯 평온하고 아름답기 그지없다.

↓

리조트에서 식사를 즐기고 수영장 선베드에 누워 제대로 둘만의 휴양을 즐기자. 마가리타와 모히토 칵테일 주문은 빼먹지 말자.

↓

캐리비안의 해적을 보는 듯한 해적선 캡틴 후크에 탑승해 유쾌한 엔터테인먼트를 경험해 보자. 배 위에서 칸쿤의 석양을 마주하는 순간 둘의 사랑은 더욱 깊어진다.

↓

여행의 피로를 풀어 줄 커플 마사지로 여독을 말끔히 없애자.

PLANNING 05
아이와 함께하는 **가족 여행 1DAY**

허니무너들의 로망이기도 하지만 가족 여행지로도 빠지지 않는 칸쿤. 특히나 아이와 함께하는 칸쿤 여행에서는 물놀이가 빠질 수 없다. 그중에서도 돌고래 체험과 정글 투어는 언제나 인기 최고! 리조트 실내 수영장에서만 시간을 보내도 하루가 금방 지나간다.

호텔 존에서 가까운 정글 투어를 즐겨 보자. 영화에서만 보았던 진짜 정글이 눈앞에 펼쳐진다. 3시간의 적당한 소요 시간도 매력적이다.

↓

리조트마다 준비되어 있는 어린이 풀장과 놀이방에서 신나게 물놀이를 즐겨 보자.

칸쿤 어드벤처의 어린이 전용 돌고래 체험 투어에 참여하자. 철저한 안전 수칙이 걱정을 덜어 준다.

↓

리조트에서 올 인클루시브 디너 즐기기. 어린이를 위한 다양한 메뉴도 준비되어 있으니 골라 먹는 재미를 흠뻑 느껴 보자.

PLANNING 06

리얼 칸쿤을 즐기는 **액티비티 1DAY**

지상 최대 워터파크가 바로 칸쿤에 있다! 천혜의 자연 그대로의 모습을 간직한 워터파크 셀하에서 올 인클루시브 서비스를 즐겨 보자. 가까운 거리의 툴룸까지 원데이 패키지로 돌아보면 일석이조다. 야간 입장이 가능한 익스플로어도 있으니 시간이 부족하다면 바로 이곳으로!

툴룸 & 셀하

숙소에서 툴룸 유적지로 출발하자.

↓

가이드 설명 들으며 **툴룸 유적지**를 둘러본다.

↓

재미난 물놀이 왕국, 셀하 도착!

↓

천연 바다 수영장에서 가볍게 워밍업.
대형 튜브에 몸을 기대고 물속을 천천히
떠다니는 재미를 느껴 보자.

↓

무료 제공되는 점심 뷔페 즐기기. 맥주와
모든 음료가 서비스되며 햄버거와
닭 날개 구이는 인기 메뉴다.

↓

물 위에서 즐기는 **집라인 타기**.
타고 또 타도 질리지 않는다.

↓

이국적인 모래사장 해먹에 제대로 자리 잡고
누워 솔솔 부는 바람을 맞으며 쉬는 시간을
보내자.

↓

다양하고 맛있는 올 인클루시브 뷔페로
체력 보충 시간을 가진다.

익스플로어

익스플로어 야간 개장에 입장하자.

↓

높이와 속도가 다른 두 종류의
집라인 모두 즐겨 보자.

↓

신비로운 **종유석 동굴 안에서 뗏목**을 타는
이색 체험을 만끽한다.

↓

밤하늘 불빛 아래, 해먹에 누워
휴식을 취하며 힐링하자.

↓

온몸이 스펙터클하게 요동치는
지프차 운전하며 정글을 달려 보자.
쌓였던 스트레스가 순식간에 사라진다!

PLANNING 07

치첸이트사 마야 문화 유적 탐방 1DAY

신비롭기 그지없는 멕시코 마야 문명, 그 역사의 깊이는 이루 말할 수 없이 대단하다. tvN에서 두 달에 걸쳐 방영하고도 모자라 시즌2를 준비할 정도. 그중에서도 최고의 인기 유적지가 치첸이트사라는 건 누구도 반박 불가다. 마야의 우수한 건축술과 등골 서늘한 제사 흔적들을 보며 놀라움을 금치 못할 절호의 기회를 절대 놓치지 말자. 치첸이트사 1일 패키지에는 천연 우물 익킬 세노테와 스페인 식민 도시 바야돌리드가 포함돼 있다.

치첸이트사를 향하여 출발한다.
↓
마야인의 후예가 살고 있는 마야 빌리지에서 기념품을 구경한다.
↓
스페인 식민지 시절의 구 도시 바야돌리드 관광하기. 형형색색 파스텔 톤의 아름다운 동네를 감상해 보자.
↓
원데이 패키지에 포함된 점심 뷔페로 든든한 하루를 준비하자.
↓
치첸이트사 도착, 마야 유적지를 둘러본다.
↓

신비한 천연 연못 익킬 세노테에서 수영과 다이빙 즐기기. 평생 잊을 수 없는 강렬한 기억이 된다.
↓
투어 버스 타고 숙소로 귀가한다.

PLANNING 08

라스베이거스 & 뉴욕 **스톱오버 2DAYS**

장거리 여행의 특권 중 하나, 스톱오버. 칸쿤으로 여행을 간다면 미국에서 가장 핫한 도시인 라스베이거스나 뉴욕 스톱오버를 잊지 말자. 비행 스케줄도 잦기 때문에 쉽게 미국 여행을 즐길 수 있다. 칸쿤과는 또 다른 매력인 미국 여행을 즐겨 보자.

라스베이거스

실내에 시계가 없기로 유명한 라스베이거스. 오직 돈을 위해 만들어진 인공 도시 라스베이거스는 시간을 멈춘 채 일 년 내내 불빛이 꺼지지 않는다. 입이 떡 벌어질 정도로 화려한 도시는 보기만 해도 즐거운 위락시설의 천국이다. 카지노의 규모는 이미 세계 최고. 프리미엄 아웃렛부터 초고가 브랜드까지, 쇼핑의 묘미도 빠트리지 말자.

1일

라스베이거스 맥카렌McCarran 공항에 도착해 입국 심사를 마치고 라스베이거스로 출발.

↓

라스베이거스의 중심가 스트립Hotel Strip에 있는 호텔 체크인.

↓

유명한 서부의 햄버거 인앤아웃In n Out 에서 저녁 식사하기.

↓

라스베이거스의 눈부시게 화려한 불빛을 바라보며 부바 부바 검프Bubba Gump에서 미국식 새우튀김으로 저녁 식사를 즐기자.

↓

벨라지오Bellagio 호텔 분수 쇼 관람.

2일

호텔 뷔페로 상쾌한 아침을 시작한다.

↓

라스베이거스 관광의 핵심인 호텔 투어 시작. 다양한 콘셉트와 개성이 돋보이는 호텔 곳곳을 돌아다니며 구경하는 라스베이거스 관광의 필수 코스이다.

↓

프리미엄 아웃렛에서 칸쿤 여행에 필요한 수영복과 화장품, 귀국 선물을 미리 저렴하게 구입하자.

↓

1958년부터 시작된 유서 깊은 라스베이거스의 명소 골든 스티어 스테이크 하우스에서 현지 스테이크 즐기기

↓

라스베이거스의 꽃, 르레브Le Reve쇼 관람하기(윈 호텔).

3일

칸쿤행 비행기 타러 맥카렌 공항으로 출발.

뉴욕

엠파이어스테이트 빌딩의 야경, 센트럴 파크에서의 오후 소풍, 뉴욕 쇼핑 명소인 5번가, 브로드웨이의 화려한 뮤지컬 등 듣기만 해도 가슴이 두근거리는 모든 것이 뉴욕에 있다. 하지만 모든 사람들이 꿈꾸는 제1의 여행 도시 뉴욕을 짧은 시간 동안 알차게 보기란 쉽지 않다. 중요한 것은 모두 둘러보되 뻔하지 않은 코스로 뉴욕 여행을 만들어 보자.

1일

뉴욕 존에프케네디JFK 공항 도착.
입국 수속을 마치고 숙소로 출발한다.

↓

숙소에 도착해 내일을 위해 일찍 잠을 청하자.

2일

가까운 다이너에서 커피 한잔과 뉴욕 스타일의
조식으로 상쾌한 하루를 시작하자.

↓

브로드웨이의 화려한 거리 구경하며
기념사진을 촬영해 보자.

↓

둘이 손잡고 센트럴 파크를 둘러보자.

↓

뉴욕 현대 미술관MOMA 관람하기.
현대카드 소지자는 무료다.

↓

뉴욕 도착하자마자 이서진이 달려간 중국
음식점 학기Hop-Kee에서 게볶음과 돼지고기
튀김, 볶음밥으로 시차를 말끔히 날려보자.

↓

소호 거리와 뉴욕 대학교 근처 둘러보며
기념사진 찍기. 브로드웨이 신성에 있는 서점도
잊지 말고 들러보자.

예쁜 티셔츠와 기념품, 실용적인 학용품들이
가득하다.

↓

유니언 스퀘어의 도시형 아웃렛 매장에서
광란의 쇼핑을 즐기자. 유명 브랜드의 의류,
신발, 가방 등을 한국 백화점의 절반 가격으로
구입 가능하다.

↓

소호의 롬바르디스Lombardi's 피자로
저녁식사. 고화력 석탄불에 구워내 바삭한
정통 뉴욕식 피자맛은 평생 잊지 못한다.

↓

웨스트 빌리지 재즈 바에서 저렴한 입장료로
리얼 뉴욕 재즈를 감상해 보자. 비싼 뮤지컬도
좋지만, 뉴욕 재즈를 현지에서 들을 수 있는
절호의 기회다.

↓

이스트 빌리지의 150년 넘은 펍
맥솔리스 올드 에일 하우스
Mcsorley's Old Ale House에서
정통 아이리시 맥주 한잔하며 하루를 정리하자.

3일

칸쿤행 비행기 타러 존에프케네디 공항으로
출발한다.

Step 03
Enjoying

칸쿤을
즐기다

01 리얼 캐리비안 베이! 칸쿤이 특별한 이유
02 캐리비안의 천국으로 첨벙! 칸쿤의 해양 스포츠
03 무엇을 상상하든 그 이상! 어메이징 칸쿤의 액티비티 월드

04 핫한 칸쿤의 나이트 라이프
05 카리브해에서 평생 잊지 못할 비치 웨딩 & 스냅 촬영
06 신비한 문명, 마야를 찾아서

ENJOYING 01
리얼 캐리비안 베이! 칸쿤이 특별한 이유

말로만 듣고 영화에서만 보았던 하늘색 바다를 보는 순간 누구나 꿈을 꾸는 듯 황홀한 기분에 빠진다. 그 자리에서 돌아가는 비행기 표를 찢고 싶은 생각이 들 정도. 부드럽고 새하얀 칸쿤의 모래사장은 천국을 걷는다는 표현이 아깝지 않다.

관광특구의 세련된 분위기
플라야 델피네스 Playa Pública Delfines | Delfines Public Beach

칸쿤 호텔 존에 위치한 공용 비치이다. 아름다운 경관으로 소문난 호텔 존의 비치는 냉정하게도 비싼 리조트들이 선점하고 있지만, 리조트에서 머물지 않더라도 퍼블릭 비치에서라면 칸쿤의 에메랄드빛 캐리비안 베이를 맘껏 감상할 수 있다. 편안한 복장으로 비치를 즐기는 현지인들의 모습에서 캐리비안 본토의 여유가 엿보인다.

전원적이고 이국적인 풍경
플라야 노르테 Playa Norte | North Beach

이슬라 무헤레스(여인의 섬)에서 가장 아름답기로 명성이 드높은 해변이다. '노스 비치'라고도 불리는 이곳은 무료 해먹이 여기저기 설치되어 있어 이국적인 정취를 누리기에 최적의 비치다. 게다가 몸매 좋은 미국, 유럽인들이 많아 그야말로 한 폭의 그림이다.

tvN 서진이네의 바로 그곳
바칼라르 Bacalar Natual Protegida

TV에 방영되기 이전부터 발 빠른 여행객들에게 입소문이 자자했던 일곱 빛깔 영롱한 바칼라르 호수. 작은 시골 마을의 잔잔한 옥빛 호수는 탄성이 절로 나오는 한 폭의 그림이다.

바닷속 인어가 된 기분
푼타 코코 Punta Coco

자연 그대로의 모습이 매력적인 홀복스섬에서 가장 유명한 해변이다. 가도 가도 끝없이 낮은 수심의 투명한 바다 푼타 코코는 언제나 아름답고 평화로운 모습이다. 마치 달력에서 봤을 법한 황홀한 풍경이 집으로 돌아가는 비행기 표를 없애고 싶을 만큼 사랑스럽다.

유적지와 함께 하는 신비로운 비치
툴룸 비치 Tulum Beach

마야 유적지를 낀 아름다운 캐리비안 베이의 툴룸 비치는 지상 낙원이다. 호텔 존의 갖춰 입은 수영복 차림과는 달리 툴룸 비치에서는 자연스러운 모습으로 수영도 하고, 누워서 선탠을 즐기기도 한다. 여유로운 여행자들의 모습은 보기만 해도 활력과 힐링 그 자체다.

TIP 비치 이용 시 유의 사항 및 준비물
- 언제든 개방되어 있으나 안심을 위해 늦은 밤 혼자 다니지 말자.
- 파라솔, 선베드는 대체로 대여가 불가하므로 일찍 방문해 나무 그늘을 먼저 맡자.
- 비어 있는 선베드는 개인용인지 업소용인지 미리 확인하자.
- 알코올음료와 음식 반입이 가능하다.
- 비치 이용 후 주변을 깨끗이 정리하자.
- 준비물 : 수영복, 비치타월, 선크림, 모자, 튜브, 슬리퍼, 아쿠아 슈즈

ENJOYING 02
캐리비안의 천국으로 첨벙!
칸쿤의 해양 스포츠

캐리비안 베이를 눈으로만 즐기기엔 너무나 아깝다! 칸쿤만큼 다양한 해양 스포츠가 있는 곳도 드문 만큼 이때다 싶은 마음으로 부지런히 즐기자.

칸쿤 스포츠 투어 업체

칸쿤 어드벤처 투어 Cancun Adventure Tours

호텔 존 초입에 위치해 접근성이 좋고 규모 또한 크다. 칸쿤의 모든 관광과 해양 스포츠를 다루고 있어, 한 번의 방문으로 해양 스포츠는 물론 툴룸, 아쿠아, 세노테 등의 다른 관광 코스를 둘러보고 선택할 수 있다. 예약하는 투어 개수가 늘어날수록 할인율이 높아지는 패키지가 실속 있다. 액티비티 장비는 투어 비용에 모두 포함되어 있으며, 수영복과 수건 등 개인용품은 미리 준비해 가야 한다.

Data 지도 122p-E 가는 법 호텔 존, 아쿠아 마리나 호텔 건너편
주소 Blvd. Kukulcan Km 5, Centro Empresarial Nautilus Local 5, Zona Hotelera, Cancún
전화 998-849-4911 운영 08:00~19:00 요금 선셋 크루즈 69달러(시즌별 할인 가격),
고래상어 투어 160달러 홈페이지 www.cancun-adventure.com

아쿠아월드 Aquaworld

칸쿤의 대표적인 해양 스포츠 전문 업체이다. 큰 규모만큼이나 다양한 종류의 프로그램을 보유하고 있으며, 합리적인 가격과 서비스로 대중적인 인기가 높다. 시워커인 밥 어드벤처Bob Adventure와 물 위에서 타는 수중 스키 플라이보드Flyboard를 취급하는 유일한 업체이기도 하다.

Data 지도 123p-I 가는 법 호텔 존, 파라디서스 리조트 건너편 위치 주소 Blvd. Kukulkan 15.3, Zona Hotelera, Cancún 전화 554-166-3092 운영 07:00~17:00 요금 정글투어 62달러(주말 70달러), 여인의섬 삼바 카타마란 95달러 홈페이지 aquaworld.com.mx

TIP 칸쿤의 해양 스포츠는 개인이 혼자 즐길 수 있는 시스템이 아니므로, 합리적인 가격으로 안전까지 책임지는 업체를 찾아 이용하자.

칸쿤에서 즐기는 해양 스포츠

스노클링 Snorkeling

스노클을 이용하여 얕은 잠수를 한다. 스노클을 통해 숨을 쉬므로 물에 장시간 떠 있어도 체력 소모가 많지 않고, 남녀노소 누구나 쉽게 즐길 수 있다.

파라세일 Parasail

캐리비안 베이 위를 날며 아래를 내려다보는 파라세일은 신혼 부부들에게 특히 인기가 좋다. 연인과 함께 두 손을 꼭 잡고 하늘을 날아보자.

시워커 Sea Walker

커다란 수중 헬멧을 쓰고 바닷속으로 들어가 구경하는 시워커. 물속에서의 기념사진도 포함되어 있으니 예쁘게 화장하고 물속에 들어가도 좋다.

캐리비안 시카약
Caribbean Sea Kayak

둘이 오붓하게 노를 저어 바다를 돌아다니는 깨알 재미의 카약 체험. 활동적으로 움직이는 것을 즐기는 사람에게 제격이다.

바다낚시
Deep Sea Fishing

몸집 큰 캐리비안의 물고기들을 낚아 올리는 맛이 제법이다. 전용 보트를 타고 깊은 바다에서 즐기는 낚시 체험은 영화 속 부자가 된 기분이 든다.

고래상어 스노클링
Whale Shark Snorkeling

희귀생물을 가까이 접하는 흔치 않은 기회! 길이 12m의 거대한 고래상어와 함께 수영할 수 있는 절호의 기회는 오직 칸쿤의 여름뿐이다.

스쿠버다이빙 Scuba Diving

수심 10m 이하로 내려가 물고기를 볼 수 있는 액티비티. 이를 위해 일부러 칸쿤에 오는 마니아들이 많다. 세계적으로 유명한 다이빙 스폿이 많기 때문. 일정 시간 교육을 받으면 일주일 내에 다이버 자격증도 취득할 수 있다. 처음이어도 가능하니 꼭 체험해 볼 것을 추천.

(ENJOYING **03**)

무엇을 상상하든 그 이상!
어메이징 칸쿤의 **액티비티 월드**

세계적인 액티비티의 천국 칸쿤에서는 잠자는 시간도 아깝다! 멀고 먼 칸쿤까지 왔는데 리조트에서만 쉬다가 돌아가면 두고두고 아쉬울지도. 매일매일 다른 액티비티를 즐기면서 한 달 넘게 지낼 수 있을 정도의 무한 액티비티 천국 칸쿤의 세계로 푸욱 빠져 보자.

정글 우림 속 숨어 있는 아찔한 모험
셀바티카 어드벤처 파크 Selvatica Adventure Park

40만 평에 달하는 우거진 미안 정글 숲 가운데에서 고공 집라인을 즐길 수 있는 테마파크다. 아메리카 대륙에서 가장 길고 아찔한 코스를 자랑하는 셀바티카의 집라인은 12개의 다른 테마를 가지고 있다. 마얀 정글의 나무 사이를 가로지르며, 열대우림을 내려다보는 재미는 다른 집라인과 비교 불가하다. 티비 육아 프로그램에서 어린이도 체험했을 정도로 안전성은 걱정 없다.

특히 오프로드카를 타고 비포장도로를 달리는 ATV 체험은 남성들에게 인기가 좋다. 물웅덩이가 있어 흙탕물이 튀기도 하니 편하고 가벼운 옷차림은 필수. 이 밖에도 자갈길을 달릴 수 있게 개조한 버기카와 정글 위를 가로지르는 스카이워크, 세노테 수영 등 아찔하고 짜릿한 체험들이 셀바티카만의 확실한 색깔을 말해준다. 셀바티카의 모든 체험 패키지에 점심 식사와 음료는 물론이고 수건과 라커 이용, 교통편까지 포함되어 있으니 따로 준비할 필요가 없다. 방문 시 튼튼한 신발을 잊지 말고 준비하자.

Data 지도 013p-F
가는 법 투어버스로 호텔 존에서 1시간, 플라야 델 카르멘에서 50분
주소 Av. Tulum 269, MZ 03 Lt 2 Local 9 SM 15A, Cancún
전화 800-733-4067
운영 08:30~16:30
홈페이지 selvatica.com.mx

패키지	내용	요금
셀바티카 실비	10개 집라인, 세노테 수영, 점심과 음료	69.30달러
셀바티카 골드	10개 집라인, 아쿠아 집라인, 세노테 수영, ATV, 점심과 음료	108.50달러
셀바티카 플래티넘	10개 집라인, 아쿠아 집라인, 번지점프, 4x4 Off Road, 세노테 수영, 2인용 슈퍼 플라이, 점심과 음료	139.30달러

※ 인터넷 공식 홈페이지에서 사전 예약 시 10~30%까지 할인 가능.

어메이징! 세계 최대의 천연 워터파크

셀하 Xel-Há

'칸쿤 여행 = 셀하'일 정도로 그 유명세는 두말할 필요가 없다. 아침 9시경 호텔 존 리조트 앞을 경유하는 중형 밴 버스는 거의 모두 셀하로 가기 위한 픽업 버스일 정도. 칸쿤 방문객들은 셀하를 필수 코스로 꼭 들르는데, 셀하가 캐리비안 베이의 일부분을 막아 만든 천연 생태계 워터파크이기 때문이다. 매일 수십만 톤의 물을 재처리하는 철저한 관리하에, 셀하 내의 모든 자연 생태계가 보호된다.

셀하에서는 스노클링, 튜브 타고 내려오기, 집라인 등의 다양한 체험이 티켓에 포함되어 있으며, 어린이 전문 체험장도 마련되어 있다. 돌고래 체험과 스킨스쿠버는 추가 금액을 지불하지만, 그 외 모든 시설이 입장료에 포함이며 식사와 음료, 술이 무제한 제공되니 지상 낙원, 파라다이스란 수식어가 부족하지 않다. 탈의실 라커와 타월은 무료 제공되며 개인 수영복과 선크림, 모자, 아쿠아 슈즈는 따로 지참해야 한다. 스노클링용품은 20달러 보증금을 내고 대여 가능하다. 한편 셀하는 마야 유적지인 툴룸이나 코바와 묶어 원데이 패키지로도 많이 이용한다. 대중교통을 이용해 개인이 방문할 경우 투어 비용과 금액 차가 크지 않으며 홈페이지에서 예약하면 10~15% 할인된다. 반드시 예약 바우처를 프린트해 지참해야 하며 결제 시 사용한 카드를 소지하여 신분증과 함께 현장에서 제시해야 할인받을 수 있다.

Data **지도** 013p-E **가는 법** 투어 회사에서 아침 8시경 무료 픽업. 호텔 존에서 1시간 40분, 다운타운에서 1시간 10분, 플라야 델 카르멘에서 15분 **주소** Carretera Chetumal Puerto Juárez Km 240, Locales 1 & 2, módulo B **전화** 998-883-3143 **운영** 08:30~18:00 **요금** 무제한 식사+알콜 음료 포함 티켓 158달러 (7일 전 예약 가격), 어린이 112달러 **홈페이지** www.xelha.com

활동적인 여행자들의 필수 액티비티

익스플로어 Xplor Fuego

역동적인 체험을 선호하는 젊은 신혼부부들에게 인기 최고인 워터파크다. 하루 종일 체험을 즐기는 익스플로어 역시 음식이 무한 제공되는 올 인클루시브 서비스를 제공한다. 주간과 야간 체험으로 나뉘어 있는데, 주간은 이용 시간이 길어 조금 더 비싸다. 대신 밤에는 시간은 짧지만 아름다운 야경 속에서 액티비티를 즐길 수 있다.

익스플로어에서는 열대 밀림 사이에 설치된 두 가지 종류의 집라인(속도가 빠른 것, 높이가 높은 것), 종유석 동굴 안에서 즐기는 뗏목 타기와 동굴 수영, 비명이 절로 나도록 아찔한 오프로드에서 지프차 타기 등 모든 체험이 새내기고 신난다. 실 틈 없이 움직이며 여러 가지 체험을 할 수 있어 특히 만족도가 높은 곳. 활동량이 많아 끈 없는 슬리퍼는 위험하니 튼튼한 아쿠아 슈즈를 필수로 준비하고 수건도 꼭 챙기자. 체크인 시 안전모와 라커는 무료로 대여해 준다.

필요하면 교통편 예약도 가능하다. 익스플로어 홈페이지와 투어 업체 모두 예약 비용은 비슷하니 편한 곳을 선택하면 된다. 홈페이지의 경우 3주 전에 예약하면 15% 할인 혜택이 있다. 단, 바우처와 예약 시 결제한 카드, 신분증 소지는 필수다.

Data 지도 013p-F 가는 법 투어 회사에서 아침 8시경 무료 픽업. 호텔 존에서 1시간 15분, 다운타운에서 1시간 10분, 플라야 델 카르멘에서 12분 주소 Carretera Chetumal, Puerto Juarez Km 282 전화 998-883-3143 운영 주간 09:00~17:00, 야간 07:30~23:00 요금 주간 147달러, 야간 125달러 홈페이지 www.xplor.travel

TIP 투어가 끝난 후 데스크로 가면 체험 중 사진이 담긴 USB를 구입할 수 있다. 기대 이상으로 만족도가 높아 패키지로 구입하는 것이 지름길이고, 원한다면 낱장 구입도 가능하다. 액티비티 체험 중에는 사진 촬영이 어렵기 때문에 구입하는 것을 추천한다.

대규모 인공 해양 공원에서 화려한 전통 공연 즐기기

스칼렛 X-Caret

칸쿤의 3대 액티비티 중 하나. 셀하와 반대로 스칼렛은 인공 테마파크다. 스칼렛에는 생태계 파괴를 막고, 인간이 인위적으로 자연을 적절히 제어함으로써 인간과 자연의 공존을 도모하는 의미가 숨어 있다. 인공이라 믿을 수 없을 만큼 천연의 생태와 흡사한 스칼렛에는 물고기와 함께하는 스노클링과 돌고래 체험(별도 비용) 등 다양한 물놀이가 준비되어 있다. 어마어마한 규모의 자연환경뿐만 아니라 마야 문명을 재현한 문화유산도 함께 즐길 수 있다.

저녁 시간에 준비되는 마야 전통 공연은 칸쿤 전 지역을 통틀어 가장 크고 화려한 연출로 유명하니 빼먹지 말자. 가격은 셀하보다 조금 비싸지만, 플러스 요소들이 많으니 꼼꼼히 따지며 여행 스타일에 따라 선택하면 된다. 스칼렛 입장권은 구명조끼 대여와 점심 뷔페 한 끼가 포함된 스칼렛 플러스가 가장 이득이다. 스칼렛과 셀하 티켓을 함께 구입하는 할인 패키지도 있으니 두 곳 모두 방문할 예정이라면 절대 놓치지 말자. 인터넷 예약 시 모두 조기 할인이 되며, 식사와 음료가 제공되는 올 인클루시브 서비스를 제공한다. 물론 원하지 않을 시 기본 입장료만으로도 이용이 가능하다.

Data 지도 013p-F
가는 법 투어 회사에서 아침 8시경 무료 픽업. 호텔 존에서 1시간 15분, 다운타운에서 1시간 10분, 플라야 델 카르멘에서 15분
주소 Carretera Chetúmal-Puerto Juárez Kilómetro 282, Solidaridad, Playa del Carmen
전화 998-883-3143
운영 08:30~22:00
요금 현장결제 129달러 (점심 포함), 투어 업체 149달러 (왕복 교통비 포함).
리조트 머니 사용 불가
홈페이지 www.xcaret.com.mx

TIP 화학성분이 배제된 천연의 자외선 차단제도 판매한다.

패키지	현장 결제 요금	온라인 결제 요금
스칼렛 어드미션	99달러(점심 뷔페 별도 27달러)	89달러
스칼렛 어드미션 + 왕복 교통	116달러	-
스칼렛 플러스	129달러(점심 뷔페 포함)	116달러
스칼렛 플러스 + 왕복 교통	143달러	-
스칼렛 & 셀하 2 Days	올 인클루시브 218달러(교통 별도)	185달러
스칼렛 & 익스플로어 2 Days	올 인클루시브 248달러(교통 별도)	211달러
스칼렛 & 셀하 & 익스플로어 3 Days	올 인클루시브 337달러(교통 별도)	270달러

※ 모든 프로그램 3주전 예약 시(바우처와 결제한 카드, 신분증 지참) 25% 할인
※ 올 인클루시브: 파크 투어 & 뷔페 1회 식사와 음료

칸쿤 얼리 어답터들의 히든카드
리오 세크레토 Rio Secreto

남들이 모르는 특별한 액티비티를 원하는 이들에게 추천한다. 천연 종유석 동굴 안에서 수영하며 탐험하는 액티비티로, 전문 가이드와 전속 사진사를 포함해 5~8명이 한 팀을 이뤄 움직이기 때문에 외국 사람들과 대화하기에 좋은 프로그램이다. 신비하고 광대한 천연 동굴 탐험이 끝나면 점심 뷔페가 제공된다. 점심 식사를 마친 후에는 ATV 체험을 시작하는데, 칸쿤 액티비티 관련 브로슈어에 자주 등장하는 정글 지프차 탐험이 바로 이것이다. 지대가 높은 산에 올라가 지프차를 운전하며 진흙탕 정글을 내려오는 아찔함은 중독성 강한 재미를 선사해 준다. 중간중간 박쥐 동굴을 답험하고, 블루 싱크홀에서 수영도 한다.

약 6시간 동안 진행되는 리오 세크레토는 시간 부담이 적어 선호도가 높은 편이다. 자연보존을 위해 카메라와 휴대폰 소지를 금지하며, 얼굴에 바른 각종 화장품을 모두 지우고 입장해야 한다. 공식사이트에서 교통편까지 포함된 패키지 예약이 가능하며, 점심 뷔페와 음료를 포함한 패키지가 가장 실속 있다. 동굴 탐험에 필요한 모든 물품과 라커, 수건 이용은 패키지에 포함된다. 전속 사진사가 찍어 준 사진은 체험 후 찾을 수 있다.

Data 지도 013p-F 가는 법 투어버스로 호텔 존에서 1시간 10분, 플라야 델 카르멘에서 20분
주소 Carretera Federal Libre Chetumal-Puerto Juarez, KM 283.5 Ejido Sur, Playa del Carmen
전화 984-242-0074 홈페이지 www.riosecreto.com

패키지	내용 · 소요 시간		요금	체험 시간
어드미션	• 천연 종유석 동굴 탐험 • 정글에서의 수영 & 하이킹 》 3시간 30분		어른 89달러, 어린이 45달러	평일 09:00, 10:00, 11:00, 12:00, 13:00, 14:00
어드미션 플러스 & 왕복 교통	• 천연 종유석 　동굴 탐험 • ATV 체험 • 런치 & 음료	칸쿤(호텔 존, 다운타운) 픽업 07:00~ 》 6시간 30분	어른 119달러, 어린이 49달러	평일 09:00, 11:00
		플라야 델 카르멘 픽업 07:20~ 》 6시간		

※ 왕복 교통 패키지 신청 시 숙소를 기재하면 약속 시간에 숙소로 픽업 차량이 온다.

영화 속 장면처럼 푸른 바다를 가르는 요트 체험
삼바 카타마란 Samba Catamaran

전문가들의 지휘하에 캐리비안 베이에서 즐기는 럭셔리 요트 체험이다. 특히 이슬라 무헤레스(여인의 섬)까지 돌아보는 카타마란의 투어는 내용이 알차서 인기 만점이다. 90여 명이 탈 수 있는 크기의 요트에 선탠은 물론, 무제한으로 맥주와 칵테일까지 즐길 수 있다. 오픈 바 외에도 점심 뷔페가 제공된다. 총 7시간의 투어 프로그램에는 카타마란 비치클럽에서의 카약, 스노클링 체험과 비치 해먹에서의 휴식까지 모두 포함된다. 요트 투어를 위해서는 비키니 수영복과 슬리퍼를 잊지 말고 챙기도록 하자. 배 위에는 그늘이 없으니 선크림과 수건은 준비 필수.
이슬라 무헤레스에서 자유시간이 주어지는데, 섬을 돌아보기 위해 골프 카트가 필요하니 국제면허증을 미리 챙기는 것이 좋다. 카타마란은 다양한 크기의 배를 소유하고 있어 개인 렌탈 및 바다낚시 체험도 가능하다. 미리 인터넷 예약을 한 뒤 당일 호텔 존의 플라야 토르투가 페리 터미널에서 모여 아침 9시 30분에 출발한다. 매달 새로운 프로모션이 있어 인터넷 예약 시 15~25% 정도 할인되니 자주 체크하자.

Data **지도** 122p-F **가는 법** 호텔 존 플라야 토르투가 페리 터미널 **주소** Marina Playa Tortugas, Blvd. Kukulcan Km 6.5, Zona Hotelera **전화** 998-241-5069 **운영** 08:00~19:00 **요금** 이슬라 무헤레스 요트 투어 75달러 **홈페이지** sambacatamarans.com/en/

최고의 접근성과 소요 시간으로 만족도 최고!

정글 투어 Jungle Tour

호텔 존의 고급 올 인클루시브 리조트를 예약했다면 먼 곳까지 이동할 필요 없는 정글 투어가 탁월한 선택이다. MBN <돌싱글즈4>에서 커플이 선택한 액티비티인 이 투어는 호텔 존 내에서 진행이 되므로 장거리 이동을 할 필요 없고, 프로그램도 3시간 동안 짧게 진행된다. 직접 보트를 운전해 정글을 돌아보고, 바다로 뛰어들어 스노클링하며 시간을 보내다 보면 3시간이 훌쩍 지나간다. 남녀노소 모두가 편하게 즐길 수 있어 어린이 동반 체험도 가능하다. 정글 투어 업체마다 차이는 있지만, 보통 하루 6번의 투어 프로그램을 운영하고 있다.

스노클링에 필요한 오리발과 숨대롱, 구명조끼 등의 물품이 모두 제공되며 점심 식사와 물 1병이 포함되어 있다. 수건은 별도로 준비해야 하며, 라군 이용료 8달러와 라커 예치금 50달러가 별도로 필요하니 현찰을 넉넉히 준비하자. 보험은 상황에 맞게 선택해 가입할 수 있다. 호텔 존에서 이동 시 R-1, R-2 버스 모두 이용 가능하며, 스노클링 출발 1시간 전에 안전 교육을 실시하니 출발 시간보다 여유 있게 도착하는 것을 잊지 말자.

Data **지도** 103p-I **가는 법** 시크릿 더 바인 리조트에서 도보 7분. 버스 R-1, R-2 이용
주소 Blvd. Kukulcán Km 14.1, Zona Hotelera, Cancún **전화** 998-885-2444 **운영** 08:00~17:00
요금 정글 투어 80달러, 라군 이용료 8달러 별도 **홈페이지** jungletourbarracuda.com
*MBN에 방영된 돌싱글즈4의 연인들이 데이트 한 투어로 많은 사람들이 추천하는 만족도 높은 투어.

ENJOYING 04

핫한 칸쿤의 **나이트 라이프**

열정이라는 단어가 빠지지 않는 멕시코의 밤은 늦게 시작해서 동트는 새벽까지 계속 된다. 체면과 겉치레는 잠시 접어 두고, 화려한 쇼와 사운드 빵빵한 클럽 음악에 밤새 몸을 맡겨 보자.

영화 마스크로 더욱 유명한 칸쿤의 상징
코코 봉고 Coco Bongo

말이 필요 없다! 칸쿤을 대표하는 고유명사 코코 봉고 클럽은 취향에 상관없이 무조건 들러야 하는 성지순례와도 같다. 유명 가수의 모습과 똑같이 분장하고 공연을 하는데, 이미테이션 수준 이상으로 훌륭하다. 얌전한 사람도 어깨를 들썩이게 만들어 주는 코코 봉고의 화려한 쇼는 호텔 존 본점의 인기에 힘입어 오픈한 플라야 델 카르멘 분점에서도 볼 수 있다.

Data 호텔 존 본점
지도 122p-F 가는 법 메르카도 코랄 니그로 맞은편 주소 Blvd. Kukulcan 30 Km 9.5, Zona Hotelera 전화 998-126-9260 운영 21:00~03:00
요금 레귤러 입장 113달러(인터넷 사전예약 티켓 86달러), 팁 별도
홈페이지 www.cocobongo.com.mx

플라야 델 카르멘 지점
지도 180p-E 가는 법 10번가, 시청에서 28 훌리오 파크 지나 도보 5분
주소 Calle 12 Norte, esquina con Av. 10 Norte, Col. Centro, Gonzalo Guerrero 전화 984-803-5939 운영 22:00~03:00, 월요일 휴무
요금 레귤러 입장 89달러, 수요일 여자만 79달러

TIP 대형 쇼가 두드러지는 칸쿤의 클럽 문화를 즐기기 위해서는 시간에 맞춰 입장하는 것이 이득이다. 보통 10시부터 줄을 서기 시작해서 11시에 입장한다.

코코 봉고의 자매 클럽
콩고 Congo

살인적으로 줄이 긴 코코 봉고를 보며 겁에 질린 사람, 코코 봉고 입장료보다 좀 더 싸게 칸쿤의 클럽을 맛보고 싶은 사람, 내가 원하는 시간에 들러서 원하는 시간에 나와도 큰 손해 없는 신나는 클럽을 찾는 사람이라면 콩고 클럽이 제격이다. 코코 봉고의 세컨드 브랜드이니 클럽의 시스템과 분위기는 의심하지 않아도 된다. 이미 세련된 멕시코 친구들의 검증을 받아 유명세를 떨치고 있다.

Data 지도 122p-F 가는 법 호텔 존의 코코 봉고 맞은편 주소 Blvd. Kukulcan 30 Km 9.5, Zona Hotelera 전화 998-883-0563 운영 20:00~04:00 요금 입장료&무제한 음료 주중 25달러, 주말 30달러(팁 별도) 홈페이지 www.cocobongo.com.mx

세련된 미국 동부 스타일
만달라 Mandala

이름에서부터 미국 스타일을 직감하게 되는 만달라 클럽은 실제로도 미 동부지역인 뉴욕, 보스턴, 워싱턴 DC에서 몰려드는 까다로운 여행객의 취향에 맞게 꾸며졌다. 미국 대학생들의 봄방학 시즌에는 발 디딜 틈 없이 가장 바쁜 곳이기도 하다. 음악부터 실내 분위기까지 모두 뉴욕의 클럽 분위기 그대로 옮겨 놓았다. 세련된 뉴욕 스타일의 사람들과 음악을 직접 느끼고 싶은 이들이라면 바로 만달라로 입장하시라.

Data 지도 122p-F 가는 법 호텔 존 코코 봉고에서 한 블록 위 주소 Blvd. Kukulcan Km 9, Zona Hotelera 전화 998-848-8380 운영 21:30~05:00 요금 입장료 30달러(음료, 팁 별도) 홈페이지 mandalanightclub.com

칸쿤 최대 규모의 나이트 클럽
더 시티 The City

거대한 규모의 3층 빌딩에 무려 9개의 대형 바가 있는 클럽. 칸쿤은 물론, 라틴 아메리카를 통틀어 최대의 규모를 자랑한다. 유명한 미국 랩 가수와 DJ를 초청해 화려한 퍼포먼스를 선보인다. 단, 금요일에만 영업한다.

Data 지도 122p-F 가는 법 코코봉고 클럽 바로 옆 주소 Blvd. Kukulcan Km 9.5, Punta Cancun, Zona Hotelera 전화 998-883-3333 운영 금요일 21:00~03:00 요금 입장료와 오픈 바가 포함된 1인 티켓 85달러(팁 별도) 홈페이지 mandalatickets.com

ENJOYING 05
카리브해에서 평생 잊지 못할
비치 웨딩 & 스냅 촬영

결혼을 앞둔 예비부부들이 가장 많이 찾는 스냅사진 촬영지가 바로 칸쿤이다. 푸른색의 캐리비안 베이를 배경으로, 평생에 단 한 번 신혼여행 사진을 기념으로 남길 수 있는 기회이기 때문이다. 그 어떤 이를 모델로 세워도 아름답게 나오는 스냅 사진과 비치 웨딩의 기회를 놓치지 말자.

일생에 단 한 번의 기회
비치 웨딩

칸쿤의 비치 웨딩은 일반적으로 호텔 존의 고급 리조트에서 제공하는 특별 서비스를 의미한다. 르 블랑, 하드록 칸쿤 등 고급 리조트에서 5박 이상 머물 때 서비스되며, 리조트에서 웨딩에 필요한 물품은 물론 현지 멕시코인의 주례와 꽃다발까지 준비해 준다. 다만 의상은 개인이 미리 준비해야 하며 예식은 15~20분 정도로 간단하게 진행된다. 리조트 직원이 사진 촬영을 도와주지만 전문적이지는 않다. 리조트마다, 시즌마다 비치 웨딩 서비스 방식이 달라지므로 미리 알아보고 숙박을 결정해야 한다.

5박 이하 투숙 시에는 추가 비용을 지불해야 하는데, 시기에 따라 비치 웨딩이 불가능할 때도 있다. 리조트에 별도의 비용을 지불하고 비치 웨딩을 신청할 시, 리조트 내 전문 사진작가의 촬영이 필수 옵션이며 비용은 최소 500달러 이상으로 만만치 않다(리조트 크레딧 사용 불가).

오르소 갤러리

오르소 갤러리의 고평주 사진작가는 칸쿤에서 상주하며 신혼부부, 커플, 가족 여행 등 모든 콘셉트의 스냅사진을 전문적으로 촬영한다. 칸쿤에서 정식 허가받은 법인 스튜디오라 안심하고 이용할 수 있다. 칸쿤 스냅뿐만 아니라 한국에서의 본식 스냅 촬영, 칸쿤에 인접한 쿠바에서도 촬영이 가능하니 미리 충분한 상담을 거쳐 원하는 스타일로 조율할 수 있다.

칸쿤에는 불법 무허가 작가들이 대부분인 관계로 사기 피해가 많다. 이를 막기 위해서 반드시 예약 전에 정식 비자를 가진 작가인지를 체크하는 것이 중요하다.

Data 카카오톡 factoryk **Email** orsokun@naver.com **요금** 기본 25~250만 원까지 다양한 패키지를 제공

신혼여행의 특별한 추억
스냅 촬영

칸쿤으로 신혼여행을 오는 이들의 필수 코스가 된 스냅 촬영은 영원히 남겨둘 사진에 칸쿤의 아름다운 하늘색 비치를 담을 수 있어 인기가 치솟는 중이다. 기본 1~2시간 동안 진행되며, 촬영지로는 칸쿤 여행의 중심지인 호텔 존, 플라야 델 카르멘, 이슬라 무헤레스를 가장 많이 선호한다. 원하는 콘셉트를 작가와 충분히 상의해 장소와 분위기를 조율일 수 있으며, 촬영 콘셉트에 따라 금액도 달라진다.

리조트 내에서 스냅 촬영을 할 경우, 리조트 내규에 따라 사진작가의 숙박료까지 추가로 지불해야 한다. 촬영 당일 리조트 픽업은 불가하며 사전에 약속된 시간과 장소에서 만나 진행되는데, 호텔 존과 거리가 멀어질수록 교통비가 추가된다는 점에 유의하자. 의상과 메이크업, 부케 등은 개인이 준비하거나 스냅 촬영 패키지 선택 시 옵션으로 선택할 수 있다.

ENJOYING 06
신비한 문명, **마야를 찾아서**

칸쿤이 속한 유카탄반도는 마야 문명의 초창기부터 모든 흥망성쇠의 역사를 그대로 보여주는 유적지들의 초밀집 지역이다. 일생에 단 한 번 있는 칸쿤 여행이라면 더더욱 놓쳐서는 안 될 마야 문명 탐험! 여행 리스트에서 절대 빼놓을 수 없다.

마야 문명의 역사

마야족이 멕시코와 중미 지역에 제국을 건설한 시기는 2000년 전으로 추정된다. 이들은 기원후 1세기, 과테말라에서 시작해 멕시코 치첸이트사를 중심으로 5세기경에 최고의 전성기를 구가하였다. 10세기경, 척박한 농지와 카리브족Caribes의 잦은 침략으로 치첸이트사를 떠나 내륙으로 이동하면서 쇠망의 길을 걷기 시작했으며, 10세기 말경에는 마야족의 후손들이 다시 유카탄반도로 진출해 톨텍족과 마야-톨텍의 신마야 제국을 만든다. 신마야 문명은 마야판Mayapán, 코판Copán 등 대도시를 중심으로 번영을 이루었다. 그러나 12세기에 서로 간의 전쟁 이후 끊임없는 내전을 겪었고, 15세기를 전후로 여러 곳으로 흩어졌다. 신마야 문명은 스페인 정복자들이 도착하기 이전부터 이미 종말을 향해 걸어가고 있었다.

그럼에도 불구하고, 마야 문명은 천문학, 수학, 조각, 의학, 그리고 예술적 측면에서 가장 뛰어난 고대 문명으로 평가받고 있다. 지구는 둥글고 태양의 주위를 돌고 있다는 사실, 위도와 경도의 개념, 일식과 월식, 그리고 금성을 포함한 가시 성좌의 이동 법칙을 이미 이해하고 있었다. 마야족은 세계에서 0의 개념을 최초로 이해하고 사용한 부족이기도 하다. 기념비나 신전의 벽에서는 이들이 남긴 상형문자를 확인할 수 있다. 마야 문명의 몰락과 멸망에는 여러 주장이 있는데, 그중에서도 극심한 가뭄이 마야의 몰락에 치명타였다는 설이 가장 유력하다. 당시 가뭄은 왕권을 약화시켜 민심을 혼란하게 하였고, 주민들이 다른 지역으로 이주하는 주된 이유였기 때문이다.

마야 유적지의 제왕
치첸이트사 Chichén Itzá

세계 7대 불가사의 중 하나로, 신마야 문명 중 가장 위대한 고고 유적으로 평가받고 있다. 일본, 중국에서 오는 수많은 관광객들이 절대 빼놓지 않는 칸쿤 여행지 1순위 치첸이트사는 칸쿤 호텔 존에서 3시간 30분 거리에 있다. 왕복으로는 더욱 만만치 않은 거리지만 치첸이트사의 웅장하고 신비로운 모습을 실제로 보는 것은 그 의미가 매우 크다.

신비로운 형태의
코바 Coba

치첸이트사의 명성에 비해 한국 관광객들에게는 아직 덜 알려진 코바 유적지. 하지만 실제로 보는 순간, 돌로 쌓은 마야 유적지가 거기서 거기라는 편견을 버리게 된다. 역사 공부에 관심이 없는 사람도 귀가 솔깃해질 정글 집라인 체험이 있으니, 역사 유적 탐방과 짜릿한 레저 체험을 모두 경험해 보자.

아름다운 역사 그 자체
툴룸 유적지 Tulum Ruins

마야의 유적지 중 가장 아름답고 신비로운 해변에 자리한 툴룸 유적지는 휴양지 관광과 역사 유적 관광의 두 마리 토끼를 한 번에 잡는 곳이다. 시내에서 이동이 편리한 곳에 위치해 있는 데다, 소요 시간 대비 내용도 알찬 여행 시간이 촉박한 신혼부부들에게 선호도가 가장 높다. 물론, 배낭 여행객들도 빼놓지 않는 필수 코스다.

사진만 봐도 당장 달려가고 싶은
세노테 Cenote

열대우림의 기다란 나뭇잎과 가지가 지하 약 50m에 위치한 천연 연못의 수면까지 늘어뜨려져 있는 신비로운 모습은 모든 여행자들을 마냥 설레게 한다. 마치 밀림을 연상케 하는 모습이다. 하지만 그 이면에는 각종 귀중품과 사람을 제물로 바치던 마야 문명의 제사 풍습이 서려 있으니, 괜히 한여름에 등골이 서늘한 것이 아니다.

Step 04
Eating

칸쿤을 **맛보다**

01 멕시코 타코의 모든 것, **멕시코 정통 타코 맛보기**
02 숯불 향 가득한 **파히타 & 부리토**
03 멕시코 스타일의 **치킨 & 맥주** 100배 즐기기

04 칸쿤에서 맛볼 수 있는 이국적인 음식
05 칸쿤에서 즐기는 멕시코 전통술과 칵테일, 음료
06 저렴하고 맛있는 로컬 간식 즐기기

EATING 01

멕시코 타코의 모든 것,
멕시코 정통 타코 맛보기

멕시코의 대표 음식인 타코는 단순한 음식이 아니다. 크고 거대한 멕시코 문화와 역사 그 자체라 불러도 과언이 아닐 정도. 멕시코 국민의 타코 사랑을 칸쿤에서 직접 체험해 보자.

01   150여 종류의 타코를 고르는 무한한 재미!

타코는 옥수수로 반죽해 얇게 구워낸 토르티야Tortilla에 여러 가지 요리를 싸서 먹는 음식이다. 토르티야에 고기, 해물, 채소 등 각종 재료를 싸서 토마토와 양파, 실란트로를 잘게 썰어 만든 '살사' 소스와 라임즙을 듬뿍 뿌려 먹는다. 원하는 대로 속을 다양하게 넣어 먹을 수 있기 때문에 그 종류만 무려 150가지에 이른다.

02   멕시코에서 타코의 위엄

오후 3시경에 점심을 먹는 멕시코에서는 관공서를 비롯한 대부분의 직장이 아침 8시에 시작해서 오후 3~4시 사이에 일을 마친다. 이들이 퇴근 시간까지 참을 수 있는 이유는 역시 중간에 사 먹는 타코 덕분. 그래서 낮 시간에 타코 먹는 시간을 정하자는 이야기가 나왔을 정도이니, 멕시코 국민들의 타코 사랑은 특별하다 못해 유별날 정도라 할만하다.

03   대표적인 멕시칸 타코

멕시코에서 가장 대중적인 타코는 소고기에 소금 간을 한 세시나 타코 Cecina Taco다. 칸쿤에서는 흰살생선을 튀겨내 토르티야에 얹어 먹는 피시 타코Fish Taco가 처음 만들어졌는데, 해안 지역이다 보니 새우를 비롯한 다양한 해물 타코가 유명하다. 메인 주재료 이외에 달콤한 생양파와 실란트로(고수)가 기본으로 추가되어 나온다.

사이드로 토마토 살사와 양배추 등을 더해 먹을 수 있게 셀프 바가 있는 곳도 많다. 핫소스도 매운 정도가 매우 다양하니 골고루 맛보자.

Bonus⁺   **유카탄 전통 음식,** 코치니타 필빌 Cochinita Pilbil

유카탄을 대표하는 전통 음식이다. 마야 전통 방식으로 새끼 돼지를 오렌지와 각종 열매 등을 넣고 장시간 구워 내는 요리로 부드럽고 풍미가 좋아 타코, 샌드위치로 만들어 먹는다. 짜지 않고 돼지고기 장조림 같은 맛이라 한국인 입맛에도 제격이다.

칸쿤에서 꼭 들러야 할 타코 맛집

플라야 델 카르멘

엘 포곤 El Fogon

현지인과 관광객 모두의 입맛을 사로잡은 정통 멕시코 식당으로 무엇을 시켜도 실패가 없을 정도로 골고루 맛있다. 그릴에 직접 구운 붉은 고기 타코 알 파스톨이 인기 메뉴다.

돈 설로인 Don Sirloin

플라야 델 카르멘 지역에 있는 타코 전문점이다. 칸쿤 최고의 타코 맛집이라 불러도 좋을 훌륭한 곳이니 꼭 가보자. 케밥처럼 대형 꼬챙이에 고기를 꽂아 구워낸 소고기와 돼지고기를 타코로 맛볼 수 있다.

로스 아구아칠레스 Los Aguachiles

참치 타코로 유명하다. 부드러운 타코를 튀긴 토스타다 Tostada로 타코를 만들어 바삭하고 고소한 맛이 일품이다. 소고기 타코와는 또 다르니 꼭 맛봐야 하는 필수 메뉴.

다운타운

로스 데 페스카도 Los de Pescado

한국인이 특히나 좋아하는 새우 타코집. 멕시코 전역에 10개가 넘는 지점이 있을 정도로 현지인들에게 유명한 맛집이다. 싸고, 신선하고, 맛있는 타코는 물론 부리토, 세비체도 훌륭하다.

타코스 리고 Tacos Rigo

20년 넘는 역사를 가진 칸쿤의 대표 타코 맛집. 2인 이상이면 다양한 고기 맛을 볼 수 있는 모듬 타코 Parillada Especial를 주문하자. 인기 타코 메뉴를 골고루 맛볼 수 있다.

TIP 타코 맛집! 실패 없이 찾는 방법

정해진 주소를 들고 유명 타코 집을 찾아가는 것도 즐겁지만, 거리가 멀다면 가까운 타코 가게들 중 유난히 사람이 많이 붐비는 곳을 선택해 보자. 거의 실패하지 않는다.

EATING 02

숯불 향 가득한 **파히타 & 부리토**

파히타와 부리토는 멕시코 및 남미에서 대중적으로 즐기는 주요 메뉴이다. 대중적인 타코에 비해 재료들이 좀 더 호화롭고 푸짐하며, 개인의 취향을 존중하는 맞춤형 음식이다.

Bonus⁺ 한국의 김치 같은 존재감! 살사 & 과카몰리 Salsa & Guacamole

스페인어로 소스를 뜻하는 살사는 토르티야로 만드는 모든 음식에 빠지지 않는다. 토마토, 양파, 고수 잎이 주재료이며 기호에 따라서 고기, 샐러리 등을 첨가해 매콤하게 만들기도, 순하게 만들기도 한다. 과카몰리는 아보카도를 토마토, 양파, 다진 고수잎과 섞어 라임즙과 함께 돌절구에 으깨어 먹는 멕시코의 기본 메뉴이다. 그냥 먹기도 하며 나초를 찍어 먹는 딥Dip으로도 널리 즐긴다.

살사와 과카몰리는 모든 멕시코 음식 메뉴에 빠지지 않고 메인으로, 혹은 사이드로 등장한다. 이 두 가지에는 모두 고수라고 불리는 실란트로가 재료로 들어가는데, 실란트로 특유의 강하고 독특한 향을 거부하는 한국인들이 많다. 실란트로의 향이 부담스럽다면 주문 시 "No, Cilantro"라고 주문해 보자. 반대로 더 많은 양의 실란트로를 원한다면 "Extra Cilantro"라고 말한다. 물론 주문 전 미리 만들어 놓은 살사와 과카몰리의 경우에는 그냥 제공된다.

주재료를 직접 싸서 먹는
파히타

타코 재료 외에 사우어 크림, 치즈 등을 얹어 먹는 파히타는 캐주얼한 타코에 비해 좀 더 비용을 지불하는 메뉴이자 타코의 진화된 요리법이다. 한 개만으로도 양이 충분히 든든한 데다, 원하는 재료를 직접 골라 싸 먹을 수 있는 재미도 있다. 숯불에 직접 구운 소고기 파히타가 대중적으로 가장 인기가 좋다.

육중하고 든든한 한 끼 식사
부리토

간편하게 먹을 수 있어 멕시코를 비롯한 아메리카 대륙에서는 대중적인 메뉴. 피히타처럼 타코에서 진화된 음식이라 볼 수 있는데, 부리토는 요리사가 직접 재료를 넣어 둥글게 말아 준다. 테이크아웃이 가능해 언제 어디서나 편리하게 먹을 수 있다. 한국인 입맛에 제격인 밥도 선택해서 넣을 수 있으니, 그 든든함이란 가격 대비 최고다.

놓치면 안 될 파히타 & 부리토 맛집

로스 데 페스카도 Los de Pescado

새우와 생선튀김을 넣은 타코와 부리토 맛집으로 유명하다. 특히나 부리토는 칸쿤 지역에서 가장 맛있다고 손꼽힐 정도. 안 가면 억울할 정도로 빗있는 생선 타코와 부리토를 맛보자.

트로피컬 Tropical

주문 즉시 직화 그릴에 구워낸 소고기 스테이크와 다양한 채소들, 살사와 과카몰리 등 마치 잘 차려진 한정식처럼 푸짐하게 내어주는 파히타 맛집이다. 위치 또한 플라야 델 카르멘 중심지에 있어 찾기 쉽고 편리하다.

TIP 언제든지 자유롭게 먹을 수 있는 타코와는 달리 파히타와 부리토를 길거리에서 찾기는 힘들다. 주로 팁을 지불하는 레스토랑에서 파히타와 부리토를 즐길 수 있는데, 부담스럽게 과한 비용의 메뉴가 아니니 걱정할 필요는 없다.

EATING 03

멕시코 스타일의
치킨 & 맥주 100배 즐기기

시원한 병맥주와 함께 치킨을 먹을 수 있는 이국적인 카리브해의 칸쿤. 하늘색 바다 앞에서 이런 정겨운 메뉴와 함께라면 천국이 따로 없다. 게다가 저렴한 가격은 중독성 강한 특급 서비스다.

멕시코에서는 물보다 더 흔한 맥주

물을 사 먹어야 하는 덕분에 많은 사람들이 식사할 때 물 대신 라임을 곁들인 맥주를 선택한다. 특이하게 라임을 넣어 먹는 이유는 더운 지방에서 부족한 무기질과 수분을 보충하기 위함, 오래전 제조상의 기술 부족으로 병뚜껑에 묻는 녹을 제거하기 위함, 그리고 좋지 않은 멕시코 수질을 정화하기 위함이라는 세 가지 설이 유력하다.

멕시코의 지극한 치킨 사랑

중남미 아메리카에서 특히 멕시코 사람들은 한국 사람들만큼이나 치킨과 맥주를 즐긴다. 뽀요Pollo라 불리는 치킨 요리는 프라이드, 전기구이, 숯불치킨 등으로 쉽게 즐길 수 있다. 멕시코 닭은 사이즈가 꽤나 큰 데다가, 사이드 메뉴로 밥과 토르티야, 각종 채소절임까지 세트로 내어 주니 2인 1닭도 힘들 정도이다.

치킨 맛집

아사데로 엘 포요 Asadero El Pollo

이글이글 뜨겁게 달군 돌과 숯을 이용해서 그릴에 구워내는 닭 냄새는 지나가는 발걸음을 저절로 멈추게 만든다. 시골 장터에서 먹는 듯한 소박한 치킨집의 내부는 정겹기까지 하다. 다운타운에서 플라야 델 카르멘까지 운행하는 콜렉티보 밴의 종점 바로 옆에 있다. 힘들여 찾을 필요도 없어 접근성이 훌륭하다. 물론, 숯불구이 치킨의 맛은 최고 중의 최고이니 무조건 맛볼 것.

TALK

세계적인 물 부족 국가 멕시코

멕시코는 세계적으로 유명한 물 부족 국가이다. 멕시코 국가의 반 이상이 건조기후로 분류되어 있다. 특히 북부 지역은 남부 지역에 비해 물 공급량이 훨씬 부족해 지역별 수자원의 편중 현상은 매우 심각하다. 물의 수질도 상당히 좋지 않기 때문에 식당에서 공짜로 물을 제공하는 곳은 그 어디에도 찾을 수 없다. 그래서 물만큼 맥주의 소비량이 높은 편이다. 아마도 열대 지역의 무더운 날씨도 큰 이유일 것이다.

멕시코의 대표 맥주

멕시코는 오랜 기간 동안 세계 1위의 맥주 수출국이다. 미국에서 가장 많이 팔리는 맥주 20개 브랜드 중 7개의 브랜드가 멕시코 맥주라는 놀라운 사실. 칸쿤 현지의 맥주 가격은 마트, 식당 장소 상관없이 한국보다 30%가량 저렴하게 즐길 수 있다.

1 코로나
Corona

코로나 맥주는 백 년 가까운 역사를 가진 멕시코의 대표 맥주 브랜드이다. 코로나 엑스트라Corona Extra라는 고유의 이름이 처음 발매된 1920년대 당시, 기존의 맥주 회사들은 맥주의 변질을 예방하고자 갈색의 짙은 병을 사용했다. 코로나 맥주는 그들과의 차별화를 선언하며 얇고 긴 목선의 투명한 맥주병으로 만들었다. 또한 브랜드를 알리는 종이 라벨을 붙이는 대신, 병에 직접 라벨을 프린트해 넣은 디자인을 개발해 발매했다. 그 결과 젊은 사람들의 열광적인 지지를 받으며 맥주 브랜드로 자리 잡았다.
1980대에는 미국에서 휴양지로 멕시코가 알려지며 젊은 사람들이 멕시코를 방문하는 기념으로 코로나 빈 병을 미국으로 가져갈 정도였다고 한다. 투명한 병만큼 맥주 맛도 청량감이 특징인 코로나 맥주를 마시는 방법은 특이하게도 병 입구에 라임 조각을 끼워 마시는 것. 아마도 더운 지역에서 라임과 소금을 곁들여 술을 마시는 습성이 그들의 대표 맥주인 코로나에 전해진 것이 아닐까?

니그라 모델로 2
Negra Modelo

멕시코 맥주 중 가장 깊고 진한 색을 가진 맥주 브랜드 니그라 모델로. 보통 모델로라고 부른다. 진한 갈색의 통통한 병 모양에 금박 라벨이 고급스런 느낌을 준다. 흑맥주처럼 보이는 진한 맥주는 의외로 청량감이 그대로 살아있으며 맛은 무겁지 않고 들척지근하기까지도. 코로나를 만든 회사와 같은데, 전혀 다른 맛과 디자인임에도 둘 다 멕시코의 간판 맥주로 사랑받고 있다.

3 도스 에퀴스 더블엑스
Dos Equis XX

한국에는 잘 알려지지 않았지만 중남미와 북미 지역에서는 미식가들이 즐기는 맥주로 알려진 더블 엑스. 멕시코의 대형 맥주회사인 세르베사Cerveza에서 생산한다. 로마 숫자로 10이 두 개, 즉 20이란 뜻이지만, 현재는 북미 사람들에 의해 영어 X로 읽히며 더블 엑스로 널리 통한다. 도스 에퀴스Dos Equis 역시 스페인어로 '두 개의 X'를 뜻한다.

1897년 독일계 멕시코인에 의해 처음 만들어진 이 맥주는 3년 뒤 맞게 되는 20세기를 기념하고자 로마 숫자와 스페인어를 사용해 20을 표현했다고 한다. 라거 맥주인 초록색 병과 비엔나 스타일의 앰버 맥주인 금색 병이 있는데, 초록색 병의 더블 엑스가 가장 대중적이다.

4 솔
Sol

스페인어로 태양을 뜻하는 솔은 더블 엑스와 같은 회사인 세르베사에서 1899년 처음 제조된 이후 멕시코 현지인들이 가장 즐기는 대중적인 맥주가 되었다. 10여 가지의 다양한 맥주 사이즈가 그 인기를 증명해 준다. 가벼운 맛이 특징이라 여성 입맛에도 제격이다.

5 테카테
Tecate

역시 세르베사에서 처음 만들어진 맥주로, 도시 이름을 붙인 페일 라거Pale Lager 맥주다. 1955년 독특한 디자인으로 멕시코의 캔 맥주 시대를 연 주인공이기도 하다. 부드럽고 풍부한 향 덕분에 목 넘김이 편하다.

TIP 아주 특별한 멕시코의 코카콜라

멕시코는 세계 코카콜라 소비율 1위 국이다. 뉴세에 따르면 1인당 하루 2리터의 코카콜라를 마신다고 한다. 멕시코인들에게 Hot water는 커피, Cold water는 코카콜라로 통한다. 무엇보다 멕시코에서는 인공 시럽 대신에 천연 사탕수수로 단맛을 내는 세계 유일의 코카콜라를 생산해 미국에 역수출한다. 천연 단맛의 멕시코 코카콜라를 꼭 맛보자.

칸쿤에서 맛볼 수 있는 **이국적인 음식**

전 세계 관광객들이 1년 365일 끊이지 않는 칸쿤! 다양한 문화와 음식이 어우러져 입이 지루할 틈도 없다. 감동스러울 정도로 훌륭한 칸쿤의 이국적인 음식 기행을 떠나 보자.

1 남미 스타일의 샌드위치
아레파 Arepa

옥수수를 재료로 하는 아레파는 애피타이저로 먹거나 빵 대신 식사에 곁들이는데 주로 베네수엘라와 콜롬비아에서 주식으로 먹는다. 빵의 역할과 같은 번Bun은 튀기기도 하고 오븐이나 팬에 구울 수도 있다. 잘 구워진 빵을 반으로 잘라서 닭고기나 그 밖의 육류, 맛이 강한 치즈, 과카몰리 등을 끼워 넣어 샌드위치를 만들어 먹는 방법이 현재의 아레파다. 햄버거, 샌드위치와 비슷하며, 양념에 졸인 고기가 속 재료로 많이 사용된다.

카샤파 팩토리 Kaxapa Factory

너무나도 유명한 아레파 맛집이다. 그 명성 때문에 칸쿤을 여행하는 관광객들은 일부러 찾아가는 수고를 아끼지 않는다. 속이 가득 찬 달콤한 아레파의 맛은 한국에서 경험하기 어려운 메뉴라서 더더욱 꼭 맛보자. 사탕수수로 직접 만든 홈메이드 주스도 잊으면 안 되는 인기 메뉴이다.

아레파 맛집

2 이스라엘 전통 건강식
팔라펠 Falafel

유대인들의 전통 음식 팔라펠은 고기 대신 으깬 병아리콩 Chickpea을 미트볼 모양으로 구워 납작한 포켓 모양의 피타 브레드 사이에 넣고 각종 채소와 소스를 뿌려 먹는 샌드위치다. 본래 이스라엘, 모로코, 레바논, 요르단 등 중동 지역에서 주식으로 즐겨 먹는 음식이지만, 현재는 미국과 유럽 등지의 채식 열풍이 이곳까지 이어져 건강에 관심 많은 이들의 선호도가 엄청나다.

팔라펠 맛집

팔라펠 네스야 Falafel Nessya

주머니가 가벼운 젊은 여행자들의 집합소인 팔라펠 네스야는 저렴한 가격으로 푸짐하고 맛있는 한 끼를 제공해 준다. 인기가 많은 만큼 재료의 회전율이 높아 늘 싱싱하고 아삭한 채소와 팔라펠을 먹을 수 있다. 셀프 주문과 서비스 덕분에 별도의 봉사료가 필요 없는 점도 인기 요인이다.

3 상큼한 해산물 샐러드
세비체 Ceviche

세비체는 남미식 해산물 샐러드로, 기록에 의하면 페루의 전통 음식이라고 한다. 레시피에는 날생선을 이용하지만 현재는 반 조리된 생선과 해산물을 주로 사용한다. 타코와 마찬가지로 싱싱한 토마토와 양파, 고수 잎, 그리고 멕시코에 풍부한 라임과 아보카도를 듬뿍 넣어 조리한다. 전채요리는 물론 메인 식사 메뉴까지 사이즈만 바뀔 뿐 청량하고 새콤달콤한 세비체의 맛은 변함없다.

세비체 맛집

페스카디토스 Pescaditos

말과 설명이 따로 필요 없을 정도로 유명한 페스카디토스는 고급 리조트에서의 한 끼와 과감히 바꿔도 좋을 만큼 훌륭하다. 메뉴 중 무엇을 시켜도 모두 맛있지만 특히나 세비체의 그 싱싱하고 상큼한 맛은 칸쿤 여행 후 심각한 향수병과 후유증을 만들 정도. 방문 리스트에서 절대 빼먹지 말자.

EATING 05
칸쿤에서 즐기는
멕시코 전통술과, 칵테일, 음료

전통술

세계적으로 유명한 멕시코 전통술

테킬라 Tequila

한국에서 소주의 존재와 같은 것이 멕시코의 테킬라다. 테킬라는 용설란이라 불리는 선인장(많은 당을 함유하고 있어 아가베Agave 시럽도 용설란으로 만든다)의 일종인 마게이Maguey 줄기로 만든 증류주다. 40도 정도의 높은 도수에 무색투명한 테킬라는 라임을 손등에 문지르고 그 위에 소금을 묻힌 뒤 테킬라를 마시고 손등의 소금을 핥아 먹는다. 테킬라는 숙성기간에 따라서 맛과 색이 달라지며 숙성기간이 길수록 가격도 높아진다. 한 마을의 토속주로 시작한 테킬라는 1960년경 세계적으로 유행한 〈테킬라〉라는 재즈 때문에 선풍적인 인기를 끌면서 현재는 멕시코의 상징이 되었다.

◆ 테킬라의 분류 ◆

블랑코 Blanco
증류 후 6일 이내 출하한 것으로 순수한 맛과 향이 특징이다.

레포사도 Reposado
60일 이상 1년 이내 숙성한 것으로 맑은 미색을 띠며 부드러운 맛을 낸다.

아네호 Anejo
1년 이상 숙성한 최고급 테킬라로 황금색을 띠며 가격도 최상위급이다.

칸쿤에는 세계적으로 유명한 술과 음료들이 있다. 아가베 시럽 재료로 잘 알려진 선인장 용설란으로 만드는 멕시코 전통술인 테킬라와 그 테킬라를 베이스로 만드는 칵테일 마르가리타는 이미 잘 알려져 있다. 미국의 대문호 헤밍웨이가 즐겨 마시던 쿠바의 칵테일 모히토도 칸쿤에서 쿠바 오리지널 맛으로 즐길 수 있다. 멕시코의 신비롭고 특별한 맛, 테킬라와 칵테일, 유명한 음료들을 칸쿤에 간다면 잊지 말고 꼭 맛보자.

메스칼 Mescal

테킬라와 비슷한 멕시코의 증류주이다. 메스칼도 용설란으로 만들기 때문에 테킬라와 같은 술이라고 생각하기 쉽지만, 테킬라는 블루 아가베만 사용하고, 메스칼은 블루 아가베를 제외한 여러 종류의 용설란을 섞어 블랜딩해서 만든다. 그렇기 때문에 종류에 따라 맛과 향이 다르다. 메스칼은 용설란을 구워서 만들기 때문에 진한 스모키한 향이 난다. 메스칼도 숙성 정도에 따라 맛과 가격에 차이가 있다.

뿔께 Pulque

멕시코 전통주인 이 술은 6도 정도의 낮은 도수의 탁한 빛깔을 내며, 멕시코의 가장 큰 휴일인 '죽은 자들의 날'에 마시는 술로 유명하다. 이것은 마치 우리의 제사상의 막걸리와도 같다. 높은 도수의 테킬라에 비해 뿔께는 오히려 대중적인 음료와 같은 존재이기도 한 멕시코의 전통주이다.

칵테일

헤밍웨이가 사랑한 칵테일

모히토

사탕수수의 대표 원산지 중 하나인 쿠바에서 탄생한 술 모히토는 럼과 설탕, 라임 주스, 생 민트 잎으로 만든 칵테일이다. 그런데 재료 중 가장 까다로운 것이 있으니 바로 '럼'이다. 쿠바에서 탄생한 칵테일답게, 오리지널 모히토에는 반드시 쿠바 브랜드인 '아바나클럽Habana Club'의 럼이 들어가야 한다고 하니 오리지널의 자부심이 느껴진다. 아바나클럽은 쿠바 아바나에서 생산되어, 500년 쿠바 역사 동안 비밀 주조법으로 최고의 맛과 품질을 자랑하며 쿠바를 대표하는 술로 자리 잡았다. 오리지널 쿠바 모히토는 스피어민트Spear Mint 잎을 사용한다. 민트 중에서도 달콤한 향과 맛이 특징이라 모히토를 만들기에 제격이지만, 쿠바를 제외한 다른 나라에서는 구하기 쉬운 페퍼민트나 애플민트를 사용한다. 결국 아바나클럽의 럼과 스피어민트를 사용하는 오리지널 모히토는 쿠바와 칸쿤에서만 맛볼 수 있는 것이다.

미국의 대문호 헤밍웨이가 사랑한 캐리비안의 칵테일 모히토

세계 유행의 첨단 뉴욕에서 화려하고 멋진 뉴요커들이 즐겨 마시는 모히토의 고향은 바로 정열적인 남미. 초록색의 신선한 민트 잎이 가득 들어 있는 모히토는 어니스트 헤밍웨이가 즐겨 마시다 못해 종일 곁에 끼고 살았다시피 한 바로 그것이다. 쿠바에서 작품 생활을 했던 헤밍웨이는 하루에 8잔 이상의 모히토를 마시며 글을 썼다고 하니, 그 사랑이 얼마나 극진했는지를 상상할 수 있다. 쿠바의 오리지널 모히토를 칸쿤에서 직접 맛볼 수 있다는 사실만으로도 칸쿤행 비행기 티켓이 아깝지 않다.

쿠바의 오리지널 모히토를 칸쿤에서 만나다

"나의 모히토는 라 보데기타에 있다"라는 헤밍웨이의 한마디 덕분에 쿠바의 상징처럼 여겨지는 칵테일 바 라 보데기타Labodeguita가 칸쿤에 직영으로 입점했다. 그 유명한 라 보데기타가 칸쿤에 들어왔으니, 칸쿤 여행자에게 반가운 소식이 아닐 수 없다. 똑같은 레시피로 쿠바 모히토의 맛을 그대로 내주니, 긴 웨이팅도 망설여지지 않는다.

처음 맛보는 초보자에게는 똑같은 맛으로 느껴지겠지만, 많이 마셔본 고수의 입에는 라 보데기타의 모히토는 확실히 다르다. 특히나 우리나라에서는 현재 아바나클럽 럼이 수입되지 않아 그 맛을 보기 어려우니, 칸쿤에서 오리지널 쿠바 모히토의 맛을 절대 놓치지 말자.

멕시코의 대표적인 테킬라 칵테일
마르가리타 Margarita

멕시코의 대표 술 테킬라Tequila를 베이스로 만든 칵테일 마르가리타는 정작 멕시코가 원조는 아니다. 테킬라의 시초는 1949년에 개최된 미국 칵테일 콘테스트 입선작으로 존 듀레서가 고안한 칵테일이다. 죽은 그의 연인 '마르가리타'의 이름을 붙여 출품하였다고 한다. 글라스에 레몬이나 라임으로 가장자리를 적신 후 소금을 묻혀 눈송이를 연상시키는 비주얼이다. 미국에서 탄생했지만, 멕시코의 테킬라와 라임이 주재료인 탓에 멕시코 음식과 열대 기후에 아주 썩 잘 어울려, 현재는 멕시코의 대표 칵테일로 자리 잡았다.

오리지널 카리브해의 칵테일
피나콜라다 Piña Colada

푸에르토리코에서 처음 탄생한 피나콜라다는 파인애플과 코코넛 크림을 듬뿍 넣어 럼과 함께 믹스한 칵테일이다. 이국적인 향과 달콤함이 느껴지는 피나콜라다는 술이 약한 사람도 부담 없이 마실 수 있는 칵테일이다. 무알콜 버진 피나콜라다Virgin Pina Colada도 있으니 아찔하게 달콤한 열대의 매력에 흠뻑 빠질 마음의 준비만 하면 된다.

캐리비안 베이의 유명한 칵테일
프로즌 다이키리 Frozen Daiquiri

모히토와 더불어 쿠바의 대표적인 칵테일 다이키리는 쿠바 다이키리 광산에 근무하는 사람이 놀러오는 친구들을 대접하려 만들었다고 한다. 더운 캐리비안 베이 날씨에 시원한 얼음을 화이트 럼, 라임즙과 함께 갈아낸 다이키리의 신선한 그 맛에 10년간 지독한 슬럼프를 겪던 헤밍웨이가 〈노인과 바다〉를 쓰며 부활하는 계기가 되었다고 해서 전 세계적으로 유명해진 칵테일이다. 캐리비안 베이를 앞에 두고 다이키리 주문을 잊고 가면 평생 후회한다.

멕시코 맥주 칵테일
미첼라다 Michelada

맥주를 베이스로 하여 라임, 소금, 토마토 주스, 핫소스를 넣은 대중적인 멕시코 칵테일 미첼라다는 잔은 차갑게 하여 입구 가장자리에 소금을 두른 것으로 준비해야 청량감이 배가된다. 미국의 대표 해장술로 알려진 블러디메리 Bloody Mary와 비교되며 미첼라다는 멕시코의 원조 해장술로 통한다. 넷플릭스 음식 시리즈에서도 자세히 다룰 정도로 멕시코의 대표적인 국민 칵테일이다.

TIP 유명 칵테일의 이름과 재료를 조금씩 기억해 두고 입맛에 따라 주문하자. 바텐더의 취향에 따라 맛이 조금씩 달라지는 것이 바로 칵테일의 매력이다. 나와 통하는 바텐더를 만나는 것도 행운이다. 늘 친절하고 유쾌한 칸쿤의 바텐더들은 최고의 칵테일을 만들어 주니 걱정할 필요 없다.

음료

오직 멕시코에서만 맛볼 수 있는 음료들의 대향연!!

멕시코의 아침햇살
오르차타 Agua de Horchata

칸쿤 여행 시 음식점 테이블마다 지겹도록 보이는 음료수가 바로 오르차타라고 하는 멕시코의 가장 대중적인 음료다. 타이거 넛tiger nut이라 불리는 뿌리 식물에 설탕과 물을 넣어 갈아 마시는 음료로, 유제품에 약한 이들과 견과류에 알러지가 있는 사람들에게 우유와 견과류의 맛을 내주는 최상의 재료라 할 수 있다. 타이거 넛이 가진 고소한 맛과 약간의 쌉싸래한 맛, 설탕의 단맛이 조화를 이루며, 시원한 오르차타는 특히나 더운 멕시코에서 여름 갈증을 해소시켜 주는 최고의 음료다.

멕시코인들의 범국민 소화제
차야 주스 Chaya Juice

초록색 단풍잎 모양의 차야 잎은 칸쿤이 속한 유카탄반도에서 주로 자라는 대표적인 건강 주스 재료로, 특히나 소화에 탁월해 주스나 물로 희석해서 마시는 민간요법으로 오랜 기간 전해 내려온 전통 음료다. 칸쿤에서 맛볼 수 있는 오리지널 차야 주스를 꼭 기억하도록 하자.

이보다 더 몸에 좋은 게 또 있을까
하마이카 Agua de Jamaica

항산화 영양소 비타민C, 폴리페놀, 안토시아닌을 비롯해서 좋다는 모든 수식어가 가득한 신비의 히비스커스Hibiscus 꽃을 말려서 우려낸 관능적인 루비 빛 차를 얼음과 설탕을 섞어 목 넘김이 가볍게 만든 하마이카는 오르차타와 함께 가장 대중적인 멕시코 음료다.

EATING 06
저렴하고 맛있는 **로컬 간식 즐기기**

멕시코 칸쿤의 음식은 간식마저도 저렴하고 양이 푸짐하다. 거기에 감칠맛까지 더하니 만족스러움에 저절로 엄지가 올라간다. 팁을 지불해야 하는 레스토랑과 달리 단돈 10~20페소만으로 배가 든든해지는 길거리 음식을 소개한다.

멕시코의 김밥
타말 Tamal

매우 오래된 멕시코와 페루의 전통 음식으로, 돼지기름에 익힌 옥수수 가루를 반죽해서 고추를 넣은 다진 고기를 속으로 넣어 옥수수 껍질 또는 바나나 잎으로 김밥처럼 둘러싼 다음 쪄서 내는 대중적인 길거리 음식이다. 멕시코인들의 대표적인 소울 푸드이며, 아침 식사와 간식으로 즐겨 먹는 타말은 한국에서는 맛보기 어려운 별미 중의 별미다.

한국도 이미 열풍!
추로스 Churros

밀가루 반죽을 막대 모양으로 만들어 올리브유에 튀겨 설탕과 계핏가루, 초콜릿 등을 찍어 먹는 추로스는 스페인에서 유래되었지만, 멕시코에서도 스페인의 음식 문화를 그대로 만날 수 있다. 겉은 바삭하고 야들야들 보드라운 속살, 잘 반죽된 버터와 소금 맛이 일품이다.

멕시코 국민간식
마르게시타 Marquesita

멕시코 중앙 공원 어디를 가도 꼭 있는 마르게시타 푸드 트럭은 그야말로 국민 간식이다. 둥근 철판에 반죽을 부어 바삭한 크레페처럼 구워 누텔라와 고소한 치즈를 넣어 돌돌 말아 준다. 바나나 등 토핑을 추가해도 좋다. 칸쿤에 왔다면 절대 마르게시타를 놓치지 말 것.

칸쿤에서 만두 찾기
엠파나다 Empanada

멕시코, 아르헨티나, 칠레 등 라틴아메리카 지역에서 흔하게 만들어 먹는 만두 스타일의 엠파나다. 간편하고 심플한 특성상 레스토랑에서 찾기는 힘들고, 길거리와 동네 작은 베이커리에서 만날 수 있다. 바삭한 식감으로 구워 낸 밀기루 반죽 속에 고기와 야채를 넣고 만두 모양으로 구운 엠파나다는 크기가 제법 커서 2개만 먹어도 금세 배가 부르다. 고기를 넣은 엠파나다 외에 과일과 시럽 등을 넣어 달콤한 엠파나다도 있다.

마약 옥수수가 여기 있네
엘로테 Elote

따뜻하게 찌거나 구워낸 옥수수에 고소한 코티자Cotija 치즈와 마요네즈를 듬뿍 묻혀 먹는다. 매콤한 맛을 위해 핫소스를 뿌려 먹기도 하는데 좌판에 준비된 핫소스의 종류만도 20여 종이 넘을 정도. 멕시쿠인들은 옥수수는 물론 망고 같은 열대과일에도 핫소스와 고춧가루를 묻혀 먹는다. 소스와 치즈를 듬뿍 뿌린 옥수수를 통째로 또는 컵에 담아 스푼으로 퍼먹는데 중독성이 강해 한 번 맛보면 매일 먹게 된다.

Step 05
Shopping

칸쿤을
남기다

01 멕시코를 영원히 기억하다, **칸쿤 기념품**
02 안 사고 돌아가면 아쉬운 **특산품**
03 중남미의 **캐리비안과 시가**, 그 둘의 환상적인 콜라보

04 귀국용 선물 저렴하게 득템하기!
슈퍼마켓 & 멀티숍
05 없는 것이 없는 대형 쇼핑몰 BEST 4

(SHOPPING 01)

멕시코를 영원히 기억하다, **칸쿤 기념품**

여행에서 남는 건 결국 사진과 기념품이다. 비용 절감도 중요하지만 각자 예산에 맞는 기념품을 한두 개 구입해 보자. 칸쿤의 추억을 되살려 주는 일등 공신이다.

해먹

중남미에서는 무덥고 강한 햇빛을 피하기 위해 그늘에 해먹을 설치해 휴식을 취하는 것이 매우 보편적인 일상이다. 두 개의 기둥만 있다면 언제 어디서든 간편하게 해먹을 설치할 수 있으며 칸쿤의 크고 작은 기념품 숍에서는 어디서나 해먹을 판매한다. 부피가 크지 않고 무게도 가볍기 때문에 한국으로 운반하기 쉬워 기념으로 사 오는 여행객들이 아주 많다.

Data 가격 25달러~

캐리비안 스타일의 비치웨어

열대 칸쿤에서는 역시나 현지의 비치웨어가 가장 잘 어울린다. 하늘하늘한 슬리브리스 원피스, 탱크톱 스타일의 시원한 티셔츠와 반바지 등 물놀이와 관광에도 제격인 다양한 디자인의 서머웨어가 칸쿤에 가득하다. 마야의 전통 문양으로 만든 귀여운 어린이용 원피스도 있으며, 가격 또한 합리적이니 쇼핑 천국이 따로 없다.

Data 가격 원피스 20달러~

해골 인형

'망자의 날Dia de los Muertos'은 11월 1일부터 이틀에 걸쳐 열리는 멕시코의 전통 축제다. 이날에는 설탕이나 초콜릿 등으로 해골 모양을 만들어 죽은 친지나 친구의 명복을 빈다. 제단에는 음식뿐만 아니라 금잔화와 해골 장식이 올라가는데, 칸쿤에서도 해골 인형을 판매하는 상점이 자주 눈에 띈다. 기념품 가게에서 쉽게 구입 가능하므로 형형색색의 해골 인형들을 기념으로 소장해 보자.

Data 가격 30달러~

냉장고 자석

부피가 크고 무거운 기념품보다 냉장고, 가정용 칠판에 붙여 놓는 냉장고 자석만큼 좋은 기념품이 또 없다. 자석에 도시 이름이 새겨져 있거나 지역의 특징과 컬러가 잘 살아 있어 냉장고를 열 때마다 칸쿤의 따뜻한 햇볕을 떠올리게 된다. 많은 자석을 구매해야 해서 가격이 부담된다면 프로모션 제품을 눈여겨보자. 프로모션 상품은 4개에 10달러 정도.

Data 가격 1개 4~5달러

전통 멕시코 모자 솜브레로

멕시코 사람들은 물론 길거리 상점 곳곳에서 보이는 챙이 넓은 멕시코 전통 모자인 솜브레로 Sombrero는 보기만 해도 휴가 기분이 나는 아이템이다. 부피가 커서 귀국길 짐 싸기에 부담스럽다면 머리에 쓰고 귀국해도 좋다.

마야 유적 기념품

치첸이트사 근처에서 마야 부족들이 직접 만들어 판매하는 유적 기념품을 구매할 수 있다. 나무 조각품, 액세서리, 마야 스타일의 옷 등 다양한 물건들을 고를 수 있는데, 시내보다 저렴하지는 않은 편이므로 시내에서 적당한 디자인을 고르는 것도 좋다.

Data 가격 액세서리 10달러~, 마야 의상 25달러~, 목각인형 10달러~

SHOPPING 02

안 사고 돌아가면 아쉬운 **특산품**

멕시코의 특산품으로 유명한 커피와 핫소스, 테킬라와 시가는 한국에서 구입하려면 몇 배로 비싸기 때문에 칸쿤에 왔을 때 필요한 만큼 구입하면 경제적이다.

유카탄 벌꿀

멕시코는 세계 5대 석청(절벽이나 바위 등에서 자연 채취하는 꿀) 지역에 속하는 대표적인 나라다. 칸쿤이 속한 유카탄 지역은 바다와 산, 선인장과 각종 야생화가 절정을 이루어 천혜의 자연환경 속에서 벌꿀을 채취한다. 요리와 약용 모두 좋은 천연 벌꿀로 특히 품질이 탁월하게 좋은 유카탄Yucatan 벌꿀은 고작 3달러도 안 되는 가격이기 때문에 안 사면 손해이다. 다운타운 월마트에서만 구입할 수 있다.

Data 가격 한 병에 48페소

테킬라 초콜릿

칸쿤 여행 1순위 쇼핑 아이템은 테킬라 초콜릿. 부드럽고 많이 달지 않아 선물용으로 대량 구매하는 경우가 많다. 가방을 테킬라 초콜릿으로 가득 채워도 후회가 없을 정도. 비싼 전문점보다 대형 슈퍼마켓 체드라위에서 판매하는 테킬라 초콜릿이 압도적 가성비를 자랑한다. 호세 쿠에르보, 1800, 칼루아 이름을 가진 초콜릿이 인기. 체드라위, 월마트 등 대형마트에서 저렴하게 구입할 수 있다.

Data 가격 한 통에 140페소

커피

중남미에 세계적인 커피 산국이 몰려 있지만, 그 중에서도 멕시코는 세계 5위의 커피 생산량을 자랑하는 나라다. 매년 400만 자루의 커피를 생산하며 무려 10만여 개의 커피 농장이 있을 정도. 오악사카Oaxaca와 치아파스Chiapas 등 중부에 위치한 멕시코의 도시들이 대표적인 커피 생산 지역이며, 커피의 품질을 높이기 위해 일부러 유기농 커피를 재배하고 있다. 부드러운 맛과 향, 은은한 초콜릿과 캐러멜 향이 멕시코 커피의 특징이다. 대형 마트뿐만 아니라 전문 카페에서도 원두를 판매하니 저렴하고 쉽게 구입 가능하다.

Data 가격 아라비카 커피 200g 기준 8달러~

핫소스

한국의 매운맛은 상대도 안 될 정도로 멕시코 사람들의 매운 고추 사랑은 각별하다. 더욱 놀라운 것은 멕시코 타바스코 지역의 고추를 1868년 미국에서 상품화시킨 것이 바로 한국에서도 흔히 먹는 타바스코 브랜드의 핫소스라는 사실! 멕시코에서 재배되는 매운 고추는 다양한 맵기의 핫소스로 개발되어 애용되는데, 종류도 어마어마하지만 가격대 역시 다양하다. 기념품 가게에서는 예쁘게 포장된 선물용 제품을 구입하기 좋고, 대형 마트에서는 보다 저렴한 가격으로 구입하기 좋다.

Data 가격 핫소스 개당 2달러~, 3종 패키지 6달러~

테킬라

멕시코를 대표하는 증류주 테킬라는 알코올 도수가 35~55%로 높은 편이다. 1968년 멕시코 올림픽을 계기로 널리 알려지면서 현재는 세계 각지에서 많은 사랑을 받고 있다. 멕시코에서는 아무것도 섞지 않고 소금과 라임을 함께 곁들이는 것이 일반적이다. 하지만 마가리타Margarita, 마타도르Matador, 블러디 아즈텍Bloody Aztec 같이 칵테일로 즐겨 마시는 것도 추천한다. 가장 대중적인 브랜드 호세 쿠에르보Jose Cuervo와 패트론Patron의 테킬라는 한국에서도 구입이 가능하다 때문에 한국에서 구입이 어려운 에라듀라Herradura 테킬라를 구매하는 편이니 참고하자.

Data 가격 테킬라 1병 16~200달러

치차론 과자

멕시코는 돼지껍데기를 튀겨서 길거리 간식으로도 판매하고, 대기업에서도 대중적인 과자 형태로 만들어서 판매하고 있다. 소분된 비닐 포장부터 대형 스낵 통까지 크기도 다양하다. 오픈하는 순간 돼지 향이 강하게 올라오며 감칠맛 나는 짭조름한 그 맛은 맥주, 소주 안주로 제격이다. 한국에 가져와 기억에 남을 후회 없는 멕시코 여행 전리품 중 하나가 될 것이다.

SHOPPING 03

중남미의 캐리비안과 시가, 그 둘의 환상적인 콜라보

멕시코에 방문했는데 시가를 그냥 지나치는 순간, 당신은 크나큰 실수를 하는 것이다. 시가의 종주국 중 하나인 멕시코는 질 좋은 시가를 저렴하게 경험하기 좋은 천국이다.

시가의 역사

시가는 원래 캐리비안 베이 인근의 섬에서 만들어 피던 마른 잎으로, 콜럼버스 탐험대가 쿠바에서 바나나, 야자나무 잎과 함께 담뱃잎을 돌돌 말아 피우는 모습을 처음 보았다고 한다. 그 영향으로 스페인과 유럽의 선원들은 담뱃잎을 돌돌 만 시가를 유행처럼 피웠으며 곧 시가를 유럽에 널리 전파하였다.

시가를 사랑한 문화 인사들

예전부터 유럽과 미국에서 고급 기호품으로 통하는 시가. 하지만 이를 단순 기호품 이상의 문화적 아이콘으로 승화시킨 인물들이 있다. 바로 영국의 수상 윈스턴 처칠과 미국의 대문호 어니스트 헤밍웨이, 쿠바의 혁명가 체 게바라 등이다.

TIP 입출국 시 주의 사항

멕시코 입국 시에는 담배 200개비(보통 담배 10갑)까지 허용되며 그 이상 소지 시 별도의 추가 세금이 현장에서 추징된다. 또한 범칙금 부과에 시간이 소요되는 탓에 여행 스케줄에 차질이 생기므로 주의가 필요하다. 멕시코 출국 시에는 담배 반출 개수에 제한이 없으며, 한국에 입국 시에는 1인당 담배 10갑(1보루)이 허용된다.

쿠바 시가 VS 칸쿤 시가

쿠바는 양질의 담뱃잎을 재배하기에 최적의 기후와 토양을 가진 덕분에 맛과 향이 가장 뛰어난 시가로 정평이 나 있다. 쿠바산에 비할 수는 없지만, 칸쿤 역시 캐리비안 인근에 위치해 있어 시가 생산을 위한 충분한 요건을 갖추고 있다. 시가 제작은 전통 수작업으로 이루어진다. 쿠바산 시가는 칸쿤으로 수입되기도 하는데 특별한 주의가 필요하다. 가짜가 많기 때문에 차라리 저렴하고 믿을 수 있는 칸쿤 시가를 구입하는 편이 낫다. 같은 품질의 시가라고 해도 한국에서는 몇 배 더 비싼 값을 지불해야 하니, 칸쿤의 시가는 캐리비안 베이가 주는 특혜 중의 특혜인 셈이다.

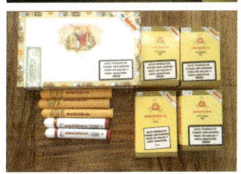

믿을 수 있는 시가 전문 숍

시가 팩토리 Cigar Factory

멕시코 담뱃잎을 직접 말아서 보관, 판매하며 제법 저렴한 가격에 품질 좋은 시가 구입이 가능해 선물용으로 많이 구입한다. 가격은 시가 한 개당 5달러부터 50달러까지 품질에 따라 천차만별이니 원하는 가격대에서 맞춰 구입하는 것이 현명하다.

Data 지도 181p-E 가는 법 킨디 알레그리아 쇼핑몰 건너편 주소 Quinta Avenida 5, Gonzalo Guerrero, Playa del Carmen 전화 984-803-2842 운영 09:00~23:30

라 카사 델 아바노
La Casa del Habano

호텔 존에서 시가를 즐길 수 있는 바이다. 전망도 좋으며 맛있는 모히토와 함께 리얼 쿠바산 시가를 즐길 수 있다. 시가 구입만도 가능하며, 가격은 개당 12~20달러 선이다.

Data 지도 122p-F
가는 법 호텔 존 럭셔리 애비뉴에서 도보 5분
주소 Blvd. Kukulkan Km 12.7, Zona Hotelera
전화 998-840-7000 운영 11:00~21:00

SHOPPING 04

귀국용 선물 저렴하게 득템하기!
슈퍼마켓 & 멀티숍

멕시코에 있지만 미국에 버금가는 물가를 자랑하는 칸쿤. 관광 특수 지역이기 때문에 똑같은 물건을 사도 가장 비싼 가격이 책정되어 있다. 조금이라도 저렴하게 귀국용 선물이나 식료품, 슈퍼용 화장품 등을 구입하려면 현지 마트를 이용해 보자.

TIP 1. 대형마트에서 한국 식료품 구입하기
호텔 존과 다운타운의 체드라위, 다운타운의 월마트, 플라야 델 카르멘의 메가마트에서는 한국의 라면을 판매한다. 햇반도 판매하는데, 현지 칸쿤 사람들에게 인기가 높아서 입고되자마자 금세 동이 날 정도.

2. 호객행위, 당황하지 말자!
칸쿤에서는 드러그스토어와 개인병원에서도 호객행위가 성행한다. 길에서 인형 탈을 쓴 호객꾼들이 약국이나 병원에 들어오라며 선전하는 일이 일상인 셈이다. 마치 한국의 휴대폰 단말기 판매점을 보는 듯 열띤 호객행위에 처음엔 당황스럽겠지만 칸쿤의 문화로 이해하면 편하다.

체드라위 Chedraui

멕시코 최대 규모의 대형 슈퍼마켓 체드라위는 식료품 구입을 위해 현지인들이 즐겨 찾는 슈퍼마켓이다. 선물용이나 현지에서 필요한 모든 물품이 다양하게 구비되어 있고, 한국 라면 및 즉석식품까지 판매한다. 한국에서 찾기 어려운 다양한 멕시코 향신료와 소스를 저렴하게 구입하기 좋다. 갓 구운 고소한 빵 냄새로 가득한 현지인의 생활이 깃든 곳이니 한 번쯤은 꼭 들러 보자.

Data 가격 핫소스 4달러, 마른 향신료 2~5달러

월마트 Walmart

귀국 전 선물 구입을 위해 꼭 들르는 성지 같은 곳이다. 칸쿤의 여러 월마트 중에서도 다운타운에 위치한 니춥테 지점의 보유 물품이 가장 훌륭하다. 한국 관광객들이 가장 많이 구입하는 것은 바로 단돈 3달러의 저렴하고도 품질 좋은 멕시코 벌꿀이다. 아예 박스 단위로 사 가는 사람들도 많이 있을 정도. 선물용 초콜릿과 저렴한 테킬라도 빠트리면 안 될 품목이다.

Data 가격 자외선 차단제 6달러~, 킨더 에그 초콜릿 3달러, 전압변환기 5달러

메가마트 Mega Mart

플라야 델 카르멘에서 가장 저렴한 쇼핑이 가능한 대형 마켓이다. 칸쿤의 현지 식료품과 생필품은 물론이고, 화장품과 간단한 가전제품 구입에 적격이다. 미국 코스메틱 브랜드인 레블론 REVLON과 니베아, 뉴트로지나 등 유명 슈퍼마켓 브랜드 제품을 저렴하게 구입할 수 있다. 헤어 드라이기, 헤어 고데기, USB 메모리 카드 등의 간단한 전자제품의 구입에도 적극 추천할 만하다.

Data 가격 레블론 CC크림 13달러, 로레알 에센스 23달러, 뉴트로지나 스킨 7달러(세금 별도)

울트라펨 Ultrafemme

멕시코의 화장품 멀티숍. 기초부터 향수까지 다양한 브랜드가 있고, 가격도 합리적. 고급 브랜드의 자외선 차단제가 인기다. 칸쿤 곳곳에 입점해 있지만, 플라야 델 카르멘의 파세오 델 카르멘과 칸타 알레그리아, 다운타운 센트로 매장이 접근성이 좋아 추천한다.

Data 가격 에스티로더 갈색병과 아이크림 세트 3,500페소, 조 말론 향수 30ml 1,300페소

SHOPPING 05

없는 것이 없는 대형 쇼핑몰 BEST 4

쇼핑의 천국 칸쿤에서는 한국보다 훨씬 저렴한 쇼핑이 가능하다. 화장품부터 옷, 신발 등이 캐주얼부터 유명 브랜드까지 다양하게 있고, 가격 또한 부담스럽지 않아 취향과 예산에 맞는 선택을 할 수 있다. 화려한 매장에서 조금이라도 저렴하게 쇼핑할 수 있는 전문 쇼핑몰을 둘러보자.

한곳에서 끝내는 쇼핑을 원한다면?
라 이슬라 쇼핑몰
La Isla Shopping Mall

칸쿤 호텔 존의 랜드 마크이자 대표적인 고급 쇼핑몰이다. 접근성이 좋은 데다가, 관광객이 가장 선호하는 브랜드를 주력 상품으로 내놓으니 필요한 것을 쇼핑하기에 제격이다. 작은 라스베이거스와 같이 꾸며 놓은 쇼핑몰을 그저 둘러보기만 해도 눈이 즐겁다.

최신식으로 무장한 대형 쇼핑몰
마리나 푸에르토 칸쿤
Marina Puerto Cancun

무더운 날씨에 시원한 에어컨 아래 카리브해를 바라보며 쇼핑과 식사, 간식, 커피, 영화관람, 암벽 타기 등 하루 온종일 시간을 보내기에 맞춤인 쇼핑몰이다. 최신식 건물이라 호화롭고 세련된 분위기로 스타벅스 커피 한 잔조차 고급스럽게 즐길 수 있다. 특히 3층 푸드 코트는 전면 바다 뷰가 펼쳐져 호사스런 한 끼를 경험할 수 있다.

고급 쇼핑몰을 원한다면?
럭셔리 애비뉴
Luxury Avenue

칸쿤 호텔 존 내에서 리 이슬라 몰과 비슷한 콘셉트의 럭셔리 몰이나. 리머풀Liverpool 면세점이 함께 운영되어 이곳에서 구입하는 화장품은 2층 데스크에서 바로 택스 리펀드가 가능하다. 여권을 반드시 지참하고 쇼핑해야 이득이니 참고하자.

로컬들이 가는 쇼핑몰을 원한다면?
플라자 라스 아메리카
Plaza Las America

여행 및 쇼핑 좀 해봤다 하는 사람들이 일부러 찾아가는 카쿤의 로컬 고급 쇼핑몰 라스 아메리카는 현지 부자들이 즐겨 찾는 곳이다. 대형 슈퍼마켓 체드라위, 푸드코트, 카페, 영화관, 전문 브런치 식당 등 하루 종일 쇼핑하는 데 필요한 모든 것이 입점해 있다. 현지인들의 생활 스타일을 눈으로 구경하기에도 좋다.

Cancun
By Area

칸쿤
지역별 가이드

01 호텔 존
02 다운타운
03 플라야 델 카르멘

04 이슬라 무헤레스
05 치첸이트사 & 툴룸
06 홀복스 & 바칼라르

Cancun By Area

01

호텔 존
HOTEL ZONE

칸쿤 여행에서 빠질 수 없이 가장 대중적이며 화려한 호텔 존에는 셀 수 없이 많은 초호화 리조트들이 집중해 있으며, 사람들은 바로 이곳을 지상낙원이라 부른다. 리조트의 모든 것이 공짜인 올 인클루시브 시스템은 오직 칸쿤에서 누릴 수 있는 최고의 혜택이자 캐리비안 천국이 주는 선물이다.

호텔 존
미리보기

호텔 존이야말로 칸쿤 내에서 가장 큰 제1의 관광 특수 지역이다. 강력한 경찰 단속으로 치안이 잘 유지되는 덕분에 늦은 밤까지 먹을거리, 볼거리 등을 즐길 수 있다. 유적지와 박물관, 워터파크, 정글 투어, 쇼핑, 마사지 등 휴양과 관광이 호텔 존 안에서 모두 가능하다.

ENJOY

캐리비안의 바다, 기다란 백사장과 일몰은 호텔 존에서 빼놓을 수 없는 비경이다. 약 22km에 이르는 사주에는 쿠쿨칸 블러바드 길을 중심으로 200여 개의 리조트와 편의시설들이 있다. 사주 안의 석호에서는 정글 투어, 스노클링 등의 액티비티를 할 수 있고 카리브해에서는 바다 물놀이를 즐기면 된다.
시차 때문에 아침 일찍 깨어난 신혼부부라면 캐리비안 베이의 에메랄드빛 바닷가를 손잡고 걸어 보자. 호텔 존의 또 다른 명물 코코 봉고도 놓치지 말자. 새벽까지 화려한 불빛이 꺼지지 않는 클럽은 아무리 피곤해도 빼먹으면 안 된다.

EAT

호텔 존의 식비는 칸쿤 전 지역을 통틀어 가장 비싸다. 관광 특수 지역인 호텔 존에는 나라에서 지역발전 기금을 지원하지 않기 때문이다. 모든 물가가 다른 지역보다 1.5배 이상으로 비싼 편인 데다 관광객들을 유혹하는 크고 전망 좋은 대형 식당들이 많기 때문에 그만큼 넉넉한 예산을 준비해야 한다. 또한 서비스와 봉사료로 음식값 대비 10~15%를 별도로 지불해야 한다.

BUY

명품 브랜드를 쇼핑할 수 있는 라 이슬라 쇼핑몰과 럭셔리 애비뉴가 있다. 저렴한 티셔츠, 수영복, 비치웨어, 슬리퍼 등을 구입할 수 있는 동대문 시장 느낌의 코랄 니그로 마켓과 각종 잡화와 선물 아이템을 고르기 좋은 대형 기프트 숍 플라자 라 피에스타는 도보 5분 거리다. 새로 생긴 대형 쇼핑몰 마리나 푸에르토 칸쿤몰도 쇼핑몰 간 이동이 R-1, R-2 버스로 가능하며, 도보로는 15~40분 정도 소요된다.

SLEEP

으리으리한 외관과 다양한 혜택이 제공되는 칸쿤의 리조트 중 어디를 골라야 할지는 여행 전 결정해야 하는 가장 크고 행복한 고민이다. 무제한 식사와 다양한 프로그램이 제공되는 올 인클루시브 리조트의 화려한 모습만 보고 미리 겁먹지 말자. 배낭여행자들을 위한 친절하고 저렴한 숙소까지 있으니 말이다. 어마어마한 규모의 호텔 존 안에서는 그저 나의 취향에 맞는 숙소를 고르기만 하면 된다.

호텔 존
📍 1일 추천 코스 📍

칸쿤의 중심부이자 최대 관광 특수지 호텔 존에서 리얼 캐리비안 베이를 즐길 시간! 리조트부터 쇼핑몰까지 다양하게 돌아보자.

캐리비안 베이 비치
아침 일찍 하늘색 캐리비안의
해변을 걸으며 하루를 시작

→ 도보 10분

리조트에서 조식 룸서비스
상쾌한 바닷바람 맞으며
아침 식사

→ 도보 1분

리조트에서 선탠 & 물놀이
맥주와 칵테일 한잔
곁들이면 최고

↓ 자동차 10분

라 이슬라 쇼핑몰
캐주얼부터 럭셔리
브랜드까지 알차게 쇼핑하기

← 자동차 15분

플라야 델피네스
캐리비안 바다 구경과
칸쿤 조형물 앞에서
기념사진 찍기

← 자동차 15분

정글 투어
보트 투어와 스노클링을
즐길 수 있는 인기 최고
액티비티

↓ 자동차 19분

크리스토 레스키타도 성당
동화처럼 아름다운 성당에서
의미 있는 시간 보내기

→ 자동차 3분

자뎅 델 아르테 공원
라군과 현지인들의 공원에서
함께 휴식하기

→ 도보 7분

캡틴 후크
해적선에서 신나는 쇼와
맛있는 디너 즐기기

호텔 존
찾아가기
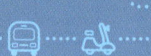

어떻게 갈까?

대부분의 여행자들이 호텔 존으로 가려고 하지만 아쉽게도 공항에서 호텔 존까지 가는 저렴한 대중교통편은 없다. 리조트에 미리 예약한 공항 픽업 서비스, 택시, 셔틀버스라 불리는 12~15인승 미니밴이 호텔 존으로 이동할 수 있는 교통수단인데, 택시보다는 셔틀버스가 더 저렴하고 이용도가 높다.

|칸쿤공항에서 호텔 존 가기|

1. 셔틀버스

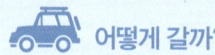

사전 예약 없이 도착 후 공항 내 미니셔틀을 이용하면 호텔 존까지 1인당 15~17달러(회사마다, 당일 상황에 따라 변동)에 원하는 숙소까지 데려다준다. 호텔 존으로 향하는 셔틀버스는 함께 타는 사람들의 목적지 중 공항에서 가까운 순으로 노선이 결정된다.

Data 가는 법 짐을 찾아 바깥 출구로 나오면 왼편에 셔틀버스 회사들이 줄지어 있음 전화 998-848-7200 운영 24시간 요금 편도 24달러 홈페이지 cancunairport.com

2. 아데오 버스

큰 짐이 많지 않은 호텔 존 고급 리조트가 목적지가 아니라면 저렴한 아데오 버스 이용도 편리하다. 공항에서 칸쿤 다운타운, 플라야 델 카르멘, 툴룸행이 매시간 이용객 숫자에 따라서 탄력적으로 운행된다.

Data 가는 법 바깥 출구를 나서면 아데오 정류장이 바로 보인다. 현장 발권이 바로 가능하다
전화 998-848-7200 운영 07:00~24:00 요금 칸쿤 다운타운 6.80달러, 플라야 델 카르멘 13.50달러
홈페이지 cancunairport.com

3. 택시

공항에서 호텔 존까지 택시를 이용할 경우, 호텔 존에서 공항으로 오는 택시 요금보다 1.5배 이상 비싸다. 같은 거리지만 공항에서는 흥정이 잘되지 않기 때문이다. 공항에서 호텔 존까지는 기본 70달러, 호텔 존에서 공항까지는 30~40달러 정도. 시간은 30여 분 소요된다. 목적지가 공항일 경우 호텔에서 불러주는 콜택시가 지나가는 택시보다 50~100페소 정도 비싸니 미리 알고 있을 것.

|다운타운 출발|

다운타운에서 호텔 존까지는 R-1, R-2 버스가 가장 저렴하고 편리하다. 요금은 1달러로 환승이 불가하다. 택시는 250~300페소로 20여 분이 소요되며, 요금을 흥정할 수 있다.

|플라야 델 카르멘 출발|

플라야 델 카르멘에서는 셔틀버스 또는 아데오 버스를 타고 다운타운으로 이동한 후 R-1, R-2 버스로 갈아타야 한다. 1시간 40분 소요되며, 택시 이용 시 약 60달러에 50분이 소요된다.

어떻게 다닐까?

호텔 존 내 이동 수단으로는 크게 버스와 택시가 있다. 밤늦게 이동하는 경우를 제외하고는 버스를 추천한다.

1. 버스

리조트에서 쇼핑몰까지, 또는 호텔 존 투어를 위해서는 버스가 가장 편리하다. 호텔 존 내에서는 호텔 존을 동일한 노선으로 순회하는 R-1, R-2를 이용하자. 코로나 이전에는 24시간 운영이었지만, 현재는 06:00~22:30까지 운영한다. 배차간격은 따로 정해져 있지 않고 이용 인원에 따라 탄력적으로 운행한다. 한국과 다르게 신용카드 사용과 환승이 불가하고 페소와 달러를 받으며 페소 사용이 훨씬 편리하다.

라 이슬라, 코코 봉고, 마리나 푸에토리코 칸쿤, 정글 투어, 여인의 섬 페리 선착장, 책자 내 음식점은 버스 노선 R-1, R-2 모두 이용 가능하며 다운타운 월마트, 마켓 28은 R-2, 아데오 버스 터미널과 마켓 23은 R-1만 이용 가능하다. 탑승 시 목적지를 운전사에게 미리 말하면 기억하고 알려 주니 길을 모른다고 크게 걱정하지 않아도 된다.

2. 택시

호텔 존의 택시비는 다른 지역에 비해 비싼 편으로, 가까운 거리도 최소 15달러 이상이다.

> **TIP** 호텔 존 주소 읽기
>
> 호텔 존의 거리를 걷다 보면 중앙분리대 쪽에 4km, 9.5km, 13km 등이 표기된 팻말을 발견하게 되는데, 이는 현재 위치의 주소상 숫자들과 일치한다. 칸쿤 다운타운에서 호텔 존으로 들어오는 입구부터 1km가 시작되어, 아래쪽으로 내려갈수록 0.5km 단위로 숫자가 높아진다.

알고 보면 재미있는 칸쿤의 버스 이야기

칸쿤의 버스 정류장에서는 앞문을 열어 놓은 채 오래 정차하며 떠나지 않는 버스들을 종종 볼 수 있다. 반대로 앞서가는 버스를 추월해 다음 정류장에서 승객들을 먼저 태우려는 경쟁도 흔하다. 시에서 운영하는 국영 버스 외에 개인 소유 버스가 공존하기 때문이다. 주말 밤에는 클럽 분위기로 치장한 버스에서 신나는 테크노 음악을 틀어 주는가 하면, 인형을 잔뜩 붙인 개인 버스들이 재밌는 거리 풍경을 연출한다. 무더운 날씨임에도 불구하고 에어컨이 가동되지 않는 버스가 대부분이다.

호텔 존을 순회하는 R-2 버스

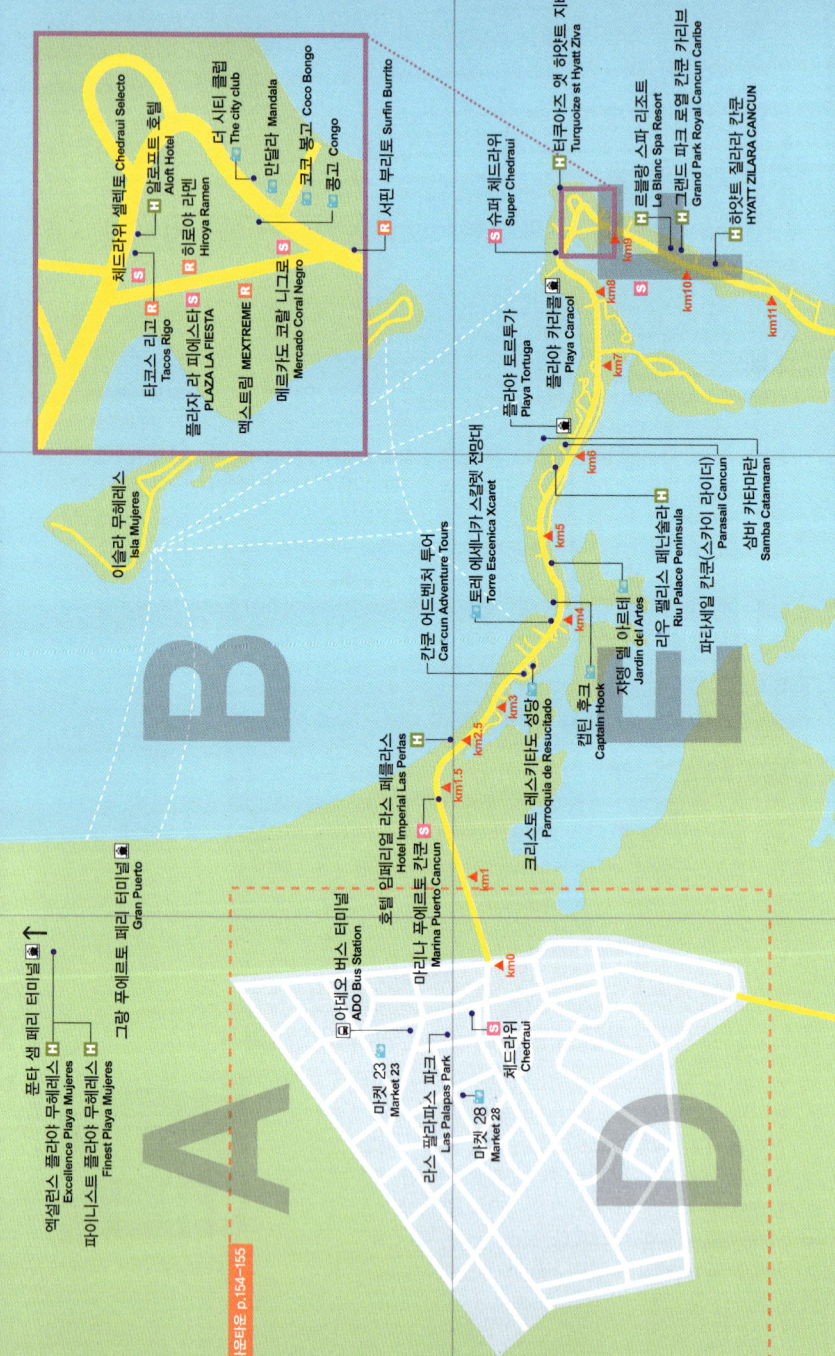

▶ ENJOY

직접 보트를 운전하며 바다를 가로지르는
정글 투어 바라쿠다 Jungle Tour Barracuda

호텔 존의 석호에서 직접 보트를 운전하는 액티비티로, 정글의 다양한 동식물을 접하는 색다른 과정을 선사한다. 무엇보다도 취향과 성격에 상관없이 누구나 즐겁게 경험할 수 있는 프로그램인지라 만족도 100%를 자랑한다. 그만큼 호텔 존에서 가장 대중적이고 칸쿤 전역을 통틀어 관광객들에게 인기 1순위인 액티비티다.

누구나 쉽고 간편하게 즐길 수 있으며, 2시간 30분 동안 진행된다. 현지 가이드의 안내에 따라 보트를 직접 운전하며, 바다 위에서 자연 그대로의 기이한 정글을 체험한다. 추가로 스노클링을 체험할 수 있는데, 엑티비티 물품은 모두 제공된다. 이외에 점심 식사와 물 한 병이 서비스되며, 수건과 여유분의 물은 따로 준비해야 한다. 기본적으로 2인승 보트에 탑승하며, 탑승 인원이 많은 경우 조금 큰 사이즈의 보트를 이용한다. 다른 액티비티들과 비교했을 때 멀리 이동하는 시간과 교통비를 절약할 수 있어 피로가 적은 편이다.

Data 마리나 바라쿠다
지도 123p-l
가는 법 시크릿 더 바인 리조트에서 도보 7분. 리츠칼튼호텔 맞은편 버스 R-1, R-2 이용
주소 Blvd. Kukulcán Km 14.1, Zona Hotelera, Cancún
전화 998-885-2444
운영 08:00~15:00
요금 정글 투어 80달러
홈페이지
jungletourbarracuda.com

> **TIP 마리나 바라쿠다 Marina Barracuda**
> 호텔 존 내의 정글 투어 업체들 중 가장 오랜 경험과 안전성을 자랑하는 업체로, 가격 면에서도 경쟁력 있기로 소문났다. 출발 시간은 하절기, 동절기 상관없이 09:00, 11:00, 12:00, 13:00, 15:00, 16:00이다.

셀하에 가기에는 시간 없는 사람에게 딱!

벤츄라 파크 Ventura Park

미국 마이애미에 있는 대형 워터파크 체인 웻 앤 와일드가 폐장하고 그 자리에 놀이시설을 대폭 업그레이드해 토탈 물놀이파크로 변신했다. 대기업 로얄티는 빠지고 가격은 이전 그대로이니 관광객들에게 매우 고마운 일이다. 셀하에 비해 호텔 존 내에서의 접근성이 좋아 시간과 교통비를 절약할 수 있다. 이전에는 칸쿤 다운타운의 현지인들이 즐겨 찾던 곳이었는데, 리노베이트 이후 점차 관광객들에게도 인기를 얻고 있다. 대형 인공파도 풀장이 인기 만점이며, 돌고래쇼 프로그램을 보완하여 현재 칸쿤 최고의 돌고래 쇼를 선보인다. 집라인과 놀이기구도 즐길 수 있으며 다양한 음식과 오픈 바를 무제한 즐길 수 있는 올 인클루시브 시스템이니 천국이 따로 없다.

호텔 존에서 멀리 이동하기는 싫지만 리조트 안에만 있기에는 지루하고, 비싼 입장료가 부담스럽다면 벤츄라 파크를 강력 추천한다. 저렴한 입장료 덕분에 현지 사람들이 많으니 아침 일찍 입장하는 것이 좋다. 돌고래 쇼, 그리고 돌고래와 함께 수영할 수 있는 프로그램은 인터넷 사전 예약 시 30% 할인이 제공돼 77달러로 워터파크 시설과 식비음료 서비스를 모두 이용할 수 있으니 절대 놓치지 말자.

Data 지도 123p-K 가는 법 칸쿤 공항에서 호텔 존 들어오는 초입 주소 Blvd. Kukulcán Km 25, Zona Hotelera, Cancún 전화 998-881-3030 운영 10:00~17:00 요금 입장료 현장 결제 65달러지만 사전 인터넷 예약 시 46달러(라커, 타월 사용료 별도), 돌고래 프로그램 인터넷 사전 예약 77달러
홈페이지 venturapark.com

Data 파라세일 칸쿤
지도 122p-F
가는 법 플라야 토르투가
페리 터미널에서 도보 1분
주소 Blvd. Kukulcán Km 6.5,
Playa Tortugas, Zona Hotelera,
Cancún
전화 988-849-4995
운영 09:00~17:00
요금 파라 세일(10분) 75달러,
인터넷 사전 예약 시 10% 할인
홈페이지 www.parasailcancun.com

아쿠아월드
지도 123p-I
가는 법 그랜드 카리브 레알 리조트 건너편
주소 Blvd. Kukulcán Km 15.3, Zona Hotelera, Cancún
전화 998-848-8326
운영 09:00~17:00
요금 파라세일(10분) 69달러
홈페이지 www.aquaworld.com.mx

 캐리비안 베이 하늘 위를 날아오르다
스카이 라이더 Sky Rider

캐리비안 바다 위를 날아 볼 수 있는 유일한 기회, 파라세일. 수영을 못 해도 전혀 걱정할 필요가 없다. 전문 안전 요원과 철저한 사전 체크로 더없이 안전하다. 만일을 대비해 스노클링과 스쿠버다이빙을 즐기기 전에 모의 체험을 할 수 있는 다이빙 전문 센터가 따로 있다. 한국에서는 경험하기 힘든 파라세일은 넓디넓은 캐리비안의 푸른 바다를 평생 잊지 못할 추억으로 만들어 준다. 시간은 10분당 계산되어 체험비가 저렴한 편은 아니다. 2인 탑승을 기준으로 하며, 회사 보험이 포함되어 있다.

칸쿤의 풍경 즐겨 보자
토레 에세니카 스칼렛 전망대
Torre Escenica Xcaret

높은 건물을 찾아보기 힘든 칸쿤에서 유일하게 가장 높은 전망대다. 호텔 존과 다운타운이 연결되는 다리 지점에 위치해 칸쿤의 도시 전경뿐만 아니라 눈부시게 파란 캐리비안 베이까지 감상할 수 있다. 칸쿤에서 액티비티로 유명한 스칼렛에서 운영하고 있으며, X가 들어간 액티비티 파크인 스칼렛, 셀하, 스플로어, 세노테 등 놀이공원을 이용한 팔찌를 보여주면 15일 내로 공짜 관람이 가능하다. 팔찌는 보관하고 있어도 무방하나 입장 시 꼭 지참해야 혜택이 가능하다.

Data 지도 122p-E
가는 법 오아시스 팜 호텔 지나서 엠바카데로 페리 터미널 오른편
주소 Blvd. Kukulcán Km 4.5, Lote 7-6, Zona Hotelera, Cancún
전화 998-849-7777 운영 09:00~21:00
요금 입장료 20달러(놀이공원 팔찌 없을 시)

캐리비안 비치 무료로 즐기기
플라야 델피네스 Playa Delfines | Delfines Public Beach

고급 리조트의 전용 비치늘이 캐리비안의 해변을 차지하고 있긴 하지만, 리조트에 묵지 않더라도 에메랄드빛 천혜의 바다를 이용할 수 있다.

플라야 델피네스는 호텔 존의 해변 중 가장 좋은 위치에 있는 퍼블릭 비치이자 칸쿤 조형물과 기념 사진을 찍으러 방문하는 곳이다. 먼저 도착해 초가집 파라솔에 눕거나 고운 백사장에 수건을 깔고 자리를 잡으면 된다. 리조트의 전용 비치보다도 한적하고 한결 여유로운 덕분에 현지인들의 비치 웨딩 촬영지로도 인기가 많다. 캐리비안 베이의 일출과 일몰을 감상하며 여유를 즐기기 좋다.

Data 지도 123p-I
가는 법 라이슬라 쇼핑몰에서 차로 10분 주소 Blvd. Kukulcán Km 19.5, Zona Hotelera, Cancún

아름다운 성당, 호텔 존 유일의 대형 성당
크리스토 레스시타도 성당 Parroquia de Cristo Resucitado

호텔 존 유일한 성당 크리스토 레스시타도 성당은 마치 동화 속 한 장면을 보는 듯 아름다운 외관을 지녔다. 칸쿤의 모든 성당이 그러하듯, 십자가 모형이 예술적이라 보는 순간 탄성이 나온다. 예배당은 주중에도 각종 미사와 예식을 위해 찾아온 많은 사람들로 분주하다. 언제나 열려 있어 자유롭게 드나들 수 있으니 들어가 보자.

Data 지도 122p-E 가는 법 아쿠아마리나 비치리조트 건너편 주소 Blvd. Kukulcán Km 3.5, Zona Hotelera, Cancún 전화 998-849-3000 운영 09:00~20:00

 영화에서만 보았던 바로 그 캐리비안의 해적 쇼
캡틴 후크 Captain Hook

토레 에스세니카 전망대 옆에는 두 개의 배가 늘 선착장에 떠 있는데, 그중 하나가 바로 테마 레스토랑 캡틴 후크다. 항구에 정착해 있던 배는 매일 밤이 되면 인근 바다를 항해하며 영화를 방불케 하는 리얼 해적 쇼를 펼친다. 배에 승선한 손님들은 약 3시간 동안 해적선 분위기의 선상 레스토랑에서 맛있는 디너를 즐기며 화려한 쇼에 빠져든다.

크루들의 해적 쇼는 항해 내내 계속되며, 함께 참여하는 게임도 진행한다. 샐러드 바가 포함된 저녁 식사 메뉴를 미리 주문하며, 알코올음료를 포함해 음료가 무한 제공된다. 선상에서의 신나고 유쾌한 추억을 기념사진으로도 남길 수 있다. 그랑 푸에르토 페리 터미널에서 매일 저녁 출발하며, 터미널까지의 택시 요금은 약 25~30달러. 인터넷 예약이 가능하니 홈페이지를 확인하자.

Data 지도 122p-E 가는 법 그랑 푸에르토 페리 터미널 주소 Blvd. Kukulcan km.5-Km 5, Kukulcan Boulevard, Zona Hotelera 전화 998-849-4931 운영 매일 저녁 18:30 출항, 출발 45분 전 체크인, 3시간 운항 요금 티켓 1,900페소, 항구 이용료 10달러 추가(세금, 팁 별도) 홈페이지 capitanhook.com/

현지인들의 쉼터 수변 공원
쟈뎅 델 아르테 Jardin del Artes

5~6년 전까지는 찾기 어려울 정도로 아주 작은 공원이었는데 몇 년 전부터 지역 발전을 통해 제법 규모가 커졌다. 길 앞에는 무사 해저 박물관에 전시된 조각품들을 육지에서 볼 수 있게 설치해 놓았다. 오후가 되면 현지인들이 모여들어 줄낚시를 하거나 가져온 해먹을 설치해 쉬기도 한다. 가족 단위는 물론이며 데이트 코스로도 안성맞춤.

주말과 공휴일에는 예술 전시와 플리마켓도 종종 열린다. 라군과 맹그로브 사이로 고급 요트가 지나가기도 한다. 라군이 가까운 풀밭이라 개미나 해충이 있을 수 있어 잔디에 직접 앉는 것보다 벤치에 앉기를 권한다.

Data 지도 122p-E 가는 법 코코 봉고에서 다운타운 방향으로 자동차 10분
주소 Boulevard Kukulkan Km 4.5, Zona Hotelera, Cancún 전화 998-339-0290 운영 08:00~19:00

칸쿤에서 가장 상징적인 박물관
마야 박물관 Museo Maya de Cancun

마야 박물관은 1982년에 생긴 칸쿤의 첫 고고학 박물관이자 멕시코가 가장 자랑스러워하는 고고학 유적지 중 하나이다. 현지인을 비롯해 여행자들에게 마야 문명을 널리 알리려는 목적으로 설립되었다. 유카탄반도 전역에서 30여 년에 걸쳐 수집된 유물을 전시관 3곳에 나누어 전시했다. 마야인들의 일상을 볼 수 있는 도자기 및 각종 장신구와 의류, 농업에 사용한 기구들을 볼 수 있다. 마야인의 겨울 의복을 입고 기념사진을 찍을 수 있으니 빼놓지 말자.

박물관 내 기념품 상점에서는 마야 문명을 소개하는 다양한 책부터 열쇠고리까지 쉽게 구할 수 없는 질 좋은 제품을 구매할 수 있다. 야외 전시 구역의 건물에는 작품들과 함께 맹그로브 나무 숲길을 산책할 수 있으며 작은 규모의 유적지를 둘러볼 수 있다.

Data 지도 123p-I 가는 법 옴니 칸쿤 호텔 옆 위치 주소 Boulevard Kukulcan km 16.5, Zona Hotelera, Cancún 전화 998-885-3843 운영 09:00~18:00, 월요일 휴무 요금 입장료 95페소
홈페이지 mexicoescultura.com/

칸쿤 호텔 존의 역사적인 유적지
엘 레이 El Rey

칸쿤 내 몇 안 되는 주요 마야 유적지 중 하나이다. 초호화 리조트들 사이에서 마야 유적지가 있어 색다르다. 유적지 내부는 47개의 크고 작은 건물로 이루어져 있다. 엘 레이에서 가장 중요한 유적은 종교적인 의식이 이루어졌을 것으로 추정되는 대형 피라미드이다. 엘 레이에서 발굴된 유물이 전시되어 있는 마야 박물관과 함께 방문하기를 추천한다.

Data 지도 123p-K 가는 법 플라야 델피네스 지나서 바로 오른쪽 위치
주소 Blvd Kukulcan Km 19.5, Zona Hotelera, Cancún
전화 983-837-2411 운영 08:00~16:30 요금 65페소

TIP 팁을 어떻게 계산할까?

아메리카 대륙의 거의 모든 식당과 미용 관련 숍(헤어, 네일, 마사지 등)에서는 별도의 세금과 팁을 따로 지불해야 한다. 영수증에는 대체로 이용 가격과 세금만 합산해 청구되며, 팁은 포함되어 있지 않다고 표시해 둔다. 즉 서비스를 해준 웨이터, 웨이트리스의 팁은 별도로 지불해 달라는 뜻이다.
칸쿤에서도 마찬가지로, 식당에서 보통 총금액의 10~15% 이상, 마사지와 헤어 같은 미용 서비스의 경우 보통 20%의 팁을 주는 문화가 형성되어 있다. 대형 슈퍼마켓에서도 계산대에서 비닐에 쇼핑 상품을 담아 주는 사람이 있는데 받을 때 이들에게 5~10페소를 주는 것이 멕시코 문화이다.

EAT

속까지 따뜻해지는 국물 요리가 그리울 때
히로야 라멘 Hiroya Ramen

리조트에서 이국적인 음식이 지겨워질 때, 칸쿤에서 유일하게 매콤한 나가사키 짬뽕을 맛볼 수 있는 라멘 히로야는 일본인이 운영하는 작은 식당이다. 칸쿤을 방문한 동양인들이 꼭 찾는 곳이기도 하다. 느끼한 속을 한 방에 날려 주는 동양식 정통 메뉴가 가득한 이곳은 일부러 찾아가야 하지만, 개운하고 칼칼한 라면 국물을 맛보는 순간 모든 불평이 사라진다.

일본식 국물 라면이 가장 인기 메뉴이며, 장어덮밥도 작은 크기로 주문할 수 있고, 감칠맛 나는 일본식 볶음밥의 맛도 시차에 예민해진 한국인의 입맛을 되돌려준다. 지척에 고급 일본 식당이 있지만 가격이나 음식 만족도는 히로야 라멘이 압도적으로 훌륭하다.

Data 지도 122p-F 가는 법 카라콜 선착장 건너편. 일식 레스토랑 Hanaichi 바로 옆 주소 Blvd. Kukulcán Km 8.5 Plaza EL Parian Local 3, Zona Hotelera, Cancún 전화 998-883-2848 운영 12:00~21:00, 화요일 휴무 요금 삿포로 시오 라멘 195페소, 매운 미소 라멘 255페소, 볶음밥 185페소

20년 넘은 전통의 칸쿤 대표 타코집
타코스 리고 Tacos Rigo

정통 멕시코 타코를 맛볼 수 있는 집. 칸쿤 다운타운의 길거리에서 시작해 큰 인기를 얻어 번창했다. 지금은 호텔 존 중심부에 번듯한 매장을 개점해 매일 새벽까지 운영한다. 매일 직접 반죽해서 구워내는 토르티야의 고소한 맛은 확실히 다른 타코 집들에 비해 맛에 차이가 있다. 먹어 보지 않으면 후회할 맛! 다운타운 본점은 현지인 위주라 단품 타코가, 호텔 존은 관광지라 푸짐한 2인용 모듬 타코가 인기다. 무엇을 주문해도 정통 오리지널 타코의 맛을 느낄 수 있으니 올 인클루시브 호텔에 있더라도 잠시 들러 맛보는 것을 추천한다.

Data 지도 122p-F 가는 법 알로프트 호텔 맞은 편, 히로야 라멘 옆 건물에 위치 주소 Plaza Parian Enfrente DE Chedraui, Selecto, Blvd. Kukulcan Km 8.5 전화 998-883-1154 운영 11:00~01:30 요금 소고기 타코 30페소, 2인용 모듬 고기 타코 550페소

한국인 입맛에 가장 잘 맞는 멕시코 음식
멕스트림 MEXTREME

한국인의 입맛을 저격하는 종합 선물 세트 같은 메뉴가 있는 곳이지 인기 돌신 프로그램 카쿤 편에서 커플이 저녁 데이트를 했던 곳이다. 유쾌하고 친절한 웨이터들이 재미있는 퍼포먼스를 선보이며 식사 시간을 즐겁게 만들어 주는 덕분에 여자 출연자가 춤까지 췄던 바로 그곳이다.

믹스그릴은 직화 그릴에 구운 소고기 스테이크, 치킨, 생새우와 해산물을 밥과 구운 감자, 살사, 과카몰리와 함께 커다란 그릇에 다양하게 내어 준다. 푸짐한 양도 큰 매력이라 그 인기는 칸쿤 최고라 할 수 있다. 맥주와 물 가격이 똑같아서 물 대신 맥주가 테이블에 유난히 많으며, 대형 잔에 푸짐하게 담아 주는 칵테일과 프로즌 음료도 놓치기 아까운 인기 메뉴.

Data 지도 122p-F 가는 법 타코스 카미네로 건너편, 도보 1분 주소 Blvd. Kukulcán Km 9, Zona Hotelera, Cancún 전화 998-883-0302 운영 07:00~24:00 요금 믹스그릴 1,078페소, 모둠 타코 497페소, 맥주·물 55페소(세금, 팁 별도)

새우 좋아하는 한국인 입맛에 제격인 칸쿤의 터줏대감
서핀 부리토 Surfin Burrito

칸쿤은 오래전부터 미국인들의 제주도와 같은 관광지이다 보니, 미국인들이 좋아하는 입맛에 딱 맞춘 서핀 부리토는 오랜 시간 꾸준한 인기를 자랑하는 맛집이다. 물가 비싼 호텔 존에서 저렴하고 든든하게 한 끼 즐길 수 있는 몇 안 되는 가성비 최고의 식당이라 웨이팅도 각오해야 한다. 부리토가 주력 메뉴 같지만, 이 집의 숨은 시그니처 메뉴는 바로 코코넛쉬림프다. 생코코넛을 가득 묻혀 튀겨낸 생새우 튀김은 겉바속촉의 정석을 보여준다. 한국인의 입맛에 이보다 더 좋을 수 없는 보석 같은 메뉴이니 놓치지 말 것.

Data 지도 122p-F 가는 법 코코봉고 아래쪽 위치 주소 Kukulkan Km. 9.5, Punta Cancun 전화 998-883-0083 운영 08:00~01:00 요금 코코넛 새우튀김 240페소, 부리토 179페소

아는 사람들만 찾아가는 현지인 맛집

더 캐리비안 갈레온 The Carribean Galeon

이곳만큼 현지인들로 가득한 식당이 있을까 싶을 정도로 '찐' 로컬 맛집 No.1. 이곳은 가격이 저렴한 타코 단품 메뉴부터 살아있는 생선 한 마리를 주문 즉시 튀겨주는 일품요리까지 현지 멕시코인들 입맛 그대로 감칠맛을 더해 내어준다. 더운 날씨에 새콤하고 쫄깃한 식감의 해산물 세비체도 뛰어나지만, 다진 생선을 튀긴 '페스카디야'라고 불리는 타코가 이곳의 시그니처 메뉴. 캐리비안 베이의 생새우 맛을 그대로 살린 새우 칵테일에 멕시코 맥주 칵테일 미첼라다를 한 잔 곁들이는 것도 놓칠 수 없는 인기 메뉴. 무엇을 주문해도 실패가 없는 맛집이다.

Data 지도 123p-K 가는 법 플라야 델피네스에서 남쪽으로 자동차 3분 거리, 도보 15분 위치
주소 km 19.4, Kukulkan, Zona Hotelera 전화 998-214-8175 운영 12:00~19:00
요금 생선 타코 페스카디야 20페소, 새우 칵테일 190페소, 생선튀김 한 미리 490페소~시세

아침부터 저녁까지 석호 뷰와 함께하는

킬로미터 19.5 Km 19.5

입소문 난 뷰 맛집 km 19.5 레스토랑은 고맙게도 이른 아침부터 문을 열어 조식부터 점심, 일몰과 함께하는 저녁까지 다양한 메뉴를 제공한다. 미국 관광객들이 많은 칸쿤이다 보니 멕시코 음식이지만 미국식에 가까운 맛을 낸다. 워낙 경치가 아름다워서 음식이 맛없어도 괜찮다는 극찬을 받는 식당이다. 햄버거와 세비체, 타코가 대중적인 메뉴이며, 부리토가 특히 맛있는 집이라 추천한다. 로코-로컬이라 이름 붙인 초록색 파스타 역시 입맛을 돋우는 메뉴.

Data 지도 123p-L 가는 법 플라야 델피네스에서 남쪽으로 자동차 3분 거리
주소 Blvd. Kukulcan km19.5 Zona hotelera 전화 998-704-9389
운영 08:00~24:00 요금 새우버거 310페소, 소고기 부리토 275페소, 새우 파스타 365페소

모든 메뉴가 맛있는 합리적인 가격의 해산물 전문 맛집
피시 프리탕가 Fish Fritanga

세계 어디를 가도 비싼 해산물을 합리적인 가격으로 제공하기 위해 문을 열었다는 피시 프리탕가는 칸쿤 호텔 존의 최고 인기 있는 해산물 전문 맛집이다. 08:00부터 온종일 신선한 해산물을 멕시코 스타일로 즐길 수 있는데, 메뉴가 너무 다양해서 어떤 까다로운 입맛의 소유자라도 흡족하게 만족시켜 준다. 생참치를 듬뿍 올린 토스타다, 코코넛 튀김 새우, 구운 문어 요리 등 모든 해산물 요리가 인기 메뉴이며, 장시간 비행에 까칠해진 한국 여행자의 입맛에도 제격인 해산물 수프와 해물 라이스인 툼바라이스도 꼭 먹어 보자.

Data 지도 123μⅠ 가는 법 라이슬라 쇼핑몰 근처 주소 Blvd. Kukulcan, La Isla, Zona Hotelera 전화 998-840-6216 운영 08:00~23:00 요금 생참치 토스타다(2) 240페소, 새우 아구아실레스 245페소, 해산물 툼바라이스 420페소

멕시코의 백종원 그룹이 만든 고급 스테이크하우스
해리스 스테이크 앤 로우 바 Harry's Steak and Law Bar

칸쿤 여행을 왔으니 하루 정도는 사치를 부려 보고 싶다면 해리스 스테이크 하우스를 방문해 보자. 멕시코 레스토랑 그룹인 앤더슨 그룹의 고급 전문 식당 중 대표적인 곳으로, 칸쿤 호텔 존의 수많은 고급 식당들 중 단연 No.1의 평가와 만족도로 손꼽히는 곳이다. 미국산 프라임, 일본 고베비프, 호주 블랙오닉스 등 최고급 소고기만을 취급하며, 고기의 손질과 숙성 모두 현지에서 직접 한다. 비싼 재료를 쓰기 때문에 가격대는 비싼 편이지만, 한국에서 이 퀄리티의 스테이크를 먹으려면 이곳보다 더 큰 비용을 지불해야 한다. 아름다운 풍경이 펼쳐진 칸쿤에서 최고의 서비스를 받으며 고급 스테이크를 즐겨 보자. 잊을 수 없는 추억이 될 것이다.

Data 지도 123p-Ⅰ 가는 법 하드록 리조트 길 건너편 위치 주소 Km. 14.2, Kukulkan 1, Zona Hotelera 전화 998-840-6554 운영 13:00~01:00 요금 뉴욕st 드라이에이징 스테이크, 필레미뇽 1,150페소, 자이언트 새우, 킹크랩 추가 요금으로 주문 가능

BUY

 칸쿤 쇼핑의 모든 것
라 이슬라 쇼핑몰
La Isla Shopping Mall

칸쿤 쇼핑의 대명사라 할 만한 곳으로, 유명 고급 브랜드부터 캐주얼 브랜드까지 총망라한 쇼핑몰. 기념품숍과 다양한 레스토랑, 아쿠아리움, 영화관까지 있다. 특히 맥MAC 립스틱을 면세점보다 더 저렴하게 구입할 수 있다. 최근에는 라 이슬라 입구에 대형 케이블카가 설치되어(요금 15달러) 칸쿤의 양쪽 바다와 호텔 존 풍경을 감상할 수 있다.

Data 지도 122p-F
가는 법 라이브 아쿠아 리조트 맞은편
주소 Blvd. Kukulcán Km 12.5, Zona Hotelera, Cancún 전화 998-883-5025 운영 11:00~22:00
홈페이지 islacancun.mx

 럭셔리 쇼핑의 모든 것
럭셔리 애비뉴
Luxury Avenue

라 이슬라에 입점해 있지 않은 에르메스, 펜디, 버버리 등의 고급 브랜드를 럭셔리 애비뉴에서 찾을 수 있다. 칸쿤의 대표 화장품 면세점인 리버풀Liver Pool도 있어 각종 고급 화장품을 한국보다 훨씬 저렴하게 구입할 수 있다. 2층 택스 리펀드Tax Refund 데스크로 가면 세금 환급이 되며 여권 지참은 필수다. 1층에는 유명 스테이크 하우스 루스 크리스Ruth Chris가 있다.

Data 지도 123p-I 가는 법 라 이슬라 쇼핑몰에서 도보 12분 주소 Blvd. Kukulcán Km 13 Mz 53 Lote 8, Zona Hotelera, Cancún
전화 998-848-7300 운영 11:00~22:00
홈페이지 www.luxuryavenue.com

쇼핑과 여행의 편리함이 모두 이곳에
슈퍼 체드라위 Super Chedraui

호텔 존 황금 위치에 초대형 규모의 체드라위가 있다. 장을 봐 숙소에서 요리도 가능하다. 열대 과일, 다양한 술, 화장품 및 물놀이용품까지 칸쿤 여행에 필요한 모든 것이 있다. 테킬라 초콜릿과 테킬라는 필수 구매 아이템. 3층에는 푸드 코트와 디저트, 커피, 와인이 있는 카페도 있다. 호텔 존의 체드라위는 사막의 오아시스다.

Data 지도 122p-F 가는 법 플라야 카라콜 Playa Caracol 건너편 위치 주소 Boulevard Kukulkan Mza 48 y 49, Lte. ZC1-F1 y 6-A, Col. Zona Hotelera, Cancún 전화 998-883-0092 운영 07:00~22:00

칸쿤의 동대문
메르카도 코랄 니그로 Mercado Coral Negro

각종 기념품과 액세서리, 수영복, 비치웨어, 티셔츠 등의 소소한 물품들을 저렴하게 구입할 수 있는 플리마켓 코랄 니그로는 호텔 존 코코 봉고 클럽 건너편에 하나의 타운을 형성하고 있다. 스페인어로 메르카도라 불리는 시장 안으로 들어가면 마치 한국의 동대문 시장처럼 작은 점포들이 옹기종기 모여 있는데, 칸쿤의 상인들이 반가운 인사와 함께 다양한 물건들로 관광객들을 유혹한다.
구입보다는 멕시코 현지 플리마켓의 분위기를 느끼며 구경하는 데에 목적을 두는 것이 좋다. 판매 상품들은 가게마다 비슷하며 부르는 가격보다 깎아야 하는 것이 기본이다.

Data 지도 122p-F 가는 법 호텔 존 코코 봉고 건너편 주소 Blvd. Kukulcán Km 9, Zona Hotelera, Cancún 전화 998-894-8531 운영 08:00~22:00

칸쿤 기념품은 모두 이곳에
플라자 라 피에스타 Plaza La Fiesta

칸쿤의 대표 특산품인 테킬라와 매콤한 핫소스 선물 세트부터 숙소에 가져가서 마실 맥주와 스낵, 비치웨어와 물놀이용품, 선크림까지 여행 중 필요한 모든 잡다한 물품들을 편리하게 구입할 수 있는 곳이다.
멕시코 모자나 칸쿤 여행을 기념하기에 가장 가볍고 좋은 냉장고 자석을 구입해도 좋다. 플라자의 규모 또한 매우 커서 한 번 들어가면 골고루 둘러보는 데만 한 시간이 훌쩍 지나갈 정도. 정가제이므로 흥정은 불가능하지만 오히려 가격 비교를 하지 않아도 되니 편리하다.

Data 지도 122p-F 가는 법 멕스트림 레스토랑에서 도보 1분 주소 Blvd. Kukulcan Km 12.5, La Isla, Zona Hotelera 전화 998-883-4749 운영 09:00~23:00

SLEEP

All Inclusive

고급 리조트 중 가장 만족도가 높은 곳
파이니스트 플라야 무헤레스 Finest Playa Mujeres

캐리비안베이 바로 앞에 위치한 리조트로 인근 고급 리조트 중 가장 만족도가 높은 곳이다. 타 리조트와 다르게 파이니스트 플라야 무헤레스는 가족 단위 방문객들도 이용 가능하다. 아이들 입장 때문에 망설이는 사람들은 어른 전용 객실 동과 수영장이 따로 마련되어 있으니 걱정할 필요 없다. 450개의 객실은 새 건물답게 깔끔하고 모던한 인테리어가 특징이며 무려 12개의 레스토랑과 16개의 바에서는 세계 각국의 수준급 음식과 음료를 즐길 수 있다. 11개의 수영장을 보유하고 있으며 낮과 밤으로 진행하는 다양한 프로그램으로 리조트 밖을 나갈 필요가 없을 정도. 또한 어린이 전용 키즈클럽과 어린이 돌보미 서비스까지 무료로 제공되니 아이 동반 부모들에게 천국이 따로 없다. 오픈 이후 현재까지 이용객들의 불만 사항이 거의 없을 정도로 평이 좋다.

Data 지도 122p-A 가는 법 그랑푸에르토 페리 터미널에서 차로 15분. 공항에서 택시·셔틀버스 타고 35분 (엑설런스 플라야 무헤레스와 같은 위치) 주소 Calle Vialidad Paseo Mujeres, Mz 1 Lt 10, Sm 3, Zona continental Isla Mujeres 전화 998-872-8180 운영 체크인 15:00, 체크아웃 12:00 요금 주니어 스위트룸 400달러~, 스위트룸 650달러~ 홈페이지 www.finestresorts.com

All Inclusive

고급스럽고 완벽한 조망의 리조트
시크릿 더 바인 칸쿤 Secrets The Vine Cancun

신혼부부와 젊은 커플들이 가장 선호하는 칸쿤의 리조트. 28층 높이의 시크릿 더 바인은 칸쿤 호텔 존에서 제일 높은 건물로, 객실에서 보이는 바다 전망이 유명하다. 500개에 달하는 객실은 종류만 무려 10가지로 취향과 가격에 따라 선택할 수 있다. 10층에서 19층까지는 일반 객실이며, 추가 비용을 내면 21층부터 있는 프리퍼드 클럽Preferred Club 객실을 이용할 수 있다. 객실은 일반 객실과 차이가 없지만 12층의 프리퍼드 클럽 전용 수영장과 특별 라운지를 이용할 수 있다. 또한 층마다 버틀러(개인 집사) 서비스가 제공되며, 시원한 전망 덕분에 선호도가 높은 편. 허니문 스위트룸 가격대 이상부터는 객실 내 전용 욕조가 구비되어 있다.

또한 프리퍼드 객실 손님에게는 200달러의 리조트 크레딧이 무료로 제공된다(셀하, 스칼렛, 익스플로어 등의 액티비티는 크레딧 이용이 불가). 리조트 내에는 뷔페부터 이탈리안, 그릴, 지중해식 등 총 7개의 식당이 준비되어 있다. 올 인클루시브 시스템이라 숙박비에 음식과 음료 무한 제공이 포함된다. 다만 하드록 리조트 옆이라 밤늦은 시간에 시끄러운 소리가 간혹 들릴 수 있으니 유의하자.

Data 지도 123p-I 가는 법 호텔 존 입구. 공항에서 택시, 셔틀버스로 20분 주소 Blvd. Kukulcán Km 14.5 Retorno del Rey Lote 38 & 38B, Zona Hotelera, Cancún 전화 998-848-9900
운영 체크인 15:00, 체크아웃 12:00 요금 프리퍼드 디럭스 오션뷰 500달러~, 허니문 스위트룸 700달러~
홈페이지 www.secretsresorts.com

All Inclusive

말이 필요 없는 모두의 페이보릿

르블랑 스파 리조트 Le Blanc Spa Resort

한국의 유명 연예인들이 찾는 최고급 리조트. 팔래스 리조트 그룹 계열의 최고 등급 리조트답게 비용도 호텔 존 내에서 최고가를 다투는 곳이지만, 4박 이상 숙박 시 비치 웨딩 서비스를 받을 수 있어 신혼부부들에게 선호도 1위. 비치 웨딩을 신청하면 캐리비안 베이 바닷가 앞에서 간단한 예식을 치르며, 웨딩 의상을 제외한 예식에 필요한 모든 사항은 리조트 측에서 준비한다. 인기가 많아 조기 예약은 필수.

르블랑은 객실 250여 개의 작은 규모이지만 최고급 서비스에 걸맞게 내실을 꽉 채운 시스템이 특징이다. 한국인 직원이 있어 보다 완벽한 서비스를 받을 수 있다. 숙박 일수에 따라 베케이션 머니 Vacation Money가 차등 지급된다. 오리엔탈, 이탈리안, 프렌치 등 7개의 다양한 식당들이 있다. 삼각형 모양의 건물 구조로 대부분의 객실은 바다 조망이 보장되어 있으나 캐리비안 베이 반대쪽 라군 사이드 뷰의 객실도 있다. 객실의 면적이 다소 좁고 초고층 건물이 아니기 때문에 탁 트인 오션 뷰를 기대하긴 어려운 단점이 있다.

Data 지도 122p-F 가는 법 호텔 존 중앙에 위치. 공항에서 택시, 셔틀버스로 35분
주소 Blvd. Kukulcán Km 10, Zona Hotelera, Cancún 전화 888-702-0913
운영 체크인 15:00, 체크아웃 12:00 요금 디럭스룸 650달러~, 주니어 스위트룸 750달러~, 허니문룸 890달러~ 홈페이지 cancun.leblancsparesorts.com

TIP 리조트 베케이션 머니(VM) 이용법

베케이션 머니Vacation Money라 불리는 리조트 크레딧은 팰리스 계열의 호텔과 하드록 칸쿤에서만 제공되는 리조트 가상 머니다. 스파, 디너, 액티비티, 리조트 내 물품 구입에 사용 가능하며 스파는 리조트 머니로 부분결제만 가능하다. 3박에 500달러, 4박에 750달러, 5박에 1,500달러가 지급되며 팰리스 계열에서는 결제 금액의 16%를, 하드록에서는 20%를 세금으로 따로 지불해야 한다. 남은 잔액은 환불되지 않으며, 각 리조트마다 1층에 VM 전용 데스크가 따로 있으니 자세한 설명을 듣고 사용하자.

All Inclusive

하얏트 리조트의 대중화

터쿠아즈 앳 하얏트 지바 Turquoize at Hyatt Ziva

2015년 새로 오픈한 하얏트 지바는 이슬라 무헤레스가 정면으로 보이는 바다 인근에 위치해 있어 칸쿤 최고의 경관을 가지고 있다. 또한, 코코 봉고와 각종 랜드마크가 도보 5분 거리에 있어 접근성도 훌륭하다. 최근에 설계되어 초특급 현대식 인테리어와 인피니티 풀이 큰 매력. 하얏트 지바는 높은 요금의 하얏트 질라에 비해 좀 더 저렴하다.

165개의 많지 않은 객실 덕분에 여유로움을 느낄 수 있으며 합리적인 가격에 8개의 레스토랑과 5개의 라운지 바, 2개의 풀사이드 바가 준비되어 있고, 전문 디저트 카페까지 있다. 아시안, 멕시칸, 스테이크 전문 레스토랑 등 다양한 종류의 식당이 있으니 고르기만 하면 된다. 특히나 트레스 세르베자스 바에서는 직접 만든 대형 통에 담긴 생맥주를 마실 수 있는 특별한 경험을 할 수 있다. 하얏트 브랜드 특징인 고품격 스파시설 역시 지바에 준비되어 있으니 잊지 말고 즐기도록 하자.

Data 지도 122p-F 가는 법 체드라위 슈퍼마켓, 알로프트 호텔 건너편 주소 Blvd. Kukulcan, Manzana 51, Lote. 7 Cancun 전화 998-848-7021 운영 체크인 15:00, 체크아웃 12:00 요금 돌고래 뷰 스탠다드룸 400달러~, 스위트룸 650달러~ 홈페이지 cancun.ziva.hyatt.com

All Inclusive

고급 리조트 중에서도 가장 대중적인

선 팰리스 리조트 Sun Palace Resort

르블랑과 같은 호텔 그룹인 팰리스 계열로, 칸쿤에서 가장 많은 사람들이 찾는 리조트 중 하나다. 특히 4박 이상 숙박 시 제공되는 무료 비치 웨딩 서비스는 호텔 존에서 몇 군데 없는 특별 서비스라서 신혼부부들에게 폭발적인 인기를 끌고 있다. 성인 전용 리조트라는 점과 가격 대비 훌륭한 시설 및 서비스, 맛있는 음식도 특징이다.

1~4층의 주니어 스위트 오션뷰는 바다 전망에, 전용 욕조가 구비되어 있다. 6~8층의 슈페리어 디럭스 오션뷰는 주니어 스위트룸과 비슷하지만 객실이 더 좁다. 대부분의 객실에서 바다 조망이 보장되지만 1층에 위치한 디럭스 리조트뷰는 바다 조망이 불가한 흡연 층이며, 8층 역시 흡연 층이므로 예약 시 미리 숙지하자. 리조트 내에는 5개의 레스토랑과 2개의 풀 사이드 바, 4개의 라운지 바가 있어 태국·일본·이탈리아 요리와 각종 뷔페, 스테이크 등을 전문적으로 서브한다. 리조트에서 제공하는 베케이션 머니는 액티비티 결제와 물품 구입에 쓸 수 있다.

Data 지도 123p-L 가는 법 호텔 존 초입. 공항에서 택시, 셔틀버스 타고 15분
주소 Blvd. Kukulcan Km 20, Zona Hotelera, Cancún 전화 800-943-5032
운영 체크인 15:00, 체크아웃 12:00 요금 디럭스 리조트뷰 500달러~, 슈페리어 디럭스 오션뷰 570달러~, 주니어 스위트 오션뷰 650달러~ 홈페이지 sun.palaceresorts.com

All Inclusive

젊고 활동적인 부부에게 인기 최고

하드록 호텔 칸쿤 Hard Rock Hotel Cancun

조용한 휴양을 원하는 이들에게는 방해가 될 정도로 하루 종일 시끌벅적한 리조트가 바로 하드록이다. 잠시도 가만히 있을 수 없는 다양한 행사와 축제가 매일매일 여행자들의 흥을 한껏 불러일으킨다. 영어를 잘 못해도 프로그램을 즐기는 데는 아무 문제가 없다. 위치가 호텔 존 시내와 가깝고, 무려 600개에 달하는 객실과 그에 따른 다양한 부대 시설로 허니문 부부들에게 인기가 높다. 허니문 특전으로 티셔츠와 케이크, 와인, 그리고 베케이션 머니가 제공되는데 액티비티와 리조트 내 스파, 물품 구입, 로맨틱 디너에 사용할 수 있다(인기 액티비티는 불가능).

모든 객실은 오션뷰 형태로, 전용 욕조를 포함하고 있다. 눈과 입을 함께 즐겁게 하는 6개의 레스토랑에는 정통 이탈리안 화덕 피자부터 다양한 음식의 향연인 뷔페, 아시안, 브라질리언 스테이크 코스 등 작은 위장이 원망스러울 정도로 맛있는 음식들이 잔뜩 기다리고 있다.

Data **지도** 123p-I **가는 법** 시크릿 더 바인 칸쿤 바로 앞. 공항에서 택시, 셔틀버스로 25분
주소 Blvd. Kukulkan Km 14.5, Zona Hotelera, Cancún **전화** 998-881-3600
운영 체크인 15:00, 체크아웃 12:00 **요금** 디럭스 오션뷰 550달러~, 디럭스 다이아몬드 600달러~
홈페이지 www.hrhcancun.com

All Inclusive

 마니아층에게 입소문 난 바로 그곳
엑설런스 플라야 무헤레스 Excellence Playa Mujeres

남들이 모두 찾는 고급 리조트는 피하고 싶고, 외국인 고객이 많은 곳을 찾는 마니아 신혼부부들이 선호하는 리조트로, 매년 각종 차트에서 상위권을 휩쓸 정도이다. 호텔 존 내에 위치해 있지 않아 그랑 푸에르토 페리 터미널 너머까지 택시를 이용해야 하지만, 이런 불편함조차 리조트에 입장하는 순간 모두 잊게 될 정도로 만족도가 높다. 무엇보다도 호텔 존 중심가의 리조트에 비해 한적하다는 점이 최대 장점이다.

리조트에는 450개의 객실과 9개의 레스토랑, 11개의 라운지 바가 있으며 7개의 풀장과 카약, 비치볼, 스노클링, 바다낚시 등의 각종 액티비티를 이용할 수 있다. 밤마다 다양한 쇼까지 준비되니, 리조트 안에서의 완벽한 휴식과 레저가 가능하다. 전 객실 내에는 발코니와 전용 욕조, 시크릿 박스가 있다. 시크릿 박스란 룸서비스를 주문했을 때 객실 문을 열지 않고 박스로 받을 수 있는 시스템이다. 또한 칸쿤 내 모든 리조트 중 객실에 비치된 술의 종류가 가장 다양하며, 병째로 객실에 비치되어 있어 애주가들의 무한한 사랑을 받는다. 이용객들의 연령층이 전체적으로 높은 편이라 휴양하기에 최고의 리조트이며 재방문율도 매우 높은 편이다.

Data 지도 122p-A 가는 법 그랑 푸에르토 페리 터미널에서 차로 15분. 공항에서 택시, 셔틀버스 타고 35분
주소 Prolongacion Bonampak S/N, Punta Sam Lote Terrenos 001 Mz 001 SM 003, Zona Continental de Isla Mujeres 전화 998-872-8600 운영 체크인 15:00, 체크아웃 12:00
요금 주니어 스위트룸 400달러~, 스위트룸 650달러~ 홈페이지 www.excellence-resorts.com

All Inclusive

마니아층이 가장 두터운 최고급 리조트

라이브 아쿠아 Live Aqua

라이브 아쿠아 리조트는 한 번 방문했던 손님이 다시 찾아오는 경우가 대부분이다. 그만큼 여행자들의 팬덤과 신뢰가 두터우며, 주 이용객은 미국, 유럽 등지에서 온 여행객들이다. 유명 여행 사이트 리뷰에서도 혹평을 찾기 힘들 정도로, 칸쿤의 최고급 리조트 중에서 만족도로 1~2위를 다툴 정도다. 호텔 존의 중심가인 라 이슬라 몰 바로 앞이라는 편리한 접근성 또한 빼놓을 수 없는 매력이다. 스위트Suite가 붙은 객실 이용객들은 VIP 전용 라운지를 이용할 수 있다. 리조트 내에는 12개의 레스토랑과 전용 바가 운영되며 그 퀄리티는 말이 필요 없을 정도로 최고급 수준이다. 한국인에게 딱 맞는 일본 초밥 전문 스테이션이 따로 있어 주문 후 야외 테라스로 가시고 나가 즐길 수 있다 이탈리안 레스토랑, 정통 멕시칸 레스토랑, 럭셔리 뷔페, 야외에서 즐기는 라운지 바 등은 리조트 숙박료에 모두 포함되어 있다. 다만 바닷가재와 스테이크 그릴 전문 레스토랑에서는 1인당 60달러를 추가해야 무제한 이용 가능하다. 리조트에 있는 전문 스파 숍에서 50분 전신 마사지를 1,450페소에 즐겨 보자(세금, 팁 별도).

Data **지도** 122p-F **가는 법** 라 이슬라 쇼핑몰 맞은편. 공항에서 택시, 셔틀버스로 30분
주소 Blvd. Kukulcán Km 12.5, Zona Hotelera, Cancún **전화** 998-881-7600 **운영** 체크인 15:00, 체크아웃 12:00 **요금** 디럭스룸 500달러~, 디럭스 오션뷰 600달러~ **홈페이지** www.liveaqua.com/en/home

All Inclusive

 여성들이 가장 선호하는 모던 스타일
하얏트 질라라 칸쿤 HYATT ZILARA CANCUN

칸쿤에서 가장 인기가 많은 리조트 중 하나다. 하얏트의 브랜드네임 덕분에 고급스러운 기분이 한껏 든다. 하얏트 질라라만의 차별화된 특징은 바로 온천탕과 스팀사우나를 즐길 수 있는 스파다. 아시안 고객들에게는 그야말로 인기 최고. 추가 비용 없이 객실 요금에 모두 포함되므로 부담 없이 이용할 수 있다(마사지 제외). 리조트에는 바다에 인접한 대형 수영장과 테니스 코트, 사이클 센터가 따로 있으며 비치발리볼 클래스와 각종 미니 쇼 등 리조트 내에서 즐길 수 있는 다양한 프로그램을 운영한다. 프리미엄 객실부터는 바다 조망과 자쿠지 욕조가 구비되어 있으며, 스윔 업 룸에는 개인 풀장도 있다. 객실에 비치된 해먹에 누워 바다를 바라보면 천국이 따로 없.

6개의 프리미엄 식당에서는 철판 요리를 비롯해 정통 멕시칸, 스페인 타파스, 아시안, 아메리칸 뷔페를 즐길 수 있으며, 이외에 6개의 실내 및 야외 바와 카페도 운영한다. 무엇보다도 24시간 운영하는 바가 있으니, 언제든지 술과 음료, 간식이나 안줏거리를 이용할 수 있다. 룸서비스도 언제든지 원하는 만큼 서비스가 가능하니 발코니에서 캐리비안 베이를 바라보며 식사하는 경험을 놓치지 말자.

Data 지도 122p-F 가는 법 라 이슬라 쇼핑몰에서 도보 17분, 아웃백 스테이크하우스 맞은편. 공항에서 택시, 셔틀버스로 25분 주소 Blvd. Kukulcán Km 11.5, Zona Hotelera, Cancún 전화 998-881-5600 운영 체크인 15:00, 체크아웃 12:00 요금 스탠더드룸 450달러~, 프리미엄 오션뷰룸 500달러~
홈페이지 cancun.zilara.hyatt.com

 조용하고 마니아층이 두터운 최고급 리조트
니죽 리조트 & 스파 Nizuc Resort & Spa

호텔 존 초입에 위치해 있으며 리조트에서 바깥으로 외출은 택시를 이용해야 한다. 그럼에도 불구하고 투숙한 고객의 만족도는 상당히 높아 불만족 리뷰를 찾기가 어려울 정도다. 시설은 물론 서비스까지 칸쿤 전 지역을 통틀어 최고 수준이다. 르블랑, 시크릿더바인 같은 리조트에 비해 관광객들에게 인지도가 낮은 이유는 단 하나, 올 인클루시브가 아니라는 점이다. 요금에는 숙박비만 포함되어 있어 식사의 경우 호텔 내 식당을 유료로 이용하거나 외부 식당을 이용해야 한다.

대부분은 호텔 내 6개 식당의 높은 퀄리티에 만족해서 리조트 내에서 해결하는 편이다. 5개의 야외 수영장을 포함해 압도적인 규모에 놀라고 고급스러움에 또 한 번 놀라는 호텔이다. 가족 단위 숙박이 가능하며 아이들이 많이 보이는 편이지만 신기하게도 크게 소란스럽지 않아 조용한 휴양을 원하는 신혼부부들에게도 인기가 높다. 일생의 단 한 번, 칸쿤에서 단 하룻밤이라도 호화로운 숙막을 원한다면 니죽 리조트를 1순위로 고려해도 좋다.

Data 지도 123p-K 가는 법 플라야 델피네스에서 남쪽으로 자동차 7분 거리 주소 Blvd. Kukulcan Mz 59 Lote 1-03 Km 21.26, Nizuc, Cancún 전화 998-891-5700 운영 체크인 15:00, 체크아웃 12:00 요금 가든 조망 기본 룸 500달러~ 홈페이지 nizuc.com

All Inclusive

합리적인 가격과 최고의 위치
산도스 리조트 Sandos Cancun Luxury Resort

한적하고 아름다운 플라야 발레도스 바로 앞에 위치한 전면 바다 뷰 리조트. 이 리조트는 여행 사이트에 즐비한 고가의 고급 리조트들 사이에서 수년째 최상위 랭킹을 지키고 있는 중가의 리조트다. 합리적인 가격으로 군더더기 없이 깔끔한 4개의 고급 레스토랑 서비스를 무한으로 제공하는데, 가격이나 서비스 모두 고객들에게 최상의 만족을 주는 곳이다. 일식 철판 요리, 스테이크 하우스, 고급 이탈리안 요리를 즐길 수 있다. 또한 리조트 전용 비치는 아름답고 여유로우며, SNS 인생 숏을 남길 수 있는 스폿도 고루 갖추고 있다. 합리적인 가격에 최고의 경치까지 갖춘 가성비 최고의 리조트라고 할 수 있다.

Data 지도 123p-I 가는 법 시크릿 더 바인 리조트 바로 옆 위치
주소 Km 14 Retorno del Rey Mz53 Lt37-1, Zona Hotelera 전화 998-881-2200
운영 체크인 15:00, 체크아웃 12:00 요금 바다 조망 스탠다드룸 350달러~ 홈페이지 sandos.com

`All Inclusive`

파격적인 가격의 올 인클루시브 리조트
그랜드 파크 로얄 칸쿤 카리브 Grand Park Royal Cancun Caribe

최고급 리조트 비용의 절반도 안 되는 가격으로 올 인클루시브의 무한 혜택과 매력을 누릴 수 있는 곳이다. 호텔 존 중심가에 위치해 지리적 이점도 있다. 객실마다 바다 전망의 발코니가 있어 머무는 동안 캐리비안 베이를 가까이서 감상할 수 있다. 리조트 내에는 2개의 대형 수영장이 있으며, 리조트 면적이 넓어 아침 일찍 서두르지 않아도 선베드가 늘 넉넉하다. 야외에서는 뜨거운 자쿠지를 즐길 수 있고, 각 층마다 안락한 의자가 완비되어 있다. 응급병원이 마련되어 있는 것도 특징이다.

올 인클루시브 리조트답게 레스토랑과 바를 무제한 이용할 수 있으며, 이탈리안 레스토랑의 피자는 수준급 맛을 낸다. 특히 스시를 즐길 수 있는 풀 사이드 바는 그야말로 그랜드 파크 로얄의 히든카드다. 칸쿤에서 초밥을 먹고 실망했다면, 이곳의 스시와 롤은 기대해도 좋다. 30만 원대의 합리적인 가격에 더불어 17세 미만의 어린이 두 명까지 추가 요금이 붙지 않는다. 다만 매시간 레크리에이션 진행으로 수영장이 소란스러워 리조트 내에서 조용한 휴양을 즐기려는 여행객에게는 잘 맞지 않다.

Data 지도 122p-F 가는 법 르블루랑에서 도보 6분. 공항에서 택시, 셔틀버스로 25분 주소 Blvd. Kukulcán Km 10.5, Zona Hotelera, Cancún 전화 800-872-7275 운영 체크인 15:00, 체크아웃 12:00
요금 디럭스룸 300달러~ 홈페이지 park-royalhotels.com

All Inclusive

미식가의 입맛을 사로잡는 럭셔리 리조트

리우 팰리스 페닌술라 Riu Palace Peninsula

칸쿤에서만도 리조트가 무려 10여 개가 넘는 리우RIU의 가장 럭셔리한 브랜드다. 전 연령대의 숙박이 가능하며 562개의 객실과 4개의 야외 수영장, 어린이 전용 수영장을 보유한 대규모 리조트다. 이곳의 가장 큰 장점은 바로 6개의 전문 레스토랑이다. 아메리칸 퓨전, 아시안, 멕시칸, 이탈리안, 그릴 스테이크 전문 식당이 있으며, 디럭스 빌라 룸을 이용하는 VIP 고객 전용 식당도 운영한다. 간단한 요기가 가능한 스낵바가 24시간 운영되며 뷔페가 따로 있다. 여느 리조트와 별다를 바 없어 보이는 레스토랑이지만 음식 맛은 호텔 존의 모든 리조트를 통틀어서 가장 훌륭하다 해도 과언이 아니다. 매끼 식사의 즐거움을 중요시하는 미식가에게 강력 추천한다. 리조트 규모가 크고 투숙객이 많아 무얼 하든지 간에 사람이 많으니 예약도 미리 부지런히 해두고 움직여야 한다. 식사를 원하는 레스토랑 예약은 필수임을 잊지 말자.

Data 지도 122p-E 가는 법 다운타운 방향 호텔 존 초입, 호텔 리우 팰리스 라스 아메리카스 옆. 칸쿤 공항에서 택시, 셔틀로 25분 주소 Blvd. Kukulcán Km 5.5 Lote 6-C, Zona Hotelera, Cancún
전화 998-848-8090 운영 체크인 15:00, 체크아웃 12:00 요금 주니어 스위트룸 360달러~, 오션뷰 390달러~, 빌라 스위트(성인 전용) 450달러~ 홈페이지 www.riu.com

---

TIP 고급 리조트의 레스토랑 에티켓 & 팁

1. 특급 리조트의 레스토랑에 입장할 때, 남자는 긴팔 셔츠와 긴 바지 차림으로 입장하며 슬리퍼 착용은 불가하다. 여자는 큰 제한이 없지만, 반바지에 티셔츠 차림보다는 분위기에 어울리는 원피스 등의 세미클래식 의상이 좋다.
2. 음식을 서브해 주는 직원에게 적어도 5달러 이상의 팁을 테이블 위에 놓아 주는 것이 무언의 에티켓이다. 야외 바에서 음료수를 서브 받을 경우, 매번은 아니라도 1~2달러의 팁을 주는 것 또한 기본 예의다.
3. 호텔 체크인 시 짐을 옮겨 주는 직원에게 최소 2달러 이상의 팁을 준비하자. 팁으로 생활하는 문화이므로 세금과 봉사료가 모두 포함되는 한국과 차이가 있다.

All Inclusive

칸쿤에서 가장 저렴한 올 인클루시브 리조트
호텔 임페리얼 라스 페를라스 Hotel Imperial Las Perlas

저렴한 숙박료에 식사와 음료까지 무한 제공하는 리조트다. 단돈 12만 원으로 두 명의 투숙객이 객실과 삼시 세끼 식사, 무제한 음료까지 누릴 수 있다. 낮은 가격에도 불구하고 음식 맛이 제법 좋다. 식당과 바가 바닷가 앞에 위치해 있어 모든 식사는 바다를 바라보며 즐긴다. 규모는 작지만 리조트 전용 해변과 수영장이 있으며, 항상 이용 가능하다. 호텔 존 중심가에서는 조금 떨어져 있지만 이동이 크게 불편하지는 않다. 다만 지은 지 오래되어 고급 리조트의 세련됨을 기대할 수 없고, 에어컨과 TV 리모컨 사용료는 체크아웃 시 따로 지불해야 한다(체크인 시 문의). 엘리베이터가 없어 무거운 짐을 벨 보이가 옮겨 주므로, 마음 약한 사람은 팁을 두둑하게 준비해 두자.

Data 지도 122p-B 가는 법 다운타운 방향 호텔 존 초입. 공항에서 택시, 셔틀버스로 20분 주소 Blvd. Kukulcán Km 2.5, Zona Hotelera, Cancún 전화 998-894-6230 운영 체크인 15:00, 체크아웃 12:00 요금 스탠더드룸 120달러~ 홈페이지 www.hotelimperialcancun.com

훌륭한 위치, 완벽한 나이트 라이프를 원한다면
알로프트 호텔 Aloft Hotel

현대적이며 깔끔한 인테리어에 비해 믿을 수 없이 저렴한 가격은 물론이고 코코 봉고를 비롯한 유명 클럽이 주변에 모여 있어 인기가 많다. 쉐라톤을 운영하는 세계적인 호텔 체인 스타우드 Starwood 그룹의 브랜드라 더욱 신뢰할 만하다. 호텔에는 177개의 객실이 준비되어 있으며 한 객실에 4명까지 수용 가능하다. 야외 수영장과 루프톱 라운지, 스팀 사우나 등의 부대 시설도 마련되어 있어 여유로운 휴식을 취하기 좋다. 특히 하루 종일 야외에서 액티비티를 즐길 예정이라 비싼 올 인클루시브 리조트 이용이 부담스럽다면, 알로프트 호텔이 제격이다. 새벽 비행 스케줄 전날 숙박하는 경우도 많다. 식사와 음료는 포함되어 있지 않고, 객실 창문이 작은 편이다.

Data 지도 122p-F 가는 법 호텔 존 코코 봉고 클럽에서 도보 5분. 공항에서 택시, 셔틀버스로 27분 주소 Blvd. Kukulcán Km 9 Mz 48 Lote 8-1, Zona Hotelera, Cancún 전화 998-848-9900 운영 체크인 15:00, 체크아웃 12:00 요금 스탠더드룸 100달러~ 홈페이지 naver.me/xylxyZPm

Cancun By Area

02

다운타운
DOWNTOWN

골수 여행자들이 가장 먼저 찾는 다운타운은 현지인들의 주거지이자 칸쿤 여행의 중심지다. 칸쿤에서 다른 어느 곳으로 가든지 다운타운을 거치기 때문이다. 저렴한 물가와 소박한 지역 인심, 현지인들의 리얼 라이프가 펼쳐지는 다운타운의 매력은 생생하고도 컬러풀하다.

다운타운
미리보기

아데오 버스 터미널을 중심으로 거의 모든 곳이 도보로 이동 가능하다. 호텔 존, 플라야 델 카르멘을 오가는 교통의 접근성이 매우 좋아 칸쿤 여행의 중심지라 할만하다.

ENJOY

다운타운에서는 칸쿤 현지인들의 모습을 자연스럽게 경험할 수 있다. 호텔 존과는 달리 재래시장을 구경하며 먹거리와 쇼핑을 저렴하게 즐길 수 있어 여행의 진짜 묘미를 느낄 수 있다. 초저녁이면 들어서는 라스 팔라파스 파크의 먹거리 시장이나 대형 마켓에서 전 세계 젊은 여행자들을 마주치는 즐거움은 여행 중 빼놓을 수 없는 재미다.

EAT

다운타운의 음식은 현지인들 입맛에 맞춘 리얼 멕시코 칸쿤 음식이다. 칸쿤 전역을 통틀어 가장 저렴한 가격이 큰 장점이며 인심도 넉넉해서 단돈 오천 원 미만으로 든든한 한 끼 식사가 가능하다. 주머니 가벼운 배낭여행자들에게 천국이 따로 없다.
가격이 저렴하다고 음식 맛까지 저렴한 것은 아니다. 재료의 신선함과 칸쿤 특유의 조리법이 담긴 로컬 푸드의 무한 매력에 빠지면 하루 세 끼가 모자랄 정도다.

BUY

실속파 쇼퍼라면 같은 물건이라도 가격이 비싼 호텔 존 대신 다운타운의 대형 마켓을 찾아가자. 현지인들이 이용하는 아웃렛과 럭셔리 쇼핑몰이 있어, 한 푼이라도 저렴하게 쇼핑할 수 있다. 특히 다운타운의 슈퍼용 화장품과 선물용 주류는 칸쿤 전역에서 가장 저렴하다. 잊고 온 수영복과 각종 물놀이용품 역시 저렴해서 급히 필요할 때 구입하기 좋다. 고급 초콜릿과 벌꿀이 저렴해 대량 구입하는 여행객들도 많으니 쇼핑 리스트를 만들어 알뜰히 돌아보자.

SLEEP

다운타운에는 배낭여행과 출장을 위한 저렴한 게스트하우스와 비즈니스호텔이 많다. 근처에 터미널, 마트, 맛집 등 모든 것이 밀집되어 있어 편리하게 여행할 수 있다. 비용을 아끼려는 여행자들이 찾는 1순위 지역인 만큼 가격적인 매력이 매우 크다. 그렇다고 숙소의 질이 많이 떨어지지 않으니 걱정하지 않아도 된다.

다운타운
📍 1일 추천 코스 📍

여행자들의 리얼 천국 다운타운에서 현지인 체험을 떠나 보자. 정열적인 멕시코인들의 생활을 함께 느껴 보는 진정한 여행의 맛 즐기기.

엘 파이사노 델 23
족발 샌드위치로
든든한 아침 식사

→ 도보 8분 →

마켓 28
각종 저렴한 기념품이
가득한 시장 둘러보기

→ 자동차 10분 →

라스 플라자 아웃렛
칸쿤 유일의
아웃렛에서 쇼핑

↓ 자동차 10분

페스카디토스
생선튀김과 해산물 샐러드로
맛있는 저녁 식사

← 도보 3분 ←

라스 팔라파스 파크
공원 산책하며 먹거리
야시장 구경

← 자동차 11분 ←

플라자 라스 아메리카
칸쿤 현지인들의 럭셔리
쇼핑몰 둘러보기

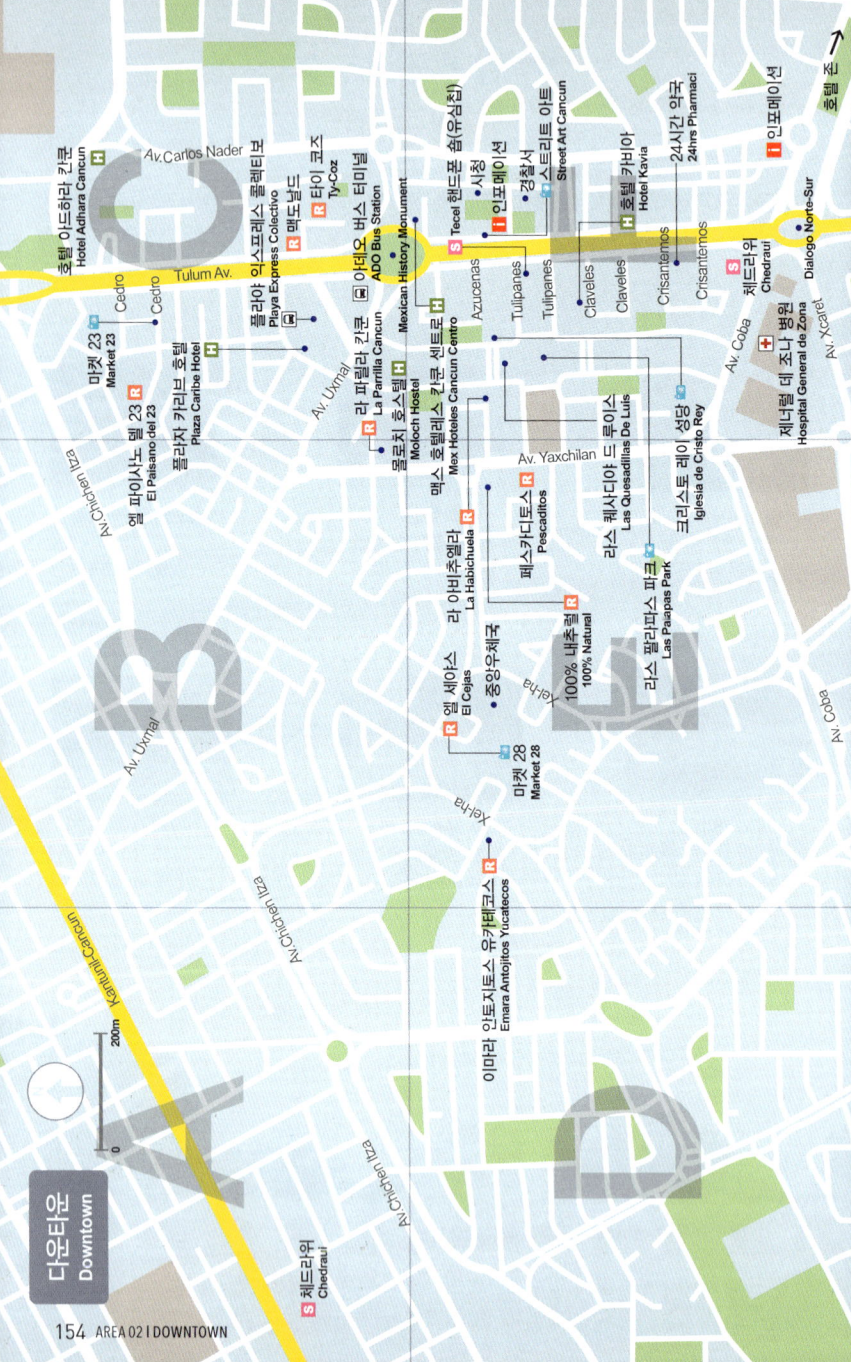

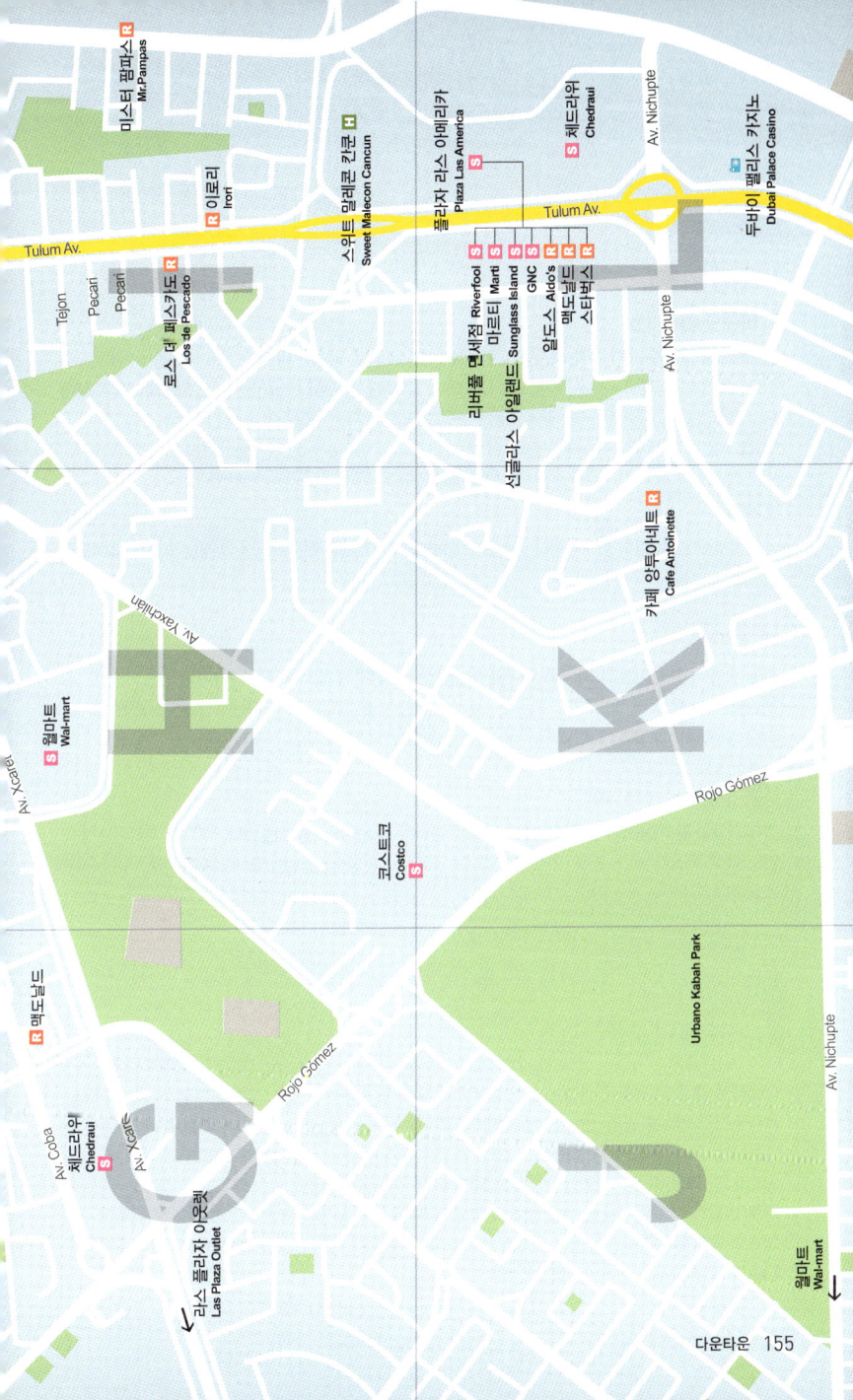

다운타운 찾아가기

어떻게 갈까?

I 칸쿤공항 출발 I

1. 아데오ADO 버스
공항에서 다운타운까지 가장 저렴하고 편리하게 갈 수 있는 방법은 바로 아데오 버스를 이용하는 것이다. 목적지인 다운타운까지 직행으로 운행하며 약 35분 소요된다. 요금은 현지 카운터에서 지불한다. 카운터는 버스 플랫폼 4번 앞에 있지만 변경 가능하니 주변 사람들에게 확인하자.

Data 가는 법 공항 출구로 나와 오른쪽에 티켓 데스크 전화 998-848-0333 운영 07:55~23:25·00:10 (첫차와 막차는 당일 시간 변경 가능하니 확인 요망) 요금 110페소 홈페이지 www.rome2rio.com

2. 택시
공항에서 30~40분이면 도착한다. 요금은 약 45달러이며, 팁 포함 요금을 확정한 후에 탑승하도록 한다.

I 호텔 존 출발 I

호텔 존에서 다운타운의 아데오 터미널 방향으로 갈 경우 일반버스 R-1, 월마트 방향으로 갈 경우 일반버스 R-2에 탑승한다. 요금은 1달러로 환승이 불가하며 30~40분 소요된다. 한편 택시는 250~300페소로 20여 분이 소요되며, 요금을 흥정할 수 있다.

I 플라야 델 카르멘 출발 I

아데오 버스를 이용하거나 콜렉티보라 부르는 플라야 익스프레스를 이용한다. 무거운 캐리어가 있다면 아데오 버스가 낫다. 편도 요금은 콜렉티보 45페소, 아데오 버스는 104페소이며, 약 1시간 20분 소요된다.

어떻게 다닐까?

다운타운 내 주요 핵심 관광 코스는 반경이 그리 넓은 편이 아니다. 도보 이용이 가능한 동선이 많고, 목적지까지 버스를 갈아타는 경우엔 환승이 되지 않는 버스보다 버스와 택시, 로컬 콜렉티보를 함께 이용하는 것이 비용 면에서 이득이다. 호텔 존과는 달리 택시비가 저렴하므로 두 명 이상 탑승하면 택시가 시간 대비 비용을 절약할 수 있다. 시내버스는 정류장이 명확히 표시되어 있지 않아 현지인들만 주로 이용하며, 여행객들을 위한 공식 노선 설명이 없다. 그렇기 때문에 다운타운에서는 상황에 맞게 버스와 택시를 적절히 이용해야 시간과 비용을 아낄 수 있다. 콜렉티보의 경우 목적지에 따라 요금이 다르며, 기본요금은 12페소부터 시작한다.

칸쿤 시내 모든 행사가 열리는 곳
라스 팔라파스 파크 Las Palapas Park | Parque Las Palapas

칸쿤에 거주하는 현지인들의 여의도 광장과 같은 의미의 장소이다. 한마디로 칸쿤의 크고 작은 모든 집회와 각종 행사들이 바로 이곳에서 열린다. 멀리서도 일부러 찾아오는 이들이 있을 정도로 먹거리가 풍부하고, 작은 시장도 매일 밤 들어선다. 신발, 옷가지, 책, 중고 물품부터 각종 기념품까지 그 종류도 다양하다. 연설과 공연을 할 수 있는 큰 무대도 설치되어 있으며, 무대 앞 광장에서는 특별한 행사가 없는 날 어린이들이 놀 수 있도록 너린이용 범피카를 대여해 준다.

광장 주변에는 식사가 가능한 푸드코트가 쭉 늘어서 있으며, 광장 안쪽으로는 수레로 이동하는 간식 차량들이 즐비하다. 이곳의 간식거리들은 칸쿤 전역을 통틀어서 가장 저렴한 데다 훌륭한 맛까지 보너스로 갖췄다. 칸쿤의 중심지인 만큼 잊지 말고 방문해 보자.

Data 지도 154p-F 가는 법 아데오 버스 터미널에서 도보 5분 주소 10 Margaritas, 22, Centro, Cancún

칸쿤 현지인들이 찾는 가장 큰 교회
크리스토 레이 성당 Iglesia de Cristo Rey

라스 팔라파스 파크 바로 앞에 위치한 크리스토 레이 성당은 다운타운의 랜드마크와도 같다. 시청과 각종 현대적인 거대한 건물들은 뒷전일 정도로 교회의 존재는 특별하다.

가톨릭 신자가 인구의 80%를 넘는 멕시코답게 주말이면 교회 안에 앉을 자리가 없어 밖까지 길게 줄 서 예배를 드릴 정도. 실제로 보면 그 감동이 몸소 전해진다. 매일 예배가 있어 로컬 사람들의 예배 의식을 함께할 수 있다. 주말이면 화려한 결혼식을 볼 수 있으며, 청소년들의 성인식, 성인들의 아름다운 언약식이 교회에서 치러지니 멋진 경험이 될 것이다.

Data 지도 154p-F 가는 법 라스 팔라파스 파크에서 도보 3분 주소 Margaritas 15 esquina Tulipanes Sm 22, Centro, Cancún 전화 998-884-0513 운영 07:00~20:00

칸쿤의 관광명소
마켓 23 Mercado23

칸쿤 유일의 재래시장인 마켓 23은 마치 5일장 같은 분위기로 소박하고 아기자기하다. 소, 돼지, 닭 전문 정육점이 시장 안에 밀집해 있으며 생선가게, 과일가게, 곡물 및 향신료가게 등 칸쿤에서 생활하는 현지인들에게 식재료를 다양하게 판매하고 있다.
둘러보다 보면 비싼 비용을 지불하지 않고도 오랫동안 기억에 남을 만한 생생한 칸쿤을 만나게 된다. 시장 안에는 새끼돼지 한 마리를 통째로 구워서 샌드위치로 만들어 파는 유명 맛집 엘 파이사노 델 23El Paisano del 23도 있으니 꼭 들르자. 대체로 오전 일찍 문을 열어 저녁 무렵 문을 닫으니 시간을 잘 확인해 보고 방문하자.

Data **지도** 154p-C **가는 법** 아데오 버스 터미널에서 도보 6분 **주소** Calle Cedro Sm 23, Centro, Cancún **운영** 08:00~19:00

칸쿤의 동대문시장
마켓 28 Mercado28

저렴한 기념품이 가득한 마켓 28은 그 유명세답게 늘 사람들로 붐빈다. 칸쿤은 시장도 아침 일찍 문을 연다. 저렴한 옷, 모자, 가죽 샌들부터 각종 장신구와 실내 소품, 각종 해골 디자인의 아이템까지 아기자기한 물품들이 가득하다. 고급스럽진 않지만 소박한 현지인들의 생활물품을 구경하고 쇼핑하면서 그들의 문화에 한 발짝 가까워지는 시간이 될 수 있다. 물건들은 가격이 저렴할 것 같지만 예상 외로 대형 마트보다 저렴하지 않으니 참고할 것. 칸쿤을 방문하는 여행자들의 필수 코스가 될 만큼 재미있는 곳이므로 쇼핑을 하지 않더라도 꼭 둘러보는 것을 추천한다.
마켓 28 버스 정류장 입구에 유사한 이름의 플라자 28Plaza 28이 있는데, 가격이 비싸고 마켓 28과 혼돈하기 쉬우니 잘 확인하고 돌아보자.

Data **지도** 154p-E **가는 법** 호텔 존에서 마켓 28이 써 있는 R-2 버스에 승차하며 운전기사에게 마켓 28이라고 미리 말해 두면 목적지에 도착 시 알려 준다. 하차 후 버스 가는 방향으로 도보 5분
주소 Xel-ha Mz 13 Sm 28, Centro, Cancún **전화** 998-892-4303 **운영** 09:00~19:00

SNS 인생 숏 찌기 좋은 최고의 장소
스트리트 아트 Street Art Cancun

자연의 아름다움과 유카탄의 문화유산에서 영감을 받아 화려하고 강렬한 예술 작품을 그려내기로 한 스트리트 아트 칸쿤 지역에는 멕시코의 수많은 유명 화가들이 참여하고 있다. 국제 해양 보존 단체인 판게아 시드 재단은 예술을 통해 바다 환경을 보존하고자 하는 인식을 만드는 데 초점을 맞추고, 지역 단체들과 협력하여 칸쿤 전역의 건물들을 되살리면서 생태 관광과 해양 보존의 메시지를 강조하는 공공 예술 프로그램을 만들기 시작했다. 포비슈테 아파트 건물 벽에 거대한 고래 상어 그림인 〈반투명한 백상아리〉는 최고 인기 작품 중 하나. 이곳에서만 볼 수 있는 강렬한 색감의 멋진 벽화들을 감상하며 인생 숏을 남기기에 최적의 장소다.

Data 지도 154p-F 가는 법 시청 근처 위치 주소 Av.Tulum 77500 전화 33-2493-6727
운영 스트리트 아트 센터 본부 월~금 09:00~18:00, 토 10:00~14:00, 일요일 휴무

 여행자들의 놀이터
두바이 팰리스 카지노 Dubai Palace Casino

두바이 팰리스 카지노는 다운타운의 플라자 라스 아메리카 쇼핑몰 근처에 위치해 있어 접근성이 좋다. 부담스럽지 않은 규모의 카지노에서 잠깐 게임도 하고, 여러 사람들과 함께 멕시코 문화를 체험해 볼 수 있어 단기여행자들에게 특히 적합하다.
400여 개의 슬롯머신 위주로 운영되며 시간을 많이 빼앗는 테이블 게임이 없어 다음날 여행 스케줄에 지장 없이 간단히 즐기려는 여행자들에게 더욱 반가운 곳. 카지노 내에는 레스토랑이 내내 영업하며, 1~2달러의 팁만 지불하면 다양한 드링크 서비스를 무제한으로 받을 수 있다. 호텔 존의 플레이보이 카지노보다 저렴하니 택시 요금 200~300페소를 지불하고 두바이 카지노로 가는 수고가 아깝지 않다.

Data 지도 155p-L
가는 법 플라자 라스 아메리카에서 도보 5분
주소 Av. Tulum Mz 1 lote 2 Sm 8, Centro, Cancún
전화 998-802-1966
운영 08:00~익일 03:00
홈페이지 www.dubaipalace.mx

눈부신 분홍빛 향연, 핑크 라군 Pink Lagoon

젊은 여행자들이 칸쿤 여행 중 가장 가고 싶은 여행지 1위로 꼽는 곳이다. 분홍빛 호수 핑크 라군은 소금을 채취하는 염전이 바로 옆에 있어 붉은빛 플랑크톤과 새우가 일으키는 반응으로 분홍색 물빛을 낸다. 햇빛의 각도와 온도, 시간에 따라 호수의 색깔이 조금씩 변하는데 오전 11시부터 오후 2시까지 가장 진한 분홍빛 물 색깔을 보이기 때문에 12시 이전에 도착하도록 하자.

대중교통으로는 칸쿤에서 티지민Tizimin까지 아데오 버스(09:30 1회 운행, 3시간 30분 소요, 166페소), 티지민에서 다시 시외버스로 환승해서 (1시간 30분 소요, 58페소) 라스 콜로라다스Las Coloradas까지 가야 한다. 편도 5시간의 긴 이동 시간임에도 셔터를 누르는 족족 인생 사진이 나오기 때문에 만족도가 높다. 렌트카(3시간 20분 소요, 비용 600페소~)의 경우 핑크 라군 근처 길이 좋지 않아 모래에 바퀴가 빠지는 경우가 있으니 조심해야 한다. 투어 업체에서는 핑크 라군과 히비쿠Hibiku 세노테, 티지민 마을 구경과 플라밍고, 펠리칸을 볼 수 있는 보트 투어, 식사가 포함되어 있다.

Data 가는 법 칸쿤에서 아데오 버스로 5시간
요금 입장료 100페소

EAT

칸쿤 제일의 생선튀김 전문 레스토랑
페스카디토스 Pescaditos

칸쿤에서 꼭 가야 할 맛집이다. 모든 음식이 맛있지만 특히 인기 메뉴이자 대표 메뉴인 '페스카디토스'는 꼭 맛보자. 흰살생선을 길고 커다란 스틱 모양으로 튀겨낸 생선튀김으로 겉은 바삭하지만 속은 부드럽고 윤기가 흐르는 생선 살을 맛보기 위해 식사 시간이면 긴 줄이 늘어선다.
생새우 살을 넣어 튀긴 칼칼한 고추튀김Chile Relleno De Camaron, 생 라임즙을 듬뿍 뿌린 해산물 샐러드 세비체를 함께 주문하면 더 맛있게 먹을 수 있나. 긴꼬에서 만병통치약인 차야 주스 한 잔과 함께 즐기는 페스카디토스의 음식은 고급 리조트의 한 끼 식사 못지않게 훌륭하다. 테이블이 비어 있을 새가 없으니 기다리는 인내심이 필요하다.

Data 지도 154p-E 가는 법 라스 팔라파스 파크에서 도보 6분. 호텔 스발람케 맞은편 주소 Av. Yaxchilán 69 Sm 25, Centro, Cancún 전화 998-884-0305 운영 12:00~23:00 요금 페스카디토스 2개 64페소, 고추튀김 34페소, 세비체 165페소

현지인들로 가득 찬 리얼 남미식 무제한 바비큐 즐기기
미스터 팜파스 Mr.Pampas

정통 브라질리안 스타일 바비큐 슈하스코 전문점. 현지인들의 인기 핫플로 매일 웨이팅 해야만 먹을 수 있을 정도. 어마어마한 인기 덕분에 라 이슬라 쇼핑몰 근처 호텔 존에도 분점이 크게 생기긴 했지만 관광객 대상이다 보니, 맛과 분위기 모두 현지인 동네의 본점만 못하다. 요일별, 시간별 할인 프로모션도 쏠쏠하니 자주 체크해보는 재미도 있다. 일단 한국에서 맛보기 힘든 메뉴에다가 잘 만들어진 어린이 놀이방, 질 좋은 대형 샐러드 바까지 고기 뷔페에 포함이니 일부러 찾아갈 만하다.

Data 지도 155p-I 가는 법 호텔 존에서 다운타운 들어오는 초입 위치
주소 Av. Bonampak 200, Sm-4A, 77500 Cancún, Q.R., 멕시코 전화 998-884-2004 운영 매일 12:00~24:00
요금 어른 490페소, 어린이 280페소, 샐러드 바만 이용 시 305페소(음료, 봉사료 별도)

꼭 들러야 할 새우 타코 맛집
로스 데 페스카도 Los de Pescado

생선 타코와 새우 타코를 맛있게 만드는 집으로 아주 유명하다. 10년 전 길거리 노점상으로 시작해 현재는 멕시코 전역에 10개가 넘는 지점이 생겼다. 인기 메뉴는 단연 새우튀김을 얹은 타코지만 이 집의 부리토도 꼭 먹어 보자. 바삭한 해산물 튀김으로 속을 가득 채운 부리토의 그 맛은 정작 유명한 새우 타코보다 더 좋다.

다운타운의 주거지에 위치해 있어 야외 테이블에 앉아 타코와 부리토를 먹으며 현지인의 기분을 누릴 수 있는 최고의 레스토랑이다. 메뉴판에 이름과 사진이 함께 있어 주문이 어렵지 않고, 셀프로 채소를 듬뿍 담아 먹을 수 있다. 신용카드 결제는 불가하다. 호텔 존에도 분점이 있다.

Data **지도** 155p-I **주소** Av. Tulum Mz 7 Lote 32 Sm 20, Benito Juárez, Cancún **전화** 998-884-1146 **운영** 10:00~17:30 **요금** 새우 타코 43페소, 부리토 64페소, 세비체 135페소(팁 별도) **홈페이지** www.losdepescado.com

와인 숙성 족발
엘 파이사노 델 23 El Paisano del 23

40년이 훌쩍 넘은 역사를 가진 맛집이다. 이곳은 매일 아침 레드와인에 숙성시킨 통돼지 족발로 유명하다. 숙성시켜 붉은빛이 나는 통돼지 고기와 족발을 샌드위치Tortas로도 만들어 판매하는데 그 맛이 너무 좋아 매일 가게 앞은 문전성시를 이룬다. 마켓 23에서 가장 핫한 가게를 꼽으라면 단연 이곳이라고 자부할 수 있다. 메뉴판에 타코도 있지만 샌드위치Torta로 주문하기를 강력하게 권한다. 샌드위치에만 들어가는 마요네즈가 고기와 어울려 고소하고 깊은 풍미를 준다. 아침 일찍 오픈해 돼지 한 마리를 다 팔면 영업을 끝내니 늦어도 정오에는 도착해야 맛볼 수 있다.

Data **지도** 154p-C **가는 법** 마켓23 내 위치 **주소** Calle Cedro Sm 23, Centro, Cancún **운영** 06:00~17:00 **요금** 샌드위치(Torta) 50페소, 타코 25페소

전통 마야 시저 샐러드와 돼지고기 타코
라 파릴라 칸쿤 La Parrilla Cacun

〈배틀 트립〉 칸쿤 편에서 나온 시저 샐러드 맛집. 플라야 델 카르멘과 호텔 존에도 분점이 있지만, 분위기와 맛 모두 월등한 다운타운 본점으로 가자. 담당 서버가 직접 테이블 앞에서 만들어주는 전통 마야식 시저 샐러드가 인기 메뉴다. 서양식 멸치젓인 안초비를 수저로 직접 갈아서 달걀노른자와 치즈를 넣어 신선한 레터스를 버무려 준다. 라임이 듬뿍 들어간 마가리타나 다이키리를 주문하면 서버가 머리 위에 올려서 테이블까지 가져다주는 재미도 빼놓을 수 없는 이색 이벤트. 뜨거운 돌절구에 새우와 고기가 가득 나오는 마야 전통 메뉴 몰카테는 한국에서는 맛보기 어려우니 주문을 잊지 말자.

Data 지도 154p-B 가는 법 아데오 터미널에서 도보 5분, 라스 팔라파스 공원에서 도보 3분 주소 Av Yaxchilán 51 Mz 23 Lt 51 Sm 22, Centro, Cancún 전화 998-287-8118 운영 12:00~02:00 요금 마야 식 시저 샐러드 2인 250페소, 몰카테(믹스) 360페소, 아즈텍 수프 95페소

매일 아침 만든 맛있는 바게트샌드위치
타이 코즈 Ty-Coz

상당히 웨이팅을 할 정도로 입소문이 자자하다. 다운타운 터미널에 도착해서 바로 타이 코즈를 찾아도 좋다. 최근에는 호텔 존 체드라우이 건너편에 타이 코즈 익스프레스Ty-Coz Express가 생겨 편하게 맛볼 수 있다. 맛이야 이래저래 똑같지만 칸쿤에 온 만큼 본점으로 가자. 바게트샌드위치 메뉴 2번째에 있는 햄샌드위치가 시그니저 메뉴이며 가장 맛이 좋다.

Data 지도 154p-C 가는 법 아데오 터미널 앞 육교를 지나 길 건너 편 주소 Av. Tulum MZA 1 LTE 33 y 34, SM 2, Benito Juárez, Cancún 전화 998-884-6060 운영 08:00~20:00 요금 햄 바게트 샌드위치 59페소, 커피 40페소 홈페이지 ty-coz.restaurantwebexperts.com

가장 저렴하고 푸짐한, 그리고 신선한 해산물 식당
엘 세야스 El Cejas

마켓 28 중심에 위치한 해산물 전문 레스토랑. 넓고 시원한 장소에 늘 손님으로 가득 차고, 악사들의 신나는 음악, 친절한 웨이터들 덕분에 즐겁게 식사할 수 있다. 껍질째 먹는 소프트쉘 크랩을 통째로 튀겨낸 게 튀김과 랑고스티노 숯불구이는 한국인 입맛에 가장 잘 맞는 인기 메뉴이다. 늦은 오후에 일찍 종료하니 점심 또는 늦은 점심에 이용해야 한다. 카드 결제 가능.

Data 지도 154p-E 가는 법 마켓 28 상가 중간에 위치 주소 Av. Xel-ha Mz. 13, SM 28, Cancún 전화 998-887-1080 운영 10:00~19:00 요금 게 튀김과 볶음밥 세트 290페소, 랑고스티노 구이 550페소(세금, 팁 별도)

남미의 수제만두 엠파나다 맛보기

라스 퀘사디야 드 루이스 Las Quesadillas De Luis

칸쿤에서 인기 좋은 콜롬비아 식당에서 정통 남미식 수제만두 엠파나다를 먹어볼 수 있는데, 다양한 속 재료의 엠파나다는 길거리에서도 간식으로 쉽게 만날 수 있다. 라스 팔라파스 공원 내에 수제로 매일 든든한 속으로 빚어내는 엠파나다집 디 루이스는 1990년에 오픈해서 힘든 코로나 시기에도 꿋꿋이 버틴 칸쿤 사람들이 사랑하는 집이다. 한국에서는 먹기 힘든 메뉴이자, 가격도 저렴한 간식이니 꼭 맛을 보도록 하자.

Data 지도 154p-F 가는 법 라스 팔라파스 공원 내 푸드 코트
주소 Sm 22,77500 Cancún 운영 08:00~23:30
요금 엠파나다 22페소~

요즘 최고 핫플 일본 음식점

이로리 Irori

칸쿤을 방문하는 동양인들에게 가장 핫한 일본 식당 이로리는 호텔 존의 비싼 일식당보다 저렴하고 합리적인 가격이 매력적인 곳이다. 오랜 비행시간과 이국적인 음식에 다소 까칠해진 여행자들에게 입맛을 회복시켜 주는 우동, 덮밥, 튀김, 철판요리부터 생선 초밥, 그리고 다양한 테마를 가진 롤까지 준비되어 있다. 어린이 메뉴도 있어 가족 단위 현지인 외식도 많은 곳이다.

Data 지도 155p-I 가는 법 라스 아메리카 쇼핑몰 근처 위치
주소 entrada por, Avenida Tulúm Oriente 226, Plaza del Mar, Vient 전화 998-892-3072 운영 매일 13:00~21:30 요금 모든 사시미 400페소, 새우볶음밥 95페소, 연어롤 200페소, 덮밥 230페소

유카탄 전통음식 코치니타 피빌 맛집
이마라 안토지토스 유카테코스
Emara Antojitos Yucatecos

칸쿤이 속한 유카탄 주의 대표적인 전통 음식인 코치니타 피빌 Cochinita Pibil은 마야 전통 방식으로 어린 새끼 돼지를 오렌지와 각종 열매, 향신료를 넣고 오랜 시간 구덩이에서 저온으로 구워내는 요리로, 타코와 샌드위치로 만들어 먹는데, 조리법이 까다롭고 장시간 걸리기 때문에 일반 음식점에서 쉽게 취급하는 메뉴가 아니다. 이마라 시단은 유카타 전통 음식적으로 입소문이 자자한 곳인데 현지인들은 물론, 호기심 많은 관광객까지 늘 북적이는 인기 식당이다. 한국인 입맛에 제격인 닭고기 라임 수프와 멕시코의 아침햇살 음료인 오르차타를 슬러시로 만든 음료가 최고 인기 메뉴이니 잊지 말고 맛보도록 하자.

Data 지도 154p-E 가는 법 마켓28 근처 위치
주소 LTE 2 y 3, Xel-ha MZA 17, 77509 Cancún
전화 998-884-3904 운영 09:30~20:00
요금 코치니타 피빌 100페소, 닭고기 라임 수프 85페소

가장 오래된 역사를 가진 로맨틱한 레스토랑
라 아비추엘라 La Habichuela

1977년에 오픈한 아주 오래된 역사를 가진 칸쿤의 상징적인 유카탄 메뉴를 제공하는 곳. 오랜 시간이 지났지만 여전히 고풍스럽고 아름다운 실내 인테리어를 유지하는 고급 레스토랑이라 기념사진을 남기기에도 최고라 할 수 있다. 워낙 다운타운을 대표하는 인기식당이라 돌싱 프로그램의 LA 커플이 낭만적인 저녁 데이트로 이곳을 선택했을 정도. 로맨틱한 분위기는 음식 맛을 상쇄하고도 남지만, 음식도 훌륭한 집이니 메뉴 선택을 입맛에 맞춰 똑똑하게 잘 하도록 하자. 한국인 입맛에 딱 좋은 칼라마리와 멕시코 전통음식 몰레Mole 소스를 얹은 칠면조 또는 치킨 추천. 물론 이 집의 대표 음식은 생선 아마란토이니 이것도 기억해 두자.

Data 지도 154p-F
가는 법 라스팔라파스 공원 근처 위치 주소 C. 10 Margaritas 25-20, 77500 Cancún
전화 998-884-3158
운영 13:00~23:30
요금 시그니처 생선구이 아마란토 309페소, 치킨 몰레 소스 326페소, 칼라마리(오징어 튀김) 260페소

라스 팔라파스 파크에서 즐기는
각양각색의 음식 퍼레이드

늦은 오후부터 하나둘씩 먹거리 시장이 오픈하는 라스 팔라파스 파크. 오후 6시면 모든 시장이 개장해 저녁을 먹으러 나온 수많은 현지인들로 붐빈다. 대부분 로컬 사람들의 입맛에 맞춘 리얼 푸드지만, 음식 종류가 다양하고 한국인 입맛에도 잘 맞는다. 타코, 찐 옥수수, 추로스부터 집에서 구워온 가정용 케이크와 푸딩, 아이스크림까지 모든 로컬 음식들이 공원에 모여 있어 보는 재미에 먹는 재미까지 제대로 즐길 수 있다.

공원으로 모여든 사람들을 구경하는 보너스까지 더해지니 그 안에 어우러져 유쾌한 분위기를 즐기기에 그만이다. 파크 내 푸드코트와 푸드트럭에서는 신용카드 사용이 불가능하니 멕시코 페소를 미리 준비하자.

Data 지도 154p-F 가는 법 아데오 버스 터미널에서 도보 5분 주소 10 Margaritas, 22, Centro, Cancún

꼭 맛봐야 하는 메뉴 TOP4

감동적인 천연 과일셔벗, 니에베 Nieve

광장 노점에서 파는 과일셔벗은 스페인어로 '눈'이라는 뜻의 니에베Nieve란 이름을 붙여 부른다. 저렴한 가격에 넉넉한 양을 담아 주는데 우유가 들어간 아이스크림보다 시원한 청량감을 준다. 냉동고가 따로 없이 옛날 방식으로 얼음이 담긴 통에 수건을 씌운 옛날식 아이스크림 통은 그 어디에서도 구경하기 어려운 광경이다. 구아바 맛을 강력 추천한다.

Data 요금 스몰 30페소

정통 남미 스타일의 치즈 옥수수, 엘로테 Elote

이곳은 남녀노소를 불문하고 손님들이 문전성시를 이루는 집. 갓 쪄낸 따뜻한 옥수수에 고소한 마요네즈를 바르고 곱게 갈아낸 코티자Cotija 치즈를 뿌려 준다. 간이 테이블에 준비된 다양한 종류의 타바스코 소스와 칠리 페퍼를 입맛 따라 듬뿍 뿌려 먹으면 된다. 옥수수 스틱과 컵 중에 고를 수 있다. 거대한 옥수수 모형이 있어 기념사진 찍는 것도 인기 코스다.

Data 요금 35페소~

단짠단짠 남미식 만두, 정통 엠파나다

아르헨티나가 오리지널로, 현재는 남미 전역에서 즐겨 먹는 엠파나다는 만두와 비슷하다. 밀가루 반죽에 여러 가지 재료의 속을 가득 채워 반달 모양으로 구워 낸다. 과일을 넣어 디저트로도 즐기는 엠파나다는 한국에서 맛보기 어려우니 꼭 먹어 보자. 공원 내 곳곳에서 가볍게 경험해 볼 수 있다.

Data 요금 고기 엠파나다 1개 30페소

국민간식, 마르게시타

마르게시타는 유카탄 지역의 국민간식. 크레페 같은 얇은 반죽을 주문 즉시 구워 치즈와 누텔라 잼을 토핑하고 말아낸다. 바나나를 넣으면 더욱 든든하다. 아무리 배가 불러도 멕시코 여행을 왔다면 먹어봐야 하는 칸쿤의 필수 간식이다.

Data 요금 바나나, 딸기 마르게시타 70페소~

BUY

칸쿤의 현지인들이 즐기는 럭셔리 쇼핑몰
플라자 라스 아메리카 Plaza Las Americas

현지인들이 주로 찾는 고급 쇼핑몰이다. 리틀 아메리카라고 불릴 정도로 미국 쇼핑몰의 축소판인 플라자 라스 아메리카에는 자라ZARA, 버쉬카Bershka 등 우리 귀에 익숙한 수많은 브랜드들이 입점해 있고 1층에 대형 슈퍼마켓 체드라위와 리버풀 백화점도 나란히 있다. 맥도날드, 버거킹 같은 패스트푸드는 물론 푸드코트와 카페도 있어 쇼핑 중 식사도 챙길 수 있다. 1층에 있는 와플 부티크Waffle Boutique는 칸쿤의 부촌에 사는 사람들이 줄을 서서 브런치를 즐기는 곳으로 유명하다.

호텔 존에서 출발할 경우 R-1, R-2 버스를 타고 다운타운 진입 후 슈퍼마켓 체드라우이 정류장에서 하차해 지나가는 택시를 이용해야 한다(택시 5분 소요, 약 50페소).

Data 지도 155p-L
가는 법 다운타운 아데오 버스 터미널에서 자동차로 15분(택시 40페소). 호텔 존에서 자동차로 45분(택시 180~240페소)
주소 Av. Tulum 260 Sm 7, Centro, Cancún
전화 998-887-3863
운영 10:00~22:00

칸쿤 유일의 대형 아웃렛
라스 플라자 아웃렛 Las Plazas Outlet

칸쿤 유일의 아웃렛으로 그 규모도 상당하고 다양한 브랜드가 입점돼 있어 일 년 내내 문전성시를 이룬다. 이미 대중적인 크록스, 나이키, 라코스테나 휴고보스 등의 유명 브랜드를 저렴한 가격에 득템할 수 있다. 연중무휴라 편한 시간에 쇼핑을 즐길 수 있으며, 많은 한국인들이 여행 일정에 꼭 넣는 곳 중 하나이기도 하다. 한국에서 구입하는 가격의 3분의 1 이상으로 저렴하게 상품 구입이 가능하며, 최고급 브랜드는 없지만, 대중적인 브랜드를 저렴하게 구입할 수 있다. 특히나 미국을 경유하지 않고 칸쿤에 오는 여행객들에게는 거의 필수 코스다.
호텔 존에서 출발할 경우 R-2 버스를 타고 다운타운의 월마트에서 두 정거장 지나 내린 후, 아웃렛까지 택시(약 50페소, 10분 소요)를 타는 것이 가격과 시간 면에서 가장 효율적이다.

Data 지도 155p-G 가는 법 다운타운 아데오 버스 터미널에서 차로 10분(택시 30페소). 호텔 존에서 차로 35분(택시 250페소) 주소 Av. Andrés Quintana Roo, Centro, Cancún 전화 998-872-3735 운영 11:00~22:00

귀국 선물용 쇼핑에 최고
월마트 Wal-Mart

대형 슈퍼마켓 체인 월마트는 한국보다 훨씬 저렴한 물품들이 가득해 칸쿤 쇼핑에서 빼놓을 수 없다. 월마트에서 판매하는 저렴하고 질 좋은 벌꿀과 초콜릿 세트는 한국 관광객이 가장 열광하는 아이템이니 놓치지 말자. 한국에서 인기 최고인 킨더Kinder 초콜릿도 한국에서보다 훨씬 저렴하다. 유카탄Yucatan이라는 이름의 벌꿀은 한 병에 단돈 5천 원인데 대박 아이템이니 절대 빼놓으면 안 된다. 저렴한 의류나 신발류, 특히 선물용 티셔츠 쇼핑을 하기에도 좋다. 느끼하고 이국적인 음식에 질린 한국 여행자들을 구제해 줄 컵라면, 그리고 햇반도 여행자들의 필수 쇼핑 목록에 포함된다.

Data 지도 155p-H 가는 법 호텔 존에서 다운타운 방향으로 R-2 버스를 타고 약 20~30분
주소 Av. Coba Mz 2 Lte 2, Sm 21, Centro, Cancún 전화 998-802-3064 운영 11:00~20:00 (하절기 ~23:00)
홈페이지 www.walmartmexico.com/

칸쿤의 대표적인 대형 마트
체드라위 Chedraui

칸쿤 다운타운에만 해도 지점이 5개 이상 있는 로컬 슈퍼마켓 체드라위는 현지인들이 가장 애용하는 곳이다. 현지 생필품과 식재료가 다양하게 있으니 여유롭게 들르는 것이 좋다. 한국에서 접하기 어려운 채소들과 과일, 멕시코 스낵 등을 저렴한 가격으로 구입할 수 있다. 무엇보다 한국 라면을 구비하고 있다는 점이 여행자들의 발걸음을 재촉하는 이유다. 갓 구워낸 따뜻한 빵과 케이크를 저렴하게 구입할 수 있고, 직접 반죽한 토르티야가 식품 판매대에 가득하다. 한국에서는 접하기 어려운 식용 선인장을 손질해서 즉석 판매도 하니 구경만 해도 재미있다. 저렴하고 보습력도 뛰어난 슈퍼용 화장품과 바디 제품도 쇼핑 목록에 추가하면 좋다.

호텔 존에서 다운타운으로 들어오는 길목, 소라 모양의 기념물 Dialogo Norte-Sur이 있는 교차로 입구에 위치한 체드라위가 여행자들에게 가장 접근성이 좋으며, 플라자 라스 아메리카에 있는 체드라위의 규모가 가장 크다.

Data 지도 154p-F
가는 법 아데오 버스 터미널에서 도보 10분. R-2 버스 정류장 바로 앞
주소 Av. Iulum 260, Mz 7 & 9, Sm 7, Centro, Cancún
전화 998-884-1024
운영 07:00~22:00(하절기 ~23:00)
홈페이지 www.chedraui.com.mx

SLEEP

 가격은 저렴, 시설은 호텔 존의 고급 그대로
스위트 말레콘 칸쿤 Sweet Malecon Cancun

고가의 호텔 존 리조트와 호텔에서 묵기 부담스럽다면 시설은 럭셔리하면서도 가격은 150불 전후인 아파트 콘도식 호텔 스위트 말레콘이 제격이다. 라스 플라자 쇼핑몰과 체드라위 대형슈퍼가 지척인 데다, 취사도구 및 전자레인지가 있어 한국식 라면도 얼마든지 조리하여 먹을 수 있고, 세탁기까지 있으니 꿈꿈한 빨래까지 할 수 있는 호텔이라 할 수 있다. 오션뷰에 멋진 수영장과 온수 풀까지 있으니 이 가격에 이 시설은 찾기 힘들 정도. 윈덤 가든 호텔 역시 콘도식 호텔에 시설은 좀 더 미비하나 가격은 더 저렴하니 취향에 맞춰 선택하도록 하자.

Data 지도 155p-I 가는 법 라스 아메리카 쇼핑몰 근처 위치
주소 Avenida Bonampak M1 L1, 6 Centro, Cancun
전화 998-255-4819 운영 체크인 15:00, 체크아웃 12:00
요금 오션뷰 27평형 120달러~ 홈페이지 suitesmaleconcancun.com

 가격, 위치 모두 만족스러운 호텔
호텔 카비아 Hotel Kavia

아데오 버스 터미널 근처에서 도보 5분 이내에 엘리베이터가 있는 저렴한 호텔은 오직 카비아 호텔이 유일하다. 칸쿤 다운타운 호텔의 대부분은 엘리베이터가 없어 계단으로 객실까지 이동해야 하는데 카비아 호텔은 2018년 옆 빌딩에 엘리베이터를 설치했다. 물론 저렴한 객실 요금을 유지하며 말이다.
친절한 호텔 직원들과도 소통이 원활하다. 커피와 주스, 우유, 토스트를 포함한 조식까지 숙박 요금에 포함되어 있다(계란 요리는 75페소 추가). 작지만 수영장도 운영하고 있어 아침부터 저녁까지 언제든 이용이 가능하다.

Data 지도 154p-F
가는 법 칸쿤 시청 건너편 골목
주소 Claveles MZA 4 lote 7 y 9, 22, Cancún
전화 998-217-7737
운영 체크인 15:00, 체크아웃 12:00
요금 비수기 1박 50달러, 성수기 80달러~(조식 포함)
홈페이지 hotelkavia.mxhotel.site/en/

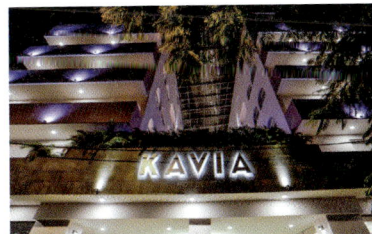

 좋은 가격과 시설, 넓은 수영장이 있는 도심 속의 숙소
플라자 카리브 호텔 Plaza Caribe Hotel

호텔 바로 앞에 아데오 버스 터미널과 플라야 델 카르멘으로 운행하는 콜렉티보 승차장이 있어 최고의 위치를 자랑한다. 가격도 합리적이어서 관광 위주의 여행을 계획한다면 최고의 조건이다. 호텔 안에 수영장이 있어 호텔 내에서 휴식을 즐기기에도 좋다. 도심 속에서 휴양을 즐길 수 있는 호텔 인테리어는 저렴한 가격에 비해 만족도가 높다.

134개의 객실은 리노베이션을 한 룸과 올드 룸이 있는데, 예약 시 미리 호텔에 연락해 선택할 수 있으며 올드 룸이 더 낮은 가격으로 제공된다. 비용을 추가하면 조식을 먹을 수 있으며, 호텔 내에 24시간 운영하는 레스토랑도 있다. 히트니스 센디 이용과 객실 내 무료 와이파이, 무료 주차가 가능하며 공항까지 유료 셔틀 서비스를 제공한다.

Data 지도 154p-C
가는 법 아데오 버스 터미널에서 도보 2분
주소 Av. Tulum S/N Lote 19 Sm 23, Centro, Cancún
전화 998-884-1377
운영 체크인 15:00, 체크아웃 13:00
요금 스탠더드룸 80~100달러
홈페이지 hotelplazacaribe.com/

 아데오 버스터미널 근처 새 호텔
맥스 호텔레스 칸쿤 센트로 Mex Hoteles Cancun Centro

최신식 호텔 시설과 디자인, 그리고 버스터미널, 슈퍼마켓, 유명 패스트푸드점 등 주변의 다양한 편의시설이 매력적인 곳. 이곳은 가격 또한 부담 없다. 전 직원이 모두 친절하다는 극찬이 자자하며, 작지만 새로 지은 수영장은 물론 지하 주차장까지 구비되어 있는 최신 시설을 갖추고 있다. 현재 칸쿤 다운타운에서 가성비 최고의 호텔 NO. 1으로 손꼽힐 정도로 인기가 높다.

Data 지도 154p-F 가는 법 아데오 버스 건너편 위치 주소 Av Carlos Nader 28-Mz 11, Centro, Cancun
전화 998-980-0929 운영 체크인 15:00, 체크아웃 12:00 요금 비수기 스탠더드룸 80달러~100달러
홈페이지 mexhoteles.com

한국 관광객 초이스 NO. 1 가성비 호텔
호텔 아드하라 칸쿤 Hotel Adhara Cancun

가족 단위나 아이들과 함께 들르기에 가성비 좋은 호텔로, 다운타운에서는 아드하라 호텔을 추천한다. 아이들이 놀기 좋은 넓은 수영장은 물론, 맛있다고 소문난 조식도 유료로 즐길 수 있다. 호텔은 맥도날드 뒤편에 자리 잡고 있는데, 맥도날드에는 대형 어린이 놀이방 시설이 있다. 호텔 주변에 각종 편의시설이 모여 있어 편의성도 좋은 곳.

Data 지도 154p-C 가는 법 맥도날드 뒤편 위치 주소 Av Carlos Nader 1-2,3, 77500 Cancún, Q.R. 전화 998-881-6500 운영 체크인 15:00, 체크아웃 12:00 요금 비수기 스탠더드룸 80달러~ 홈페이지 adharacancun.com

조용한 동네에 위치한 아늑한 호스텔
몰로치 호스텔 MOLOCH Hostel

기존 칸쿤 다운타운의 호스텔들을 제치고 현재 배낭 여행객들에게 가장 호평받는 호스텔이다. 아데오 버스 터미널에서 도보 3분 거리의 편리한 접근성과 안전한 주위 환경 덕분에 홀로 여행하는 여행객들에게 든든한 숙소가 되어 준다.

호스텔 내의 풀장 이용이 가능하며, 오전 10시까지 무료로 조식이 제공된다. 휴식할 수 있는 야외 테라스와 BBQ 시설도 준비되어 있으며 와이파이 서비스도 무료 이용 가능하다. 라스 팔라파스 파크가 근접해 있어 삼시 세끼 걱정 없으며, 인터넷으로 예약해야 숙박료가 가장 저렴하다.

Data 지도 154p-C
가는 법 아데오 버스 터미널에서 도보 3분 주소 Margaritas 54 Sm 22, Centro, Cancún
전화 998-884-6918
운영 체크인 15:00, 체크아웃 11:00
요금 6인/8인 믹스 도미토리 370페소~
홈페이지 moloch.com.mx

Cancun By Area

03

플라야 델 카르멘
PLAYA DEL CARMEN

호텔 존과 더불어 최대의 관광지이면서 칸쿤 여행의 중심지. 리비에라 마야 지역에 위치한 플라야 델 카르멘은 작은 미국이라 불릴 정도로 다국적 관광객들로 일 년 내내 붐비는 덕분에 유행에 민감하고 가장 빠르게 변화하는 도시로 유명하다. 편의시설도 다양해서 저렴한 숙소부터 모던한 인테리어의 초현대식 호텔, 대기업의 리비에라 마야 바다를 낀 초대형 최신식 올 인클루시브 리조트까지 선택할 수 있는 스펙트럼이 넓다. 음식과 놀이 문화 또한 발달해 가장 젊고 활기찬 지역으로, 전 세계 배낭여행자들이 칸쿤에 도착해 가장 먼저 찾는 곳이다.

플라야 델 카르멘
미리보기

도시 곳곳에서 커다란 배낭을 어깨에 멘 이국적인 젊은 친구들을 보면 플라야 델 카르멘이 얼마나 유명한 관광명소인지를 다시 한번 느낀다. 늦은 밤까지 화려한 불빛이 꺼지지 않는 플라야 델 카르멘은 치안 문제를 걱정하지 않아도 될 만큼 안전하다.

ENJOY

코코 봉고를 비롯해 볼거리와 즐길 거리, 먹거리가 넘쳐 난다. 플라야 델 카르멘의 퍼블릭 비치인 플라야 마미타스에서 산책을 하거나 5번가를 둘러보는 데만 반나절이 훌쩍 지날 정도로 볼거리가 풍부하다.

EAT

수많은 관광객의 입맛을 고루 만족시키기 위한 다양한 콘셉트의 식당, 바, 클럽이 있고 바닷가에서 수영도 가능하니 취향에 따라 선택만 하면 된다. 요금에 모두 포함된 리조트가 아니라면, 맥주와 멕시칸 스타일의 안주를 저렴하게 즐길 수 있는 프로모션 메뉴가 업소마다 다양하게 준비되어 있다. 늦은 밤까지 세계 각국의 식사와 음료, 달콤한 초콜릿과 아이스크림, 차를 선택해서 즐길 수 있다.

BUY

호텔 존에 비해 물가가 저렴하고 거대한 관광지답게 다양한 상점들이 입점해 있다. 가격대도 다양하니 취향에 따라 쇼핑이 가능하다. 칸쿤 주민들이 주말이면 일부러 옷을 사러 나올 정도. 빅토리아 시크릿, 포에버 21 등 미국 인기 브랜드가 있으니 여행자들에게 특히나 반가운 쇼핑 아이템이다. 밤늦게까지 오픈하는 쇼핑몰과 상점들이 즐비하니 한국에서 잊고 온 물놀이용품이나 응급 물품이 있다면 손쉽게 구입할 수 있다.

SLEEP

다양한 액티비티를 하고자 하는 플라야 델 카르멘의 관광객들은 화려하고 비싼 리조트 대신 편안하면서도 저렴한 숙소를 선호한다. 늦은 저녁 숙소에서 잠을 자고 아침 일찍 체크아웃을 해야 하는 빠듯한 일정이니 굳이 고급 리조트의 다양한 서비스가 필요하지 않기 때문이다. 저렴한 도미토리 형태의 게스트하우스부터 한국인이 운영하는 민박집도 있으니, 영어가 힘든 이들에게 도움이 된다. 올 인클루시브 리조트도 바닷가 바로 앞에 있으니 예산에 맞춰 숙소를 고르는 것이 가장 좋다.

플라야 델 카르멘
📍 1일 추천 코스 📍

본격적으로 캐리비안 베이를 즐길 시간! 플라야 델 카르멘은 하루에 둘러보기에는 벅찰 정도로 볼거리, 즐길 거리가 많은 곳이다. 아침 일찍부터 밤늦게까지 걸어 다닐 체력은 필수!

카페 앙투아네트
모닝커피와 크루아상으로
아침을 시작하기

→ 도보 3분 →

5번가
플라야 델 카르멘의
중심가에서 쇼핑 & 길거리
공연 감상하기

→ 도보 5분 →

카르멘의 성모 마리아 성당
동화에 나올 듯 아름다운
교회 둘러보기

↓ 도보 15분

플라야 마미타스
퍼블릭 비치에서
노을 감상하기

← 도보 5분 ←

메가마트
현지인이 애용하는
대형 슈퍼에서 선크림,
물놀이용품 쇼핑

← 도보 1분 ←

돈 설로인
인기 최고의 타코
레스토랑에서 점심 식사

↓ 도보 8분

로스 아구아칠레스
구운 문어 요리로
호화로운 저녁 식사

← 도보 7분 ←

프리다 칼로 박물관
비운의 예술가 프리다
칼로의 삶과 작품 엿보기

← 도보 5분 ←

코코 봉고
신나는 쇼와 남미의
열정을 생생하게!

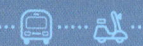

플라야 델 카르멘 찾아가기

 **어떻게 갈까?**

플라야 델 카르멘은 칸쿤의 모든 액티비티가 거쳐 지나가는 중심지이면서, 툴룸과 치첸이트사로 가는 중간 지점이라 교통이 매우 편리하다. 이른 아침 액티비티 장소까지 이동하는 시간을 줄여주기 때문에, 출발 전날이면 일부러 플라야 델 카르멘에 와서 숙박을 한다. 코수멜섬으로 왕래하는 패신저 페리 터미널도 이곳에 있다.

| 칸쿤공항 출발 |

1. 아데오 버스

아데오 버스는 공항에서 플라야 델 카르멘까지 가장 저렴하고 편리하게 갈 수 있는 교통수단이다. 목적지까지 직행으로 운행하며, 차가 막히지 않으면 1시간 10분 정도 소요된다. 플라야 델 카르멘에는 아데오 버스 터미널이 두 곳 있는데, 코수멜행 페리를 운행하는 패신저 페리 터미널 쪽의 아데오에서 대부분의 승하차가 이루어지지만, 이용객 증가로 인해 메가마트 쪽에 아데오 알테르나 ADO Alterna 버스 정류장을 새로 운영하며 지역을 나눠 운행하고 있다(소요 시간 1시간 10분).

Data 가는 법 수하물 수취대에서 바깥 출구로 나오면 바로 오른쪽 전화 998-848-0333
운영 07:40~23:45(30분마다) 요금 230페소 홈페이지 www.rome2rio.com

2. 셔틀버스

공항 내 셔틀버스를 이용하면 플라야 델 카르멘 중심지까지 데려다준다. 탑승객들의 목적지에 따라 노선이 달라지며, 가까운 곳부터 먼저 하차한다. 소요 시간은 약 50분이다.

Data 가는 법 수하물 수취대를 지나 바깥 출구로 나오면 셔틀버스 업체들이 줄지어 있음
전화 998-980-0259 운영 24시간 요금 편도 2인 80달러(사전 예약 시 왕복 할인)
홈페이지 cancun-shuttle-transportation.com

3. 택시

플라야 델 카르멘은 거리와 시간 대비 택시 요금이 제법 비싼 편이므로, 탑승 전에 목적지를 말한 뒤 요금을 확정하고 이용하자. 공항에서 플라야 델 카르멘까지는 90~100달러에 50분가량 소요된다. 반대로 플라야 델 카르멘에서 공항까지는 50~60달러 정도로 훨씬 저렴하다. 요금의 10%를 별도의 팁으로 준다는 점을 기억하자.

| 다운타운 출발 |

아데오 버스를 이용하거나 콜렉티보라 부르는 플라야 익스프레스를 이용한다. 콜렉티보가 더 저렴하고 대중적이지만 중형 승합차로 운행하므로 수하물 사이즈의 캐리어가 있다면 아데오 버스를 이용해야 한다. 편도 요금은 콜렉티보 45페소, 아데오 버스 104페소이며, 약 1시간 20분 소요된다.

|호텔 존 출발|

R-1, R-2 버스를 타고 다운타운으로 이동한 후, 콜렉티보 또는 아데오 버스로 갈아탄다. 택시를 탈 경우 플라야 델 카르멘까지 700페소 정도 든다.

 어떻게 다닐까?

플라야 델 카르멘을 관광할 때는 대중교통이 필요 없을 정도로 모든 것이 도보로 가능한 동선에 있으니, 도보와 택시를 적절히 활용하면 된다.

TIP 플라야 델 카르멘에서 5번가 찾기
플라야 델 카르멘의 중심 거리인 5번가는 스페인어로 Quinta Avenida, 영어로 5th Avenue라 부르며, 줄여서 5ta Avenida, Quinta Av. 등으로 표기한다.

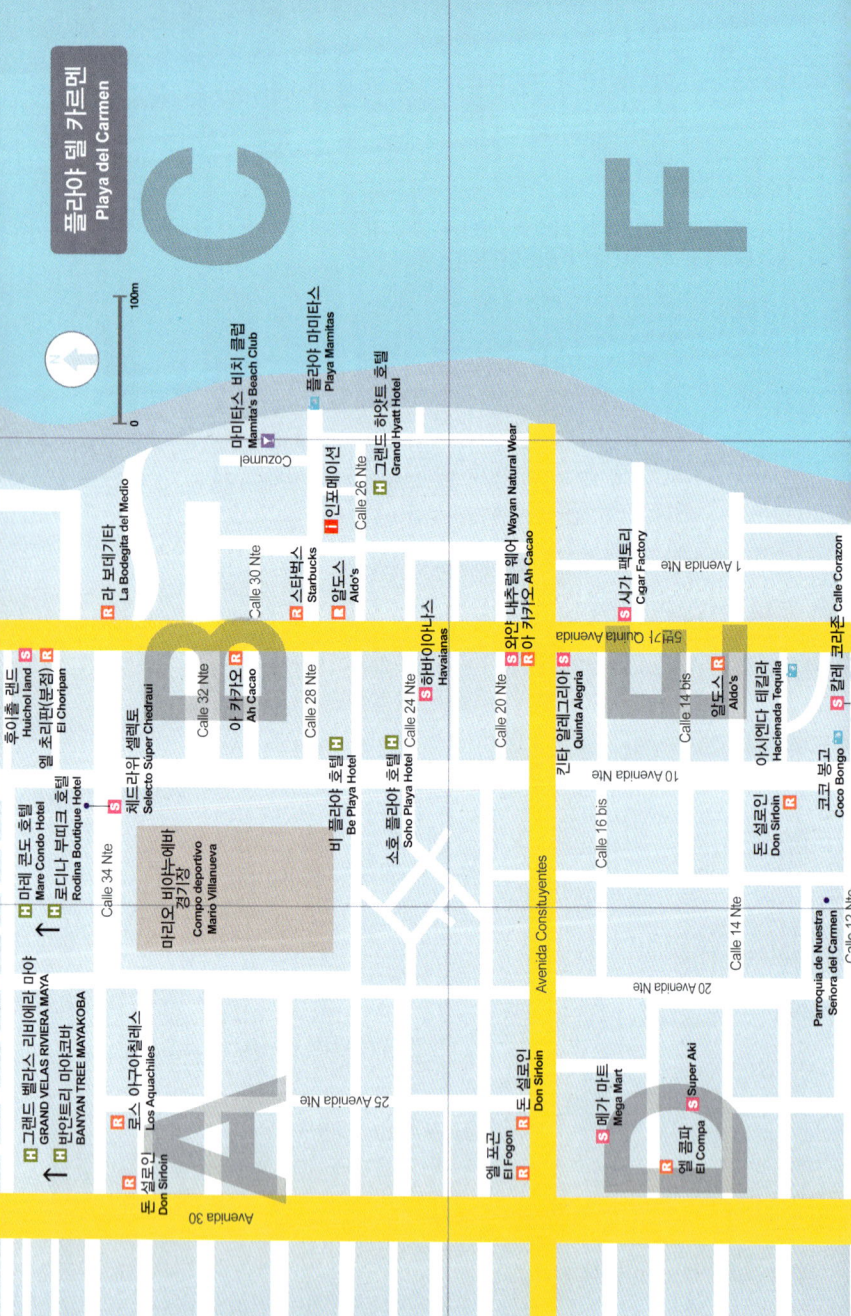

▶ ENJOY

플라야 델 카르멘의 랜드 마크
카르멘의 성모 마리아 성당 Capilla de Nuestra Señora del Carmen

가톨릭 신자가 인구의 90%에 달하는 남미 지역이라 어디를 가든지 멋지고 개성 있는 성당이 그 지역의 랜드마크로 자리 잡고 있다. 플라야 델 카르멘에서 가장 붐비고 핵심적인 곳에 위치한 카르멘의 성모 마리아 성당은 보기만 해도 탄성이 절로 나오는 동화 속 예배당의 모습이다.
기본 미사로 스케줄이 가득하며 특히나 주말에는 예식이 자주 있다. 출입을 까다롭게 제한하지는 않지만, 미사 및 예식에 방해가 되지 않도록 기본 예의를 지켜줘야 한다. 간혹 성도들의 장례식이 치러지는 날도 있는데, 이때는 중심가인 5번가에서 큰 규모의 퍼레이드 예식을 치른다. 그 장엄하고도 화려한 장례식을 보노라면 절로 경건하고 엄숙해진다. 워낙 유명한 장소라 미사와 예식이 수시로 열리므로 카메라 셔터 소리에 유의하자.

Data 지도 181p-K **가는 법** 아데오 버스 터미널에서 도보 2분. 코코 봉고에서 도보 10분
주소 15 Av. esquina con Calle 12 S/N, Playa del Carmen **전화** 984-873-0188
운영 평일 08:00~20:00, 주말 07:00~22:00

카르멘의 대중적인 비치
플라야 마미타스 Playa Mamitas

가장 활기차면서도 대중적인 퍼블릭 비치 중 하나인 플라야 마미타스는 페리 터미널 쪽의 비치보다 좀 더 한적하고 고급스러운 분위기이다. 해변으로 들어가는 입구에는 다양한 식당들과 바, 그리고 중고가의 빌라, 호텔이 있어 눈요기하기에도 좋다. 덕분에 밤늦게까지 사람들의 왕래가 잦고 행사도 많아서 연신 떠들썩하다. 매주 금요일 저녁 8시에는 현지의 유명 재즈 뮤지션과 초청 연주가들의 재즈 공연을 무료로 즐길 수 있다. 성수기에는 비치 클럽 파티가 자주 열려 20~30대 젊은 관광객들이 즐겨 찾는 핫한 해변이다.

Data 지도 180p-C 가는 법 마리오 비야누에바 경기장에서 비치 방향으로 도보 9분 주소 Calle 28 Norte, Playa del Carmen

TIP

리비에라 마야 재즈 페스티벌 Riviera Maya Jazz Festival

2003년 처음 국제 재즈 페스티벌로 오픈해 일 년 중 가장 큰 음악 행사로 자리 잡은 리비에라 마야 재즈 페스티벌이 플라야 델 카르멘에서 열린다. 지금까지 재즈의 대가 빅터 우튼Victor Wooten, 웨인 쇼터Wayne Shorter, 존 스코필드John Scofield, 칙 코리아Chick Korea, 얼스 윈드 앤 파이어Earth, Wind & Fire 등의 대스타들이 참여하면서 재즈 페스티벌은 세계 각국의 여행자들이 플라야 델 카르멘을 찾는 이유가 되었을 정도다.

Data 가는 법 플라야 마미타스 앞, 마미타스 비치 클럽 주소 Calle 28 Norte Mz 10 Lote 8, Playa del Carmen 전화 984-803-2868 운영 매년 11월 마지막 주 목~토요일 요금 1일 700페소~ 홈페이지 rivieramayajazzfest.com

도심 속의 아름다운 정글 공원

파크 라 세이바 Parque La Ceiba

복잡한 카르멘 도시 한복판에 이런 작은 정글 공원이 있으리란 상상은 아무도 하지 못했을 것이다. 현지인들이 가장 사랑하는 하루의 산책이나 힐링 장소는 바닷가 모래 해변이 아니라 정작 이 세이바 공원이라고 하니 이 공원이 얼마나 소중한지 알 수 있다. 무려 2만 평에 달하는 면적의 이 정글 공원에서는 다양한 문화전시와 공연이 있고, 매주 토요일에는 현지인들의 유기농 시장이 열리니 놓치지 말고 방문해 보자.

Data 지도 181p-J
가는 법 콜렉티보 정류장에서 도보 7분
주소 Av Diagonal 60 X calle 1 y, C. 3 Sur s/n
운영 월~토 08:00~19:30, 일 08:00~18:30

플라야 델 카르멘의 센트럴 파크

28 훌리오 파크 Parque 28 de Julio

밤낮으로 화려한 불빛에 각국의 여행객들이 드나드는 거리에서 조금만 더 걸어가면 평온하고 드넓은 초록색의 28 훌리오 파크가 눈앞에 펼쳐진다. 이곳에 도착하면 관광객으로 보이는 사람들은 거짓말처럼 사라지고 현지인들의 일상생활이 나타난다. 이곳은 플라야 델 카르멘 시청 바로 앞에 위치한 도시 중심부 광장 개념의 파크인 셈이다.

카르멘의 큼직한 행사와 공연, 연설 등 모든 중요 이벤트가 이곳에서 열린다. 특히 크리스마스 시즌에는 각종 크리스마스 행사가 화려하게 펼쳐지니 보는 재미가 쏠쏠하다. 매월 첫째 주 금요일에는 재활용 이벤트가 열리는데, 거주민들과 기업들이 모두 참여하는 플라야 델 카르멘 사람들의 주요 행사 중 하나이다. 공원 중앙에는 관광객들을 위한 관광 안내소가 있어 길을 묻거나 근처 여행지 설명을 들을 수 있다.

Data 지도 181p-G 가는 법 아데오 버스 터미널에서 도보 9분. 시청 바로 앞 주소 Calle 10 Norte Centro, Playa del Carmen

브로드웨이 쇼에 도전장을 던진 화려한 클럽
코코 봉고 Coco Bongo

영화 〈마스크〉에 나온 클럽으로 유명한 코코 봉고는 칸쿤 최대의 클럽이다. 마돈나, 마이클 잭슨, 비욘세 등 유명 가수의 퍼포먼스를 선보인다. 이미테이션이라는 단어를 잊게 할 만큼 엄청난 수준의 쇼다. 정해진 드레스 코드는 없지만 최대한 멋지게 단장하고 가는 것이 좋다. 플라야 델 카르멘 지점에서는 주중에 5달러 할인된 가격으로 입장할 수 있으며, '레이디스 나이트'인 수요일에는 여자 손님의 경우 15달러 할인된 가격으로 입장이 가능하다. 모든 티켓에는 밤새도록 마실 무제한 음료가 포함되어 있다. 티켓은 인터넷으로 구입 가능하고 5번가 곳곳에 세워진 스탠딩 티켓 부스에서도 살 수 있다.

Data 지도 180p-E 가는 법 10번가, 시청에서 28 훌리오 파크 지나 도보 5분 주소 10 Av. Norte, Mz 31, Lote 5, Int 221, Centro, Playa del Carmen 전화 984-803-5939 운영 22:00~03:00 요금 평일, 주말 평균 96달러, 주중 여자 79달러(날짜마다 변동 있음) 홈페이지 www.cocobongo.com

멕시코의 자랑 화가 프리다 칼로의 모든 것
프리다 칼로 박물관 Frida Kahlo Museum

멕시코의 자랑, 프리다 칼로의 박물관이 생겼다. 프리다 칼로는 비단 멕시코뿐만 아니라 라틴 아메리카 전체, 20세기 문화 예술의 큰 아이콘으로 평가된다. 프리다 칼로는 육신의 아픔을 극복하기 위해 그림을 그리기 시작했는데 유독 자화상이 많다. 풍성한 기법과 내면을 직관하는 통찰력, 세밀함이 깊어 중남미 미술사를 통틀어 처음으로 그녀의 작품은 프랑스 루브르박물관에 영구 소장됐다. 이제 플라야 델 카르멘의 프리다 칼로 박물관에서 그녀의 작품과 향기를 느껴 보자. 비싼 입장료가 아깝지 않은 가치 있는 시간이 될 것이다.

Data 지도 181p-H
가는 법 Calle 8, 파티오 8 식당 맞은 편
주소 Calle Quinta Avenida 455, Centro, Playa Del Carmen
전화 984-873-1890
운영 10:00~20:00
요금 입장료 18달러 또는 350페소

마야의 전통 공연이 열리는
푼다도레스 파크 Fundadores Park

16미터 높이의 거대한 인어모형 청동 조각상이 자리하고 있는 푼다도레스 파크는 플라야 델 카르멘의 랜드마크이자 현지인들의 약속 장소로 통한다. 코수멜섬 페리 선착장 근처에 자리한 이 공원에서는 매일 다양한 이벤트와 크고 작은 공연이 펼쳐진다. 관광객이 많이 몰리는 주말에는 더욱 크고 다채로운 공연이 연출되는데, 바닷가 바로 앞에서 보여 주는 개성 넘치는 퍼포먼스는 항상 무료. 이를 보는 관객들의 반응도 매우 뜨거워서 함께 즐기는 것 자체만으로도 즐거운 시간이 된다. 마야의 전통 공연인 볼라도레스Voladores 의식을 자주 볼 수 있으며, 공식 시간은 오후 8시부터 10시 사이지만 정오부터 수시로 공연을 한다.

Data 지도 181p-K 가는 법 패신저 페리 터미널 바로 앞. 아데오 버스 터미널에서 도보 2분
주소 Av. Benito Juárez, Playa del Carmen

볼라도레스 Voladores de Papantla

농업과 풍요를 관장하는 신에게 풍년을 기원하는 의식이다. 스페인어로 '하늘을 나는 사람들Flyers'을 뜻하는 볼라도레스는 피리와 타악기를 연주하는 1명의 남성 연주자와 화려한 옷을 입고 줄에 매달려 허공을 나는 4명의 볼라도르로 구성된다. 땅 밟는 동작을 형상화한 춤으로 공연이 시작되어, 20~60m 높이의 기둥에 올라가 생명의 나무에 매달려 신에게 비를 청한다. 단연 압도적인 장면은 거꾸로 매달린 네 명의 볼라도르가 허리에 묶은 줄을 풀면서 허공을 빙빙 돌아 지상으로 내려오는 모습이다. 볼라도레스는 스페인 침략 이후 가톨릭의 탄압으로 많은 지역에서 중단되었지만, 오늘날에는 조금씩 변형된 형태로 전해지고 있다. 특히 멕시코 동부 파판틀라 지방의 인디오들에 의해 전수되고 있어, 현재는 파판틀라 플라이어스Papantla Flyers라는 이름으로 불리고 있다. 2009년 유네스코 무형 문화유산으로 등록되면서 관광객들에게 필수 관람코스가 되었다.

플라야 델 카르멘의 중심 번화가
5번가(킨타 아베니다)
Quinta Avenida | Fifth Avenue

플라야 델 카르멘에 도착해 가장 많은 시간을 보내게 되는 중심가다. 없는 것이 없을 정도로 다양한 숍과 식당이 바닷가를 끼고 들어서 있다. 길거리에서는 화가들이 그림을 그리고, 거리의 악사들이 이국적인 멜로디를 선사한다. 바쁘고 활기찬 휴양지 분위기에 취해 쇼핑과 식사를 즐기다가 이따금 해변으로 나가 산책하면 그 자체로 카리브의 천국인 셈이다.

Data 지도 181p-K
가는 법 아데오 버스 터미널에서 바로
주소 Quinta Av. Playa del Carmen

 멕시칸 아트 갤러리
플라자 쟈뎅 드 마리에타
Plaza Jadin de Marieta

알록달록 원색의 색감이 특징인 멕시코 미술품들을 무료로 관람할 수 있는 아트 갤러리 골목이다. 멕시코 현지 작가들의 그림을 눈으로 직접 볼 수 있다. 특히 개스턴 차로 갤러리Gaston Charo Gallery는 플라자 내에서 가장 인기 있는 갤러리다. 원한다면 구매도 가능하며, 가격은 작품에 따라 다르다.

Data 개스턴 차로 갤러리
지도 181p-H 가는 법 프리다 칼로 뮤지엄에서 도보 30초 주소 Calle Quinta Avenida 173, Solidaridad, Playa del Carmen,
전화 984-879-3763 운영 10:00~22:30
홈페이지 www.gastoncharo.com

멕시코 모든 테킬라가 다 모여 있다
아시엔다 테킬라 Hacienada Tequila

플라야 델 카르멘의 대형 기념품 숍이자 테킬라 전문 판매점으로 이름 그대로 테킬라 박물관이 있어 사진으로 테킬라가 만들어지는 과정을 자세히 보고 배울 수 있다. 시음도 하고 구입할 수 있어 편리하다. 대형 해골 인형들이 많아 기념사진 찍으러 일부러 들르기에도 좋으며, 작은 기념품과 멕시코산 커피와 차, 핫소스도 구입할 수 있다.

Data  지도 180p-E
가는 법 킨타 알레그리아 쇼핑몰 근처 5번가 대로변
주소 Av Quinta Avenida 5, Centro
전화 984-128-2195
운영 08:30~23:00

리비에라 마야 지역에서 가장 유명한

세노테 도스 오호스 Cenote Dos Ojos

유카탄반도 전체에서 가장 신비로운 세노테로 손꼽히는 도스 오호스 세노테는 70미터 사이즈를 가진 두 개의 싱크홀이 불과 4~500m 거리를 두고 지척에 이어져 있다. Dos Ojos는 스페인어로 '두 개의 눈'이라는 뜻인데 바로 세노테의 형태를 의미하는 것이라고 한다. 그래서 지도에는 'Two Eyes Cenote'라고 표기되기도 한다. 깊은 싱크홀 때문에 수심이 매우 깊고 유난히 푸른 물빛은 한여름에도 차갑고 신비한 기운을 더해준다. 석회 종유석을 볼 수 있는 다이빙 포인트가 특히 유명해서 수중 호흡기를 지닌 채 전문 다이빙을 즐길 수 있어 활동적인 젊은 여행자들의 필수 여행지로 손꼽힌다.

Data 지도 181p-K 가는 법 플라야 델 카르멘에서 남쪽으로 아쿠말 지나서 위치
주소 77774 Quintana Roo, Mexico 운영 09:00~17:00 전화 998-980-0664
요금 입장료 350페소, 다이빙(산소통 대여) 비용 별도

THEME

플라야 델 카르멘 3대 세노테 투어

같은 지역 지척에 3개의 유명 세노테가 사이좋게 붙어 있어, 당일 투어로 다녀올 수 있다. 2번가의 콜렉티보 정류장에서 35페소의 저렴한 요금으로 이동이 가능하며, 동행이 있다면 택시 (400~500페소)를 이용해 시간을 절약할 수 있다. 환경보호를 위해 자외선 차단제 사용, 음주와 흡연, 개인 음식물 반입이 엄격하게 금지되어 있다. 입장료 외 구명조끼와 스노클링, 다이빙 산소통 이용료는 추가로 지불해야 한다. 아쿠아 슈즈와 개인 타월은 미리 준비하는 것이 편하다.

울창한 정글 속의 에덴동산

세노테 쟈뎅 델 에덴 Cenote Jadin del Eden

플라야 델 카르멘 지역의 3대 세노테 중 No. 1으로 손꼽히는 에덴 세노테는 우거진 정글 속 이국적인 분위기가 아주 매력적이라 사진으로 남기기 바쁜 곳이다. 이름 그대로 '에덴의 정원'처럼 거대한 세노테를 둘러싸고 자연이 초목이 가득한 아름다운 천연 수영장을 만끽할 수 있다. 작은 식당도 있어 가족과 함께 하루 종일 시간을 보내기에도 좋은 보기 드문 세노테다.

Data 가는 법 플라야 델 카르멘 콜렉티보 정류장에서 25분 소요
주소 Riviera Maya, Carr. Cancún - Tulum Km 266
운영 일~금 08:00~17:00, 토요일 휴무 요금 입장료 200페소

이름처럼 투명하고 맑은 세노테
세노테 크리스탈리노 Cenote Crystalino

물이 유난히 맑고 투명해 아름다운 세노테 크리스탈리노는 규모는 작지만 세 군데 수영 섹션에 발을 담그고 있으면 닥터피쉬처럼 작은 물고기들이 사람들에게 친하게 몰려들어 발의 각질을 공짜로 제거해 주니 비싼 비용을 지불하고 미용 살롱에 갈 필요가 없다. 수심은 다이빙 포인트가 고작 3미터 정도로 얕아 한적하게 햇빛과 맑은 물, 닥터피쉬를 즐기는 목적으로 방문하는 것이 좋다.

Data 주소 Riviera Maya, Carr. Cancún - Tulum Km 266
운영 08:00~17:00 요금 입장료 170페소

이름 그대로 파란 물빛이 매력적인
세노테 아줄 Cenote Azul

스페인어로 아줄은 '파랑Blue'이라는 뜻이다. 물 색깔을 보면 왜 이름이 아줄인지 단번에 이해가 될 정도다. 수심은 대체로 얕은 편이라 수영이나 다이빙은 불편하고, 물속의 넓은 돌에 이끼가 많아 아쿠아 슈즈가 필수인 곳이다.

Data 주소 Riviera Maya, Carr. Cancún - Tulum Km 266
운영 08:30~17:00 전화 984-151-9925 요금 입장료 150페소
홈페이지 cenoteazulrivieramaya.com

THEME

다이빙 마니아들의 집합 장소, 코수멜섬 Isla Cozumel

멕시코에서 가장 큰 섬이자 플라야 델 카르멘에서 배를 타고 45분이면 도착하는 코수멜은 세계 다이버들의 성지와도 같은 곳이다. 연평균 26~28도의 따뜻한 수온과 60m의 투명한 수중 가시거리, 그리고 석회암 지질의 해저 동굴이 많은 천혜의 조건 덕분에 전 세계 다이버들의 귀가 코수멜이란 이름만 들어도 팔랑거린다. 다이버가 아니라면 우리나라 제주도보다 작은 면적의 섬을 해안이 따라 렌터카로 일주하는 것이 일반적인 코스다.

큰 면적만큼이나 다양한 숙박 시설과 음식점, 즐길 거리가 있지만 코수멜의 가장 큰 매력은 무엇보다도 한적한 해변이다. 높은 인지도와 여행자 수에 비해 아직 개발이 덜 된 지역이 많아서 마니아들에게는 꼭 가야 할 필수 여행지 중 하나이기도 하다. 코수멜섬 안에 공항이 있어 비행기로 바로 들어가는 여행객들도 있지만, 플라야 델 카르멘에서 왕복하는 페리를 이용해서 섬으로 이동하는 것이 가장 보편적이다.

Data 지도 181p-L 가는 법 울트라마 페리 터미널에서 배로 35분

TIP 울트라마 페리 터미널 Ultrama Ferry Terminal

플라야 델 카르멘에서 코수멜까지 울트라마 페리로 30분이 소요되며, 페리에 렌터카를 실을 수 있다.

Data 지도 181p-L 가는 법 아데오 버스 터미널에서 해변으로 도보 3분 주소 Av. Benito Juárez, Centro, Playa del Carmen 전화 998-460-3084 운영 07:00~22:00 요금 코수멜 왕복 580페소 홈페이지 ultramarferry.com/es

 EAT

칸쿤에서 가장 맛있다고 소문난 타코 맛집
돈 설로인 Don Sirloin

돈 설로인은 저렴한 가격과 푸짐한 음식, 유쾌하고 친절한 서비스로 유명하다. 매일 직접 구운 커다란 고기 케밥을 썰어 타코를 만드는 과정까지 구경하는 재미도 있다.

타코는 소고기와 돼지고기 중에서 선택할 수 있고, 소고기는 직화 소금구이, 돼지고기는 빨간 양념이 되어 있으니 입맛 따라 골라 먹으면 된다. 플라야 델 카르멘에 코코 봉고 근처와 메가마트 근처, 2개의 지점이 있는데 맛은 메가마트 본점 쪽이 좀 더 맛있고 영업시간도 길다.

Data 메가마트 지점
지도 180p-D 가는 법 대형 슈퍼마켓 메가마트 건너편
주소 Av. Constituyentesesquina 25, Playa del Carmen 전화 984-147-8041 운영 11:00~01:00
요금 타코 45페소, 과카몰리 90페소(세금, 팁 별도)

코코 봉고 지점
지도 180p-E 가는 법 10번가, 코코 봉고에서 도보 1분
주소 10 Av. entre Calle 12 & 14 Gonzalo Guerrero, Playa del Carmen

저렴하고 푸짐한 숯불 치킨
아사데로 엘 포요 Asadero El Pollo

다운타운에서 플라야 익스프레스를 타고 종점인 플라야 델 카르멘 정류장에 내리는 순간 고소한 닭 굽는 냄새가 코를 찌른다. 바로 아사데로 치킨집에서 하루 종일 숯불에 구워 내는 치킨 때문이다. 멕시코 사람들의 치킨 사랑은 하루 종일 치킨으로 식사를 한다고 해도 무방할 정도다.

영계를 숯불에 구워 느끼하지 않고 담백한 치킨에 양파와 절임 채소, 밥을 곁들여 한 끼 식사가 가능한 콤보 세트가 매우 실속 있다. 맥주를 판매하지 않는 것이 가장 아쉽지만, 기억에 남을 만큼 맛있는 치킨이 모든 것을 만족시켜 준다. 플라야 익스프레스(콜렉티보) 버스 터미널 대각선에 위치해 있어 찾기 쉽다. 카드 결제는 불가하다.

Data 지도 181p-J 가는 법 아데오 버스 터미널에서 도보 4분. 플라야 익스프레스 버스 터미널 바로 앞 주소 20 Av. Sur Centro, Playa del Carmen 운영 10:00~18:00 요금 한 마리 150페소, 반 마리 100페소 (밥, 채소, 음료수 포함) 홈페이지 naver.me/FRcj3EDz

베네수엘라 전통음식 아레파를 칸쿤에서 맛보기
카샤파 팩토리 Kaxapa Factory

베네수엘라, 콜롬비아의 전통 음식 아레파Arepa를 맛볼 수 있는 곳으로 인기 여행 정보 사이트 4위에 오른 중저가 식당이다. 전 세계 관광객들의 입맛을 충족시키는 집으로 그 맛은 본토에 뒤지지 않는다. 옥수숫가루를 직접 반죽해 만든 콘 브레드 안에 속을 채운 아레파는 한국에서 만나기 힘든 메뉴이기도 하니 꼭 찾아가서 먹어 볼 것을 추천한다. 카샤파 팩토리에서는 테이블에 자리를 잡으면 서너 가지 주스 샘플을 준다. 맛을 보고 맘에 드는 걸 하나 선택하도록 한다. 주스와 레모네이드는 베네수엘라 전통 방식으로 직접 만들고, 단맛은 사탕수수로 내어 보기만 해도 건강해지는 기분이다.

Data 지도 181p-G
가는 법 코코 봉고에서 도보 3분 주소 Calle 10 Nte. SN Local 7, Centro, Playa del Carmen 전화 984-803-5023
운영 09:00~18:00, 월요일 휴무 요금 아레파 115페소, 가샤카 메차다 215페소, 파타곤 225페소(세금, 팁 별도)
홈페이지 www.kaxapa-factory.com

이스라엘 전통 팔라펠을 맛보자!

팔라펠 네스야 Falafel Nessya

젊은 사람들에게 최고 인기 식당이다. 이스라엘의 전통 음식 팔라펠만 판매하고 있으며, 친절한 이스라엘 부부가 매일 직접 팔라펠을 빚는다. 건강에 좋은 병아리콩을 으깨어 경단 모양으로 만든 팔라펠을 둥그런 피타 빵에 각종 채소와 함께 넉넉히 올려 준다. 가격은 저렴하지만 한 끼로 충분한데 맛있기까지 하다. 무엇보다 우리나라에서 맛보기 힘든 메뉴이니 멕시코 요리를 이미 실컷 먹었다면 색다르게 경험해 보자.

워낙 손님이 많아 대부분 거리를 걸으며 팔라펠을 즐긴다. 소스는 순한 맛과 매콤한 맛을 고를 수 있으나 아무 말 안 하면 기본 요거트 소스를 뿌려 준다. 현금으로만 결제가 가능하지만, 코로나 이후에도 가격을 올리지 않은 유일한 식당이니 소비자 입장에서는 고맙기 그지없다.

Data 지도 181p-H 가는 법 프리다 칼로 뮤지엄에서 도보 2분 주소 Calle 6 Norte entre avenida 10 y 15, Centro, Playa del Carmen 전화 984-135-9050 운영 13:00~23:00 요금 피타 브레드 팔라펠 80페소 홈페이지 falafel-nessya.negocio.site

아사이볼을 맛본 당신은 얼리어답터!!

돈 루카 주스 & 스낵 바 Don Luca Juice & Snack Bar

브라질의 아마존 열대우림에서만 자라는 블루베리와 비슷하게 생긴 베리Berry과 열매인 아사이Acai는 항산화 작용으로 노화 억제와 심혈관계 질환 및 암 예방 효과가 있는 것으로 보고되고 있어 슈퍼푸드로 통한다. 아사이볼Acai Bowl은 브라질의 대중적인 디저트로 자리 잡았는데, 현재는 북미를 중심으로 건강한 한 끼를 대신하는 식사 대용으로 인기가 높다. 아사이볼이 유명한 돈 루카 주스 바는 팔라펠 네스야 옆에 위치해 있어서 팔라펠 식사 후 디저트까지 완벽한 도장 찍기가 가능하다. Peace & Bowl이라는 곳도 아사이볼로 유명한 곳이니 동선에 맞춰 들러보자.

Data 지도 181p-H
가는 법 팔라펠 네스야 옆 위치
주소 Calle 6 Nte entre av.10 y av15, Playa del Carmen
운영 화~토 09:00~21:00, 일요일 휴무, 월요일 16:00까지 영업
요금 아사이볼 150페소, 건강주스 45페소~

전통 마야, 유카탄 전문 음식점
트로피컬 Tropical

간군이 속한 유카탄 지역의 전통 마야 음식 전문점으로, 돌절구에 나오는 몰카테를 맛볼 수 있는 곳이다. 묵직한 돌절구에 가득 구워 나오는 소고기와 구운 채소를 토르티야에 싸먹다 보면 며칠 후 비행기 타고 한국으로 돌아가기 싫어진다. 아침 일찍부터 오픈해서 조식과 주말 브런치도 가능하며, 전통부터 퓨전스타일까지 메뉴도 다양해 골라 먹기 좋지만 역시 몰카테가 가장 맛있다. 게다가 스태프들의 친절한 서비스에 감동받아 팁을 두둑이 주고 싶어 절로 지갑을 열고 싶어질지도. 플라야 델 카르멘의 중심가인 5번가 선상에 있어 찾기 쉽다.

Data 지도 181p-H 가는 법 5번가. 버거킹 근처 주소 Quinta Av. entre Calle 8 & 10, Playa del Carmen 전화 984-873-2111 운영 08:00~23:00 요금 몰카테 417페소, 마야스프 157페소(세금, 팁 별도) 홈페이지 tropical-playa.com

저렴하게 즐기는 생참치 타코
로스 아구아칠레스 Los Aguachiles

해산물 좋아하는 사람들이 열광하는 로스 아구아칠레스는 해산물 요리를 저렴하게 즐길 수 있는 작은 천국이다. 사시미 스타일의 생참치 토스타다(튀긴 토르티야 위에 토핑을 올린 음식)가 시그니처 메뉴. 바삭한 토르티야를 사용해 맛이 남다르다. 직접 만든 특제 소스 3종을 고추 오일과 1:1로 섞어 타코에 찍어 먹으면 탄성이 절로 나온다. 구운 문어 요리는 밥과 스튜가 함께 나와 마치 한식을 먹는 기분이다. 카르멘에만 3곳의 지점이 있으니 가까운 곳으로 방문하면 된다. 최근 울트라마 페리 터미널 근처에도 생겨 접근성이 더욱 좋아졌다.

Data 다운타운 지점
지도 181p-K 가는 법 킨타 알레그리아 쇼핑몰 건너편 위치
주소 Av. Constituyentes Manzana 63-Lote 3, Centro, 77710 Playa del Carmen 전화 984-803-1583 운영 11:00~22:00 요금 생참치 토스타다 149페소, 문어구이(밥, 스프 포함) 385페소(세금, 팁 별도)

현지인과 관광객 모두에게 최고 인기 식당
엘 포곤 El Fogon

플라야 델 카르멘에서 가장 붐비는 식당. 역사가 깊어 동네 사람들은 물론, 관광객까지 문전성시를 이룬다. 이 집은 그릴에 직접 구운 소고기구이인 아라체라 파히타Arrachera Fajita가 가장 유명하다. 함께 나오는 선인장 노팔 볶음과 서양 대파 구이도 역시 일품이다. 빠뜨리면 서운한 정통 멕시코 식당이니 꼭 가보자. 맛있고 저렴한 데다 양도 많다. 본점이 가장 맛있으니 이왕이면 본점으로 가자.

Data 지도 180p-D
가는 법 메가마트 건너편
주소 Avenida Constituyentes, Quintas del Carmen, Playa del Carmen
전화 984-803-0885
운영 월~토 13:00~24:00, 일 24시간 오픈(일요일 정오부터 한시간 브레이크 타임)
요금 아라체라 파히타(선인장 노팔 볶음, 수프 포함) 250페소, 타코 25페소, 마가리타 120페소

플라야 델 카르멘의 인기 오가닉 음식점
100% 내추럴 100% Natural

채식주의자라면 무척 반가울 레스토랑. 매일 기름진 고기를 먹다가 신선하고 상큼한 맛이 절실해진 여행자에게도 적극 추천하는 유기농 음식점이다. 모든 메뉴에 오가닉 재료만을 사용하는 이곳은 건강뿐만 아니라 맛까지 함께 잡아 플라야 델 카르멘의 명소가 되었다. 칸쿤에서 흔한 타코라도 이곳에서는 특별하다. 호밀로 토르티야와 샌드위치 빵을 만들고, 오가닉 채소를 사용해 다른 식당과 차별을 둔다. 주스와 스무디도 큰 잔에 제공해 한 잔만 마셔도 든든해질 정도. 메뉴가 다양해 까다로운 입맛의 여행자도 사로잡는다. 숲속에 있는 듯한 인테리어도 굿.

Data 지도 181p-H
가는 법 5번가, 28 훌리오 파크에서 도보 4분
주소 Quinta Av. 209 Mz 28 Centro, Playa del Carmen
전화 984-873-2242
운영 07:00~22:00
요금 아침 오믈렛 128페소, 프롤롯 172페소, 샌드위치 154페소~건강 주스 79페소
홈페이지 www.100natural.com

천연 지하 종유석 동굴 식당에서 없던 사랑도 샘솟다
알룩스 레스토랑 Alux Restaurant

시내 중심에 이토록 신비롭고 로맨틱한 분위기의 레스토랑이 있을까? 이런 곳은 오직 칸쿤이라서 가능하다. 음식 가격은 조금 비싸지만 천연 종유석 동굴 식당이라면 일부러 찾아갈 만한 가치가 있다고 생각되어 추천한다. 신혼여행지로 유명한 칸쿤에서 로맨틱한 기념사진을 얻을 수 있는 곳이라면 이 또한 즐겁지 않을까.

Data 지도 181p-J
가는 법 라 세이바 파크 근처 위치
주소 Av Benito Juárez Mz 217 Lt2, Ejidal
전화 984-122-7365
운영 18:00~23:00
요금 메인 메뉴 580페소~, 칵테일 180페소~
홈페이지 aluxrestaurant.com

무려 50종류의 정통 이탈리안 화덕 피자와 파스타 맛집
라 파미글리아 La Famiglia

뉴욕식 이탈리안 피자와 파스타 맛을 재현해 플라야 델 카르멘에서 꾸준하게 인기를 이어가는 곳. 재료를 아끼지 않아 푸짐한 양과 뛰어난 맛, 저렴한 가격까지 모든 것이 완벽하다. 친절한 스태프들과 뉴욕 스타일 원목 인테리어의 멋진 분위기까지 어디 하나 흠잡을 데가 없다. 메뉴 한 페이지가 모두 피자일 정도로 메뉴도 다양하다. 토핑 재료를 얹어 화덕에 구운 피자의 맛은 단연 으뜸. 파스타 역시 직접 생면을 뽑아 저렴한 가격으로 제공한다. 곁들여 나오는 올리브유에 절인 다진 고추는 칼칼한 맛이 느끼함을 싹 잡아 준다. 마늘과 고추를 곁들인 매콤한 이탈리안 피자와 파스타가 잃어버린 입맛을 확 살아나게 해준다. 큼직하고 오동통한 새우 칵테일도 추천한다.

Data 지도 181p-H 가는 법 10번가, 28 훌리오 파크에서 도보 2분 주소 10 Av. esquina con Calle 10, Playa del Carmen 전화 984-803-5350 운영 08:00~23:30 요금 새우칵테일 225페소, 피자 180페소~, 파스타 210페소~(팁 별도)

한국식 족발 맛을 내는 리얼 현지인 맛집

카르니타스 메르찬트 Carnitas Merchant

카르니타스는 돼지 다리, 족발, 삼겹, 갈비, 곱창, 껍데기 부위를 한데 넣고 고유의 방식으로 오래 삶아낸 멕시코 전통 요리이다. 그 맛이 흡사 한국의 족발 맛과 비슷해서 한국 여행객들은 일명 족발 타코라고 부른다. 아침 일찍부터 삶아 낸 카르니타스를 로컬 주민들은 마치 모닝커피를 기다리듯 줄을 서서 돼지 한 마리 부위가 나오기를 기다린다. 조리사가 전용 칼로 맛있게 다져주는 해체 쇼도 재밌는 볼거리다. 양도 매우 넉넉하니 2명 기준으로 1/4kg 주문하는 것을 추천한다.

Data 지도 181p-J 가는 법 울트라마 페리 터미널에서 도보 3분
주소 Avenida Benito Juárez Mz.14 Lote7, Centro, Playa del Carmen 전화 999-360-1126
운영 08:00~23:00 요금 1kg 400페소, 1/2kg 200페소, 1/4kg 100페소, 족발 타코 1개 25페소

들어나 봤나 소 특수부위 타코

엘 니로 El Nero

멕시코는 한국처럼 소의 특수 부위를 즐겨 먹는다. 엘 니로는 우설 Lengu부터 볼살Trompa 등 한국에서도 먹기도 힘든 부위를 취급하는데 칸쿤 현지인들이 줄 서서 먹을 정도로 인기가 대단하다. 실내 테이블에서 앉아 주문하면 건물 앞 수레에서 조리한 소 특수 부위로 타코를 만들어 준다. 가격 역시 너무나 저렴하니 부담 없이 즐길 수 있다. 볼살은 마블링이 많아 기름진 편이고 우설이 담백해 우리 입에 좀 더 맞으니 참고하자.

Data 지도 181p-J 가는 법 플라자 파파가요스 Plaza Papagayos 건물에 위치 주소 Av Benito Juárez LB, Playa del Carmen 운영 16:00~01:00 요금 우설, 볼살 타코 19페소, 곱창 타코 25페소

헤밍웨이가 사랑했던 모히토
라 보데기타 La Bodeguita del Medio

미국인이지만 쿠바를 너무나도 사랑했던 대문호 어니스트 헤밍웨이가 모히토를 하루에 8잔씩 마셨다는 라 보데기타의 분점이다. 쿠바 본점의 맛과 분위기를 그대로 가져와 인기 역시 본점에 버금갈 정도. 저녁과 주말이면 넓은 실내에 발 디딜 틈이 없이 사람들로 가득하다.

너도나도 모히토를 한 잔씩 주문해서 맛을 보니, 제일 먼저 모히토 주문을 잊으면 안 된다. 음식 맛없기로 유명한 쿠바 본점보다 음식 맛도 훨씬 좋으니 식사를 해도 좋다. 다만 살짝 비싼 가격을 감수해야 한다. 주말 밤에는 뛰어난 뮤지션들의 쿠바 음악도 무료로 감상할 수 있으니 서둘러 방문하자.

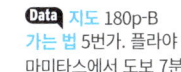
Data 지도 180p-B
가는 법 5번가. 플라야 마미타스에서 도보 7분
주소 Quinta Av. esquina con Calle 34, Playa del Carmen
전화 984-803-3951
운영 13:30~01:00
요금 모히토 125페소
(세금, 팁 별도)

 칸쿤에서 즐기는 열대과일 젤라토
알도스 Aldo's

군것질이 당기는 날, 무더운 칸쿤에서 시원하고 달콤한 아이스크림을 먹고 싶다면 멕시코 로컬 브랜드인 알도스를 찾자. 천연재료를 사용해 열대과일의 맛을 그대로 살린 과일 스무디와 우유를 듬뿍 넣은 바닐라, 진한 초콜릿의 맛이 가득한 초코아이스크림까지 종류가 다양하다. 샘플을 맛볼 수 있으니 무엇을 먹을까 미리 고민할 필요도 없다. 5번가에만 7개의 매장이 있으니 일부러 찾을 필요 없이 거리를 걷다 보면 자주 눈에 보인다.

Data **Calle 14 지점**
지도 180p-E
가는 법 5번가, 코코 봉고에서 도보 4분
주소 Quinta Av. esquina con Calle 14 Nte Bis, Playa del Carmen 전화 984-261-5232
운영 09:00~24:00
요금 젤라토 싱글 95페소, 더블 125페소 홈페이지 www.aldosgelato.com

Calle 4 지점
지도 181p-H
가는 법 5번가, 아데오 버스 터미널에서 도보 2분
주소 Quinta Av. esquina con Calle 4, Playa del Carmen
전화 984-261-5232

플라야 델 카르멘의 명소 초콜릿 카페

아 카카오 Ah Cacao

식사 후 입안을 달콤하게 만들어 줄 아 카카오 초콜릿 카페는 플라야 델 카르멘에서 빼놓을 수 없는 명소다. 아 카카오의 초콜릿과 커피는 고집스러울 정도로 멕시코산 카카오와 커피만을 고집해 멕시코 고유의 맛을 잘 보여 준다. 달콤한 초콜릿케이크는 시그니처 메뉴이니 꼭 맛보자. 그 외에도 치즈 케이크를 비롯한 빵 종류와 핫 초콜릿 등 다양한 음료 메뉴를 판매한다. 5번가에 4개 지점이 있으니 편한 곳으로 가자.

Data Calle 30 지점
지도 180p-B
가는 법 5번가, 알미란테 페쉬 맞은편 주소 Quinta Av. por Calle 30, Playa del Carmen
운영 07:15~23:30
요금 다크 핫 초콜릿 72페소, 라테 70페소, 초콜릿무스 케이크 59페소

Av. Constituyentes 지점
지도 180p-E 가는 법 메가마트에서 도보 6분 주소 Quinta Av. por Av. Constituyentes, Playa del Carmen

맛있는 커피와 정통 프랑스식 크루아상

카페 앙투아네트 페리 Cafe Antoinette Ferry

이른 아침 빈속으로 달려온 여행자들에게 단비와 같은 카페다. 칸쿤에서 프랑스식 커피와 페이스트리 빵을 즐기기에 가장 좋은 곳으로, 관광지에서 맛보는 빵과 커피치고는 수준급. 레스토랑에서 메인 요리를 즐기기 부담스러운 여행자들에게도 매력적인 카페다. 이른 아침 갓 구워낸 크루아상과 머핀의 향기를 맡으며 마시는 칸쿤에서의 커피는 잊을 수 없는 추억이다. 페리 지점의 폭발적인 인기로 플라야 델 카르멘에 2개의 분점이, 칸쿤 다운타운에 지점이 생겼다.

Data 지도 181p-K 가는 법 울트라마 페리 터미널 입구 주소 Av. Benito Juárez, Muelle del Ferry a Cozumel, Playa del Carmen 전화 984-803-2373 운영 07:00~21:00 요금 커피(M) 47페소, 라테 60페소, 크루아상 45페소, 식사 샌드위치 173페소 홈페이지 www.cafe-antoinette.com

고급스러운 아르헨티나식 소고기 뷔페
보비노스 Bovinos Steakhouse

아르헨티나식 소고기를 무한 리필로 마음껏 먹을 수 있는 곳. 화려한 궁궐 같은 외관에 비해 부담 없는 가격으로 샐러드 바까지 즐길 수 있다. 기념일이나 생일을 미리 얘기해 두면 케이크와 흥겨운 축가를 서비스로 제공하니 기억해 두자. 누구나 기분 좋고 유쾌한 식사를 할 수 있는 곳. 고기 뷔페는 저렴한 편이지만 해산물 추가 코스를 더하면 1인 1,490페소로 비용이 오른다. 한국에서는 맛보기 힘드니 그냥 가면 손해.

Data 지도 180p-E 가는 법 칼레 코라 존 쇼핑몰에서 도보 1분 주소 Av. 10, Calle 12 Nte con, 77710 Playa del Carmen 전화 998-478-4807 운영 13:00~01:00 요금 고기 뷔페 1인 670페소 (음료, 세금, 팁 별도) 홈페이지 bovinos.restaurant

플라야 델 카르멘 해산물의 끝판왕
엘 오아시스 시푸드 El Oasis Seafood

카르멘 지역에서 가장 인기 많은 해산물 전문식당이다. 관광객은 물론 해산물을 좋아하는 현지인들로 늘 붐비는 곳이다. 특히나 한국 사람들 입맛에 잘 맞는 해물 파에야로 밥 요리를, 해산물 수프인 카주엘라 마리스코스 Cazuela de Mariscos로 시원한 국물 요리를 즐길 수 있다. 라임과 핫소스를 듬뿍 뿌려 수프를 한 스푼 먹으면 입속이 천국이 된다. 야들야들한 한치 튀김인 칼라마리도 인기 메뉴이니 꼭 주문하자.

Data 지도 181p-J 가는 법 월마트에서 도보 3분 주소 50 Av. Nte. esq, Calle 22 Nte Mza. 7-Lote 1, Ejido 전화 984-803-2676 운영 11:00~22:00 요금 칼라마리 180페소, 해산물 수프 S/240, L/280페소

일본인 부부가 매일 끓여내는 따뜻한 라멘 한 그릇
사쿠라 라멘 Sakura Ramen

열악한 원재료 공급으로 동양식 음식 맛있기가 어려운 칸쿤에서 MZ세대 여행객들이 열광하는 식당 No.1은 바로 사쿠라 라멘이다. 진한 돼지 뼈 육수의 돈코츠 라멘 한 그릇으로 여독을 말끔히 날려버릴 힘이 가득 담긴 이 식당은 일본인 부부가 매일 정성스럽게 모든 음식을 직접 만든다. 수제만두와 디저트 두부 푸딩도 잊지 말자.

Data 지도 181p-G 가는 법 프리다 칼로 뮤지엄에서 도보 4분 주소 calle 8 entre avenida20 y avenida 25 운영 14:00~21:30, 화·수요일 휴무 요금 돈코츠 라멘 175페소, 매운 미소라멘 195페소, 두부푸딩 80페소

THEME

플라야 델 카르멘의 특별한 간식 맛집

플라야 델 카르멘에는 꼭 먹어 봐야 하는 특별한 간식들이 있다. 여행 중 출출한 시간이 될 때 들러 보자. 세금이나 테이블 팁 걱정하지 않아도 되고, 가격은 저렴하지만 맛은 출중한 간식 맛집을 소개한다. 현지인들에게도 유명하고, 여행자들에게는 더욱 고마운 맛집이다.

정통 아르헨티나식 소시지 핫도그 초리판
엘 초리판 El Choripan

소시지 이름인 '초리조chorizo'와 빵을 뜻하는 '판pan'을 합친 이름으로 아르헨티나의 대표적인 길거리 음식인 초리판을 플라야 델 카르멘 거리에서 맛볼 수 있다. 그 인기도 어찌나 핫한지 엘 초리판의 탄생 이후 같은 길에 비슷한 초리판 가게가 3개나 늘어났을 정도. 느끼함을 잡아주는 지미추리(허브와 식초, 오일을 섞은 아르헨티나의 대표적인 고기 곁들임 소스)소스를 듬뿍 발라서 먹는 초리판의 맛을 모르고 돌아오면 억울하지 않을까. 마미타스 해변 근처에 분점도 새로 생겼다고 하니 가까운 곳으로 방문해 보자.

Data 지도 181p-H 가는 법 코코봉고 다음 블록 위치
주소 10 Avenida Nte. 10, Gonzalo Guerrero
전화 984-593-7530 운영 매일 12:00~24:00
요금 초리판 핫도그 90페소

맛있는 제육 바게트샌드위치
베리베리 굿 바게트 Very Very Good Baguette

샌드위치가 거기서 거기일 거라는 편견을 깨는 베리베리 굿 바게트는 맛과 양, 가격 모두를 잡은 인기 업장이다. 겉바속촉으로 구운 바게트에 고소하면서도 고급스러운 버터 향 가득한 고기와 매콤한 칠리소스, 그리고 아삭한 채소를 듬뿍 넣어주는데 그 맛이 어찌나 환상적인지 설명이 어려울 정도. 현지인들에게는 돼지고기가 제일 인기 있고, 소고기와 새우도 있으니 취향에 따라 속을 선택해도 좋다.

Data 지도 181p-H 가는 법 프리다 칼로 뮤지엄에서 도보 1분 거리
주소 10 Avenida Norte entre 6 y 8, Centro
운영 10:00~23:30, 일요일 15:00 오픈
요금 Pastor(제육)바게트 70페소, 비프 80페소, 새우 90페소

풍부한 불향의 고기 가득, 토르타스 샌드위치
타코스 엘 티오노이 Tacos el Tio Noy

타코집이지만 동네 현지 직장인들과 젊은 여행자들의 입맛을 사로잡은 토르타스Tortas 샌드위치 맛집. 저렴한 가격에 고기와 치즈를 넉넉하게 넣어주니 주머니가 가벼운 젊은이들이 열광한다. 제육 양념 맛을 내는 돼지Pastor와 필리 치즈 스테이크 맛을 연상케 하는 치즈비프 토르타스 둘 중 하나 선택하면 실패할 일이 없다. 최근 신메뉴로 내놓은 직접 빚은 먹물 토르티야 타코도 인기.

Data 지도 181p-H 가는 법 프리다 칼로 뮤지엄에서 도보 1분 거리 주소 10 avenida norte, Calle 4 Nte esquina, Centro 운영 매일 12:30~23:30 요금 샌드위치Tortas 소고기 90페소, 돼지고기 80페소, 먹물 타코 한 개 30~45페소

현지인들의 진정한 줄이란 이런 것
엘 콤파 El Compa

메가마트 주차장 앞에는 현지인들의 푸드 트럭들이 줄지어 있는데, 그중 가장 인기 있는 곳은 엘 콤파 트럭이다. 치즈가 흘러내리는 속이 가득한 토르타스가 특히 맛있다. 무엇을 주문해도 사이드로 콘소메라는 수프를 내어주는데, 이 수프를 먹기 위해 줄을 서서 기다릴 정도. 이 유명한 수프는 그냥 먹어도 좋고, 타코를 찍어 먹어도 맛있다.

Data 지도 180p-D 가는 법 메가마트 출구 쪽 타코 트럭 중 간판 보고 찾아가야 함. 주소 14nrte bis y 25, entre 30 Avenida Norte, Gonzalo Guerrero 운영 07:00~21:30 요금 치즈 토르타스 45페소

이보다 더 저렴한 피자는 없다!
피자 렌조 Pizza Renzo

여행객들이 가장 빠르고 간편하게, 그리고 저렴하게 한 끼 해결할 수 있는 피자 렌조는 제법 오랜 시간 한자리를 지키고 있는 카르멘의 터줏대감이다. 비싼 부지에서 저렴하게 피자를 제공하니 그저 고마울 따름. 가격에 비해 맛도 평균을 유지하니 실패 확률 제로. 인기가 많아 업타운과 다운타운에 지점이 있고, 10노르테 지점에 사람들이 더 많으니 참고하자.

Data 지도 181p-H 가는 법 프리다 칼로 뮤지엄 근처 주소 다운타운 지점 Avenida 10 Norte, entre calles 6 y 8, Mza. 5 Lte. 1,3,7, Centro 업타운 지점 Avenida 10 Norte, entre calles 6 y 8, Mza. 5 Lte. 1,3,7, Centro 운영 10:00~01:00 요금 피자 한 조각 25페소~

독일인이 선보이는 정통 독일 맥주와 가정식
매니스 비어가르텐 Manne's Biergarten

플라야 델 카르멘에 거주하는 유럽인들이 정통 독일식 맥주와 분위기를 즐기기 위해 자주 모이는 곳이다. 맥주에 어울리는 독일 가정식을 직접 요리해 내는 레스토랑으로 호기심에 방문하는 뜨내기들보다 골수 단골들의 아지트다. 제철 재료를 사용해 만들기 때문에 계절별로 메뉴 구성이 달라지며, 정성스럽게 만들어서 따뜻함을 그대로 느낄 수 있다.

Data 지도 181p-H
가는 법 울트라마 페리 터미널에서 도보 3분
주소 Calle 4 S/N, Centro, Playa del Carmen 전화 998-142-3592
운영 16:00~24:30
요금 일요일 특별식 독일식 프라임 립스테이크 450페소, 독일식 족발 요리 1인분 250페소,
독일 병맥주 65페소~140페소

현지인들이 줄 서서 먹는 곱창 타코 No.1
타퀘리아 고메즈 Taqueria Gomez

타코의 다양한 고기 종류 중 소 곱창이 대표메뉴. 입소문이 자자해 매일 현지인들이 줄 서서 먹는 인기 타코집이다. 곱창 요리 중에는 부드럽고 담백한 맛의 삶은 곱창 뜨리빠Tripa Suave와 바삭하고 고소한 맛의 구운 곱창Tripa Dorada를 기억하고 꼭 주문하자. 뜨리빠 타코는 오직 고메즈에만 있다.

Data 지도 181p-H 가는 법 툴룸 행 콜렉티보 정류장 근처
주소 Calle2Nte,15&20 Ave 사이 위치 운영 17:00~02:00
요금 타코 22페소

잃어버린 입맛 찾기에 최고인 미국식 중국요리
웍25 Wok25

해외여행을 하며 입맛 없을 때 가장 회복에 좋은 음식 중 하나는 바로 중국요리. 불에 볶아낸 국수와 볶음밥을 한 입 넣는 순간 여행의 피로가 싹 풀린다. 현지 직장인들의 점심과 저녁을 책임지는 웍25는 실패 확률 제로의 인기 있는 중국음식점. 남쪽 도보 5분 거리에 차이나 팰리스가 있으니 취향에 맞게 선택해 보자.

Data 지도 181p-G 가는 법 플라야 델 카르멘 시청 근처 위치
주소 calle 8 entre avenida20 y avenida 25 전화 984-255-2626
운영 12:00~22:00, 월요일 휴무 요금 데리야키 치킨+볶음밥 185페소,
볶음국수 135페소~

 플라야 델 카르멘의 중심부
킨타 알레그리아 Quinta Alegria

플라야 델 카르멘의 심장부에 위치한 현지인들의 대표적인 만남의 장소이자 중형 사이즈의 쇼핑몰이다. 포에버21Forever21, 아메리칸 이글AMERICAN EAGLE, 알도Aldo, 리바이스Levis, 컬럼비아Columbia, 선글라스 헛Sunglass Hut, 울트라펨Ultrafemme, 록시땅L'OCCITANE 등 30여 개의 브랜드가 입점해 있나. 속옷부디 의류, 아웃도어, 수영복, 향수, 신발까지 한 건물 내에서 토털 쇼핑을 즐길 수 있다. 넓은 광장과 푸른 식물이 가득한 대형 실내 정원 인테리어도 장관이라 사진 촬영하러 들러도 좋다.

Data 지도 180p-E 가는 법 5번가 중앙. Av.Constituyentes 바로 앞
주소 Quinta Av. esquina con Av. Constituyentes, Playa del Carmen 전화 984-803-2358
운영 09:00~21:00 홈페이지 quintaalegriashoppingmall.com

 멕시코 속 작은 미국 쇼핑몰
칼레 코라존 Calle Corazon

최신식의 주상복합형 현대식 건출물로 유명 부티크 호텔인 톰슨Thomson이 함께 입점해 있고, 세포라Sephora, H&M, 빅토리아 시크릿Victoria's Secret과 같은 미국 유명 브랜드가 있다. 디자인이나 제품 자체가 한국에서 구입하기 어려운 레어 아이템들이 많다. 유명 스테이크 하우스 체인점인 해리스Harry's도 멋진 인테리어와 함께 입점해 있어 먹거리 걱정도 없으니, 그야말로 작은 미국을 재현한 신식 쇼핑몰이다.

Data 지도 180p-E 가는 법 코코 봉고에서 도보 1분 주소 5ta Avenida s/n Entre Calles 12 y 14, Centro, Gonzalo Guerrero, Playa del Carmen 전화 984-206-4900 운영 11:00~23:00
홈페이지 www.callecorazon.com

운동화, 아쿠아슈즈의 모든 것
마르티 킨타 알레그리아 Marti Quinta Allegria

놀랍다는 표현이 딱 어울리는 신발 전문점 마르티는 나이키, 아디다스, 크록스 등 귀에 익숙한 유명 브랜드는 물론이고 칸쿤의 물놀이에 어울리는 다양한 아쿠아슈즈를 구비하고 있다.
운동화는 한국보다 최대 3분의 1가량 저렴한 가격이며, 프로모션 덕분에 하나를 구입하면 두 번째 구입하는 물건을 반액 이상 할인해 주니, 신발 두 켤레 구입하면 오리지널 가격에서 30~50% 이상 할인받는 셈이다. 게다가 당일 사용 가능한 쿠폰이 연신 제공되는 탓에 한 번 들르면 양손이 무거워진다. 갑작스럽게 물놀이가 많은 칸쿤에서 질 좋은 아쿠아슈즈와 슬리퍼를 구입하기에 가장 좋은 매장이다.

Data 지도 180p-E 가는 법 킨타 알레그리아 쇼핑몰 내 위치 주소 C31-C34 Quinta Alegría Shopping Mall, Quinta Avenida Mz 34-Lt 1-2 전화 55-8751-4305 운영 11:00~21:00 요금 운동화 1,500페소~, 아쿠아슈즈 800페소~, 수영복 1,000페소~ 홈페이지 www.marti.mx

 캐리비안 슬리퍼
하바이아나스 Havaianas

세계적으로 유명한 브라질의 쪼리 브랜드 하바이아나스다. 국내에서도 대중적으로 인기를 얻고 있는데, 다양한 디자인은 물론이고 가격대 또한 저렴하니 칸쿤에서 물놀이하기 전 하나쯤 구입하면 좋다. 남미 브랜드이다 보니 한국이나 미국에서 구입하는 것보다, 멕시코에서 구입하는 것이 더욱 저렴하고 디자인도 다양하다. 칸쿤의 고운 모래사장 위를 거닐기 위해 하바이아나스 슬리퍼는 선택이 아니라 필수품이다.

Data 지도 180p-B 가는 법 그랜드 하얏트 리조트 건너편 주소 Quinta Avenida, Gonzalo Guerrero 전화 984-803-3789 운영 07:00~23:00 요금 슬리퍼 20~30달러 홈페이지 havaianas.com.mx

숨겨진 대형 쇼핑타운
파세오 델 카르멘 Paseo del Carmen

5번가가 시작되는 부근에 자리한 파세오 델 카르멘은 자라Zara, 아메리칸 어패럴American Apparel, 디젤Diesel, 아르마니 익스체인지AIX Armani Exchange, 울트라펨Ultrafemme, 할리데이비슨Harley Davidson 등의 유명 브랜드가 입점해 있는 쇼핑 단지다. 전투적인 쇼핑을 마쳤다면 스타벅스 커피와 하겐다즈 아이스크림으로 휴식을 취해 보자. 입구의 작은 광장에서는 지역 예능인들이 수시로 공연과 마술쇼를 펼친다.

Data 지도 181p-K 가는 법 아데오 버스 터미널에서 5번가 초입까지 도보 3분 주소 Int.1 10 Av. Sur 8, Playa del Carmen 전화 984-803-3789 운영 07:00~23:00

세련된 수영복의 모든 것
징가라 ZINGARA

정열의 나라 스페인에서 탄생한 30년 전통의 고급 수영복 전문 브랜드다. 화려하고 디테일한 패턴과 세련된 디자인, 고급스런 색감이 특징인 징가라의 비치웨어는 한국에서 찾기 힘든 스타일일뿐더러, 품질이 좋아 구입하면 이득이다. 한국에서 볼 수 있는 수입 브랜드 수영복 가격의 3분의 1 정도밖에 되지 않으니 놓치지 말자. 비치가운, 비치 드레스, 모자 등 다양한 비치 용품도 구입 가능하다. 카르멘 지역 내에 3개의 매장이 있고, 파세오 델 카르멘, 킨타 알레그리아 대형 몰에 입점해 있다. 호텔 존의 라 이슬라 쇼핑몰, 다운타운의 플라자 라스 아메리카, 라스 플라자 아웃렛에도 입점돼 있다.

Data 지도 181p-K 가는 법 패신저 페리 터미널 근처 파세오 델 카르멘 내 위치 주소 MZA 8 Local 58 A Paseo del Carmen, Playa del Carmen 전화 984-803-9300 운영 09:00~22:00 요금 비키니 수영복 90달러~, 모자 50달러~ 홈페이지 zingarastore.com/home_en/

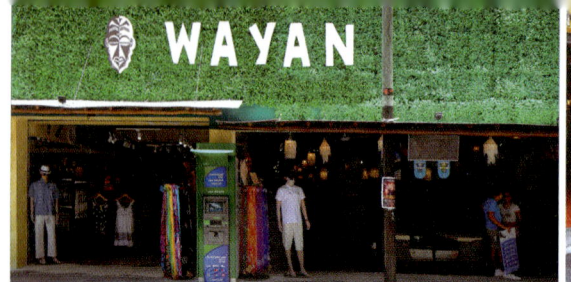

마야 의상 쇼핑하고 닥터피쉬 마사지 받고
와얀 내추럴 웨어 Wayan Natural Wear

멕시코와 마야 색깔이 짙은 이국적인 디자인의 와얀 내추럴 웨어에서는 쇼핑을 한 뒤 닥터피쉬 발 마사지를 받을 수 있어 무척 독특하다. 닥터피쉬는 외국인들이 특히 좋아한다. 칸쿤에 어울리는 마야풍의 슬립 원피스와 스카프가 가장 인기 있는 아이템이며, 평소에도 입을 수 있어 실용적이다. 푼다도레 파크 근처에도 하나 더, 호텔 존, 다운타운에도 여러 군데 입점해 있으니 가까운 곳으로 가서 쇼핑하면 된다.

Data 지도 180p-E
가는 법 5번가, 킨타 알레그리아 맞은편
주소 Quinta Av. MZA 260 LTE 14 Local A, B, Playa del Carmen
전화 984-803-1110
운영 09:00~23:00
요금 닥터피쉬 발 마사지 (2인 15분)20달러, 원피스 60달러~

멕시코 원주민이 만든 수공예품
후이촐 랜드 Huichol land

멕시코 서부 시에라마드레산맥(Sierra Madre Mts.)의 소수 종족인 후이촐은 험준한 지형 탓에 종족의 고유성이 잘 보존되어 왔으며, 대부분 자급자족으로 생활하고 있다. 남자는 전통적으로 밝은색으로 수놓은 면 셔츠에 가죽 샌들을 신으며, 여자는 다양한 색의 블라우스와 치마를 입고 눈에 띄는 목걸이를 한다. 70여 가구 후이촐 원주민들이 직접 만든 수공예품을 판매하는 후이촐 랜드는 전 세계 수집가들이 방문한다. 예술작품으로 가격이 높은 편이나, 구경만 해도 여행의 가치가 충분하다.

Data 지도 180p-B
가는 법 체다라위 마트에서 도보5분
주소 Local 18 Calle Quinta Avenida S/N, calle 40 y la calle 38
전화 322-260-1506
운영 09:00~22:00
요금 작은 것 100달러~평균 1000달러 이상
홈페이지 tierrahuichol.com

카르멘 중심부에 있는 최신식 대형마트
체드라위 셀렉토 Selecto Súper Chedraui

카르멘 중앙 거리, 그야말로 황금 노른자 자리에 대형 슈퍼체인 체드라위가 최신식 인테리어와 깔끔한 제품으로 무장해 2022년 10월에 오픈했다. 근처 수많은 리조트와 호텔 투숙객이나 바닷가에 온 관광객 모두가 의류나 신발, 화장품, 선물용 테킬라까지 이곳에서 모든 것을 구입한다. 한국식 양념 종류는 있으나 아직 라면은 없다.

Data 지도 180p-B 가는 법 칼레 코라 존에서 도보 3분
주소 10th Avenida, Btwn 34&38Nte 운영 07:00~23:00
홈페이지 chedraui.com.mx/folleto/selecto-chedraui-playa-del-carmen

식료품, 화장품, 기념품 쇼핑을 한방에!
메가마트 Mega Mart

로컬 사람들이 많이 애용하는 대형 슈퍼마켓이며, 미국식 시스템과 진열 방식이라 쇼핑에 편리하다. 로레알, 메이블린, 니베아, 뉴트로지나 등 중가의 슈퍼용 화장품을 가장 저렴하게 구입할 수 있다. 특히 로레알 에센스, 뉴트로지나 스킨로션이 가격 대비 좋은 품질로 인기가 높다. 레블론의 CC크림은 한국에서 구입하기 어려운 최고 인기 제품이니 놓치지 말자. 미국 영양제 숍 GNC가 입점해 있어서 질 좋은 멀티비타민을 저렴하게 구입할 수 있다. 귀국 선물용으로 강추!

Data 지도 180p-D
가는 법 30번가, 킨타 알레그리아에서 도보 3분
주소 Av. Constituyentes esquina con Av.30, Playa del Carmen 전화 984-803-2725
운영 08:00~22:00

간단한 전기제품 구입에는
월마트 Walmart

다운타운의 매장과 비교하면 플라야 델 카르멘의 월마트는 전자제품 관련 쇼핑을 하기에 좋다. 한국에서 휴대용 전기 변압기를 준비해 오지 못했거나, 갑자기 카메라가 고장나 새로 사야 한다면 이곳을 찾자. 무엇보다 한국 라면 구입이 가능한 유일한 대형 마트이니 참고하자.

Data 지도 181p-G 가는 법 메가마트에서 도보 5분
주소 30 Av. S/N Mz 40 Lote 001-1, Playa del Carmen
전화 800-710-6352 운영 11:00~20:00
홈페이지 www.walmartmexico.com/

쿠바 스타일의 시가
시가 팩토리 Cigar Factory

쿠바와 가까운 도미니카공화국과 멕시코 유카탄반도에서는 쿠바 다음으로 쳐주는 훌륭한 시가를 생산해 낸다. 시가 팩토리에서는 담뱃잎을 수작업으로 정성스레 말아 전용 저장고에 보관했다가, 최적의 시기에 꺼내어 판매한다. 시가는 선물용으로 부피가 작으며, 한국보다 3분의 1 이상 저렴하게 구입할 수 있어 놓치면 아쉽다. 쿠바에서 만든 시가도 구입할 수 있으며, 5번가 선상에 두 개의 지점이 있다.

Data **3rd Ave 지점**
지도 181p-E
가는 법 울트라마 페리 근처
주소 3ra Av. Sur MZA 2 Local 107, Centro, 77710 Playa del Carmen
운영 09:00~22:00
요금 시가 한 개당 7~30달러

16st 지점
지도 181p-K
가는 법 5번가, 킨타 알레그리아와 같은 블록
주소 Quinta Av. entre Av. Constituyentes & Calle 16, Playa del Carmen

 멕시코 특산품 실버 액세서리
아르테 탁스코 Arte Taxco

세계 제일의 은 생산국 멕시코에서 은 제품은 최고의 품질을 자랑하는 대표 특산품이다. 은이 많다 보니 제품 종류도 다양하고 예쁜 데다 저렴하기까지 하다. 멕시코 특유의 디자인을 입힌 반지, 목걸이, 팔찌는 특히 인기가 좋다. 다양한 종류의 디자인은 어떤 것을 골라야 할지 행복한 고민에 빠지게 한다. 부피가 작아 선물용으로 인기가 많다. 매일 은silver 시세에 따라 가격 변동이 있다. 최근 플라야카 쇼핑몰로 이전해 조금 멀어진 것이 아쉽다.

Data 지도 181p-K
가는 법 페리 터미널에서 남쪽으로 자동차 5분 거리 플라야카 쇼핑몰 위치
주소 Mza 25, Plaza Playacar Center, P.º Xaman - Ha, Fracc. Playacar, Playacar, 77710 Playa del Carmen
운영 10:00~19:00, 일요일 휴무
홈페이지 www.artetaxco.com

SLEEP

All Inclusive

활동적인 신혼부부들에게 인기 최고!

스칼렛 아르떼 호텔 Xcaret Arte Hotel

그냥 인클루시브 호텔도 좋은데 심지어 액티비티와 투어까지 숙박 내내 무한 이용이 가능한 호텔이 있다면 얼마나 좋을까? 스칼렛 호텔은 액티비티의 꽃이자 가장 비싼 입장료로 유명한 스칼렛과 셀하, 스플로어, 소치밀코, 치첸이트사, 그리고 4가지 액티비티를 구성한 세노테 투어까지 숙박 내내 무한 이용이 가능하다.

칸쿤 공항에서 30분 간격으로 왕복 무료 공항 셔틀도 운행해 완전무결이라 할 수 있다. 리조트 자체도 넉넉히 지어 무려 900개의 객실을 소유하고 있다. 15개의 야외 수영장과 10개의 레스토랑과 바가 있어, 먹고 마시고 노는 시간이 부족할 지경이라 행복한 투정이 절로 나온다. 밤늦게까지 놀이 동산까지 왕복 셔틀이 운행해 늦은 시간에도 액티비티가 가능하다.

Data 지도 181p-K 가는 법 플라야 델 카르멘 중심지에서 자동차 18분. 칸쿤 공항에서 자동차 55분 주소 Carretera Federal Chetumal-Puerto Juárez Kilómetro 282 Lt 023 2, Solidaridad, Playa del Carmen 전화 984-257-7200 운영 체크인 15:00, 체크아웃 12:00 요금 비수기 기준 스탠더드룸 1박 1인 550달러~(세금 별도, 스칼렛 그룹 액티비티 무료 이용권 포함) 홈페이지 www.hotelxcaret.com

`All Inclusive`

 명불허전의 No.1 올 인클루시브 리조트

그랜드 벨라스 리비에라 마야 GRAND VELAS RIVIERA MAYA

거대한 부지와 정글을 연상케 하는 친환경 콘셉트의 건물, 나무랄 데 없이 고급스런 시설, 서비스와 훌륭한 음식까지 완벽에 가까운 리조트를 경험할 수 있다. 압도적으로 거대한 입구에 들어서면 최고의 리조트에 입장한다는 기분이 든다. 드높은 로비의 천정과 완벽한 실내 인테리어는 물론이며, 커다란 욕조와 고급 어메니티, 그리고 수시로 물품을 교체해 주는 서비스는 다른 어느 리조트와도 비교되지 않을 만큼 고급스럽다.

플라야 델 카르멘 중심지가 아니라서 관광을 하려면 리조트의 무료 셔틀을 이용해야 하지만, 리조트 안이 완벽해 밖으로 나가기 싫을 정도. 그랜드 벨라스의 바다는 호텔 존의 에메랄드빛 비치와는 달리 바닷물이 불투명하고 좋지 않아 바다 수영을 많이 하지 않는다. 하지만 리조트에 3개의 수영장 시설이 되어 있어 아쉬움을 달랠 수 있다. 한편 그랜드 벨라스 내의 8개의 모든 식당은 하나같이 모두 훌륭한데, 특히 프렌치 레스토랑 피아프Fiaf와 유명 셰프가 상주하는 멕시칸 레스토랑 프리다Frida는 올 인클루시브의 명성을 뛰어넘는 수준이다. 체크인 시간 이전에는 입실이 불가하니 일찍 도착한 경우에는 짐을 미리 맡기고 리조트 내 서비스를 이용하자.

Data 지도 180p-A 가는 법 공항에서 셔틀버스 또는 택시로 45분 주소 Carretera Cancun Tulum Km 62, Playa del Carmen 전화 877-418-2963 운영 체크인 15:00, 체크아웃 12:00
요금 정원 뷰 젠 스탠더드룸 1인 600달러~(세금 별도) 홈페이지 rivieramaya.grandvelas.com/

때 묻지 않은 야생 정글 분위기
반얀트리 마야코바 BANYAN TREE MAYAKOBA

플라야 델 카르멘의 잘 알려지지 않은 고급 리조트 중 하나로, 마야코바 정글 속에 지어진 호화 리조트다. 입구에서 보안 검사를 마친 후에도 한참을 차로 들어가야 그 모습을 볼 수 있는 리조트는 워낙 부지가 넓다 보니 로비에서 바다까지는 배로 이동하며, 빌라 형태의 객실까지는 골프 카트로 이동한다. 빌라에는 개인 전용 수영장이 있어 객실 밖으로 나가지 않고 종일 수영과 선탠을 즐길 수 있다. 각 객실마다 독립성이 보장되는 점도 장점이다.

정글 숲이다 보니 밤늦게까지 구경하기는 어렵지만 누구의 방해도 없이 둘만의 오붓한 시간을 보내기에 최고의 리조트다. 또한 보트를 타고 강으로 연결된 마야고미의 정글 사이를 누빌 수 있는데 운이 좋으면 악어도 볼 수 있어 신선한 낭만을 꿈꾸는 신혼 여행객에게 매력적인 리조트다. 부대시설로 골프장과 갤러리, 개인 요가 프로그램 등이 있으며 3박 이상 숙박하면 90분의 마사지가 제공된다. 진정한 럭셔리가 무엇인지 제대로 보여주는 리조트인 만큼, 평생 단 한 번의 특별함을 원한다면 리스트 1위에 올려놓아도 후회 없는 곳이다.

Data 지도 180p-A 가는 법 공항에서 셔틀버스 또는 택시로 45분 주소 Carretera Federal Chetumal-Puerto Juárez Km 298, Playa del Carmen 전화 984-877-3688 운영 체크인 15:00, 체크아웃 12:00 요금 스탠더드룸 600달러~ (세금 별도) 홈페이지 naver.me/F6b2Gkee

 모던한 분위기를 선호하는 신혼부부들에게 최고 인기 호텔
비 플라야 호텔 Be Playa Hotel

플라야 델 카르멘 지역에서 가장 모던하고 한국 사람들 취향에 맞는 호텔이다. 올 인클루시브 리조트의 요금이 부담스럽고 플라야 델 카르멘 지역을 관광하고자 하는 젊은 취향의 관광객들에게 딱 좋은 분위기다. 객실은 넓은 실내와 개인 욕조가 구비된 세미 스위트룸, 여기에 테라스와 해먹까지 딸린 마스터 스위트룸 등이 마련되어 있다. 옥상 바 라운지에서는 카르멘 전경이 보이는 아름다운 오션뷰와 함께 수영장 안에서 테이블에 앉아 음료를 즐길 수 있는 특별한 즐거움을 만끽할 수 있다. 투숙객에게 자전거 무료 대여, 1층의 일식 레스토랑 할인 혜택을 제공한다. 거기에 체크아웃 시간이 오후 1시인 점은 비 플라야 호텔만의 소소한 강점. 깔끔하고 정갈한 분위기와 친절한 서비스, 그리고 그에 어울리는 합리적인 가격까지 무엇 하나 흠잡기 어렵다.

Data 지도 180p-B
가는 법 10번가, 마리오 비야누에바 경기장에서 도보 5분
주소 10 Av. esquina con Calle 26, Playa del Carmen
전화 984-803-2243
운영 체크인 15:00, 체크아웃 13:00
요금 비수기 스탠더드룸 100달러~(세금, 조식 별도)
홈페이지 www.beplaya.com

 카르멘 중심지에서 저렴한 가격의 5성급 호텔

톰슨 호텔 Thompson Playa del Carmen

플라야 델 카르멘의 최고 중심부에 위치한 호텔 톰슨은 신축 호텔답게 새로 지은 건물과 번쩍이는 기물들이 매력적이다. 멋진 루프톱과 수영장, 3개의 맛있는 식당은 기본, 아데오 터미널, 코수멜로 가는 페리 터미널, 각종 액티비티 픽업 장소에서 가까운 위치에 있어 동서남북 그 어디로도 이동이 수월하고 편리하다.
호텔 아래층에는 쇼핑하기에 편리한 모든 것이 입점해 있으니 아침부터 밤늦게까지 심심할 틈이 없. 거기에 도보로 1분이면 플라야 델 카르멘의 바닷가에서 물놀이도 가능하다. 꼭 가봐야 할 필수 맛집도 도보로 이동 가능하니 이보다 더 매력적일 수 없다. 유아를 동반해도 숙박할 수 있어 가족 단위의 여행에도 좋다. 마사지와 스파 서비스가 가능하니 여독을 풀기에도 제격이다.

Data 지도 180p-E
가는 법 칼레 코라존 내 위치
주소 Calle 12 entre 5ta Ave. y 10 S/N, Centro, Playa del Carmen
전화 984-206-4800
운영 체크인 15:00, 체크아웃 12:00
요금 비수기 스탠더드룸 180달러~(세금 별도)
홈페이지 naver.me/GCaVx4X4

플라야 델 카르멘

초! 저렴한 가격의 조식 포함 현대식 호텔
소호 플라야 호텔 Soho Playa Hotel

5번 중심가에서 한 블록 떨어져 있지만, 충분히 좋은 위치에 있는 소호 플라야 호텔은 4성급 호텔임에도 100달러 이하의 저렴한 숙박료에 아침 9시부터 제공되는 조식마저 포함되어 있다. 가격에 민감한 여행자들에게 각광받는 호텔이다.

Data 지도 180p-B 가는 법 킨타 알레그리아 몰에서 도보 2분
주소 10 Avenida Nte., Centro, 77710 Playa del Carmen
전화 984-222-9399 운영 체크인 15:00, 체크아웃 12:00
요금 스탠더드룸 60달러~(세금 별도, 조식 포함)
홈페이지 sohoplayahotel.com

젊은 커플들에게 인기 만점
더 팜 앳 플라야 호텔 The Palm at Playa Hotel

무료 주차가 가능한 부티크 호텔로 69개의 객실을 소유한 모던한 인테리어와 깔끔한 룸 컨디션이 장점인 더 팜 앳 플라야 호텔은 요즘 가장 인기가 많다. 합리적인 가격과 카르멘 중심부에 위치해 있어 편리한 주위 환경, 숙박료에 포함된 맛있는 조식이 그 인기 비결이다.
특급 호텔과 견주어도 밀리지 않는 고급스러운 인테리어와 깨끗하게 관리되는 룸과 호텔 직원들의 극진한 서비스는 그 누구라도 만족시킨다. 호텔 꼭대기 층의 인피니티 풀은 플라야 델 카르멘에서의 환상적인 추억이 될 테니 잊지 말자.

Data 지도 181p-H 가는 법 프리다 칼로 뮤지엄 근처 주소 Calle 8 Norte Mz 29 Lote 5, Centro, Playa del Carmen 전화 984-128-0191 운영 체크인 15:00, 체크아웃 12:00 요금 비수기 기준 130달러~
(2인 조식 포함)

합리적인 가격의 브랜드 리조트
그랜드 하얏트 호텔 Grand Hyatt Hotel

멋진 오션뷰와 함께하는 최고의 시설을 제공하는 그랜드 하얏트 호텔. 여름에 걸맞게 숙박하는 내내 그 누구도 불만이 없다. 314개의 객실은 바다 조망이며 올 인클루시브를 원할 시 옵션으로 선택 가능하다. 무료 어린이 수영장까지 별도로 운영해 가족 단위 방문자들에게 안성맞춤이다. 도보로 식당과 쇼핑몰이 가깝다는 장점도 있다. 지역 대비 합리적인 가격에 럭셔리한 시설을 즐길 수 있는 몇 안 되는 호텔이다.

Data 지도 180p-C 가는 법 아데오 터미널에서 북쪽으로 도보 17분, 자동차 7분 주소 1a Avenida esquina Calle 26 Colonia Centro, Gonzalo Guerrero, Playa del Carmen 전화 984-875-1234
운영 체크인 15:00, 체크아웃 12:00 요금 스탠더드룸 20~25만 원(세금 별도), 올 인클루시브 50만 원~
홈페이지 playadelcarmen.grand.hyatt.com

 최고의 위치, 최고의 가격, 최고의 로맨틱 호텔
알라다 호텔 Aalada Hotel

힘들었던 COVID 시절이 지나가고 야심 차게 오픈한 신생 호텔. 깨끗하고 쾌적한 시설이 최고의 매력이며, 커플들에게 아주 솔깃할 로맨틱한 콘셉트가 최고의 장점인 숙소다. 인생 숏 건지기에 좋은 최신식 멋진 수영장도 이용 가능하며, 가격 또한 합리적이니 주저하지 말고 예약을 서두르자. 후회할 것이 없는 곳이다.

Data 지도 181p-H 가는 법 코코봉고 근처 위치 주소 Calle 10 Nte Bis 146, Gonzalo Guerrero, 77720 Playa del Carmen 전화 998-244-7101 운영 체크인 15:00, 체크아웃 12:00
요금 스탠더드룸 80달러~(세금 별도) 홈페이지 aaladaplaya.com

취사가 가능한 멋진 호텔
마레 콘도 호텔 Mare Condo Hotel

최신식 인테리어 호텔에 자쿠지가 딸린 루프탑 수영장과 무료 와이파이, 취사 가능한 부엌이 딸린 룸, 크루들의 멋진 서비스와 저렴한 가격까지 함께 하니 예약이 치열한 호텔이다. 근처에 대형 슈퍼마켓이 여러 개 있어 간단한 취사가 가능한 부엌에서 원하는 음식을 해 먹을 수 있으니 여행객들의 만족도가 최상위인 호텔이다.

Data 지도 180p-A 가는 법 체드라위 슈퍼에서 도보 3분 주소 CTM. Entre Avenida 15 y, Calle 48 Nte, Luis Donaldo Colosio 전화 984-107-7510 운영 체크인 15:00, 체크아웃 12:00
요금 스탠더드룸 70달러~(세금 별도) 홈페이지 mareplaya.com

잠만 자는 숙소를 원한다면?
호텔 아시엔다 델 카리브 Hotel Hacienda del Caribe

아시엔다 파라다이스 호텔과 같은 계열사이지만 훨씬 더 저렴한 가격으로, 넓은 객실에 묵을 수 있다는 것이 큰 장점이다. 현대식은 아니지만 관리가 잘 되어 있다. 아데오 버스 터미널과 가까워 칸쿤공항에서 쉽게 갈 수 있으며 5번가와 비치, 페리 터미널과도 가까워 대중교통 이용과 관광에 효율적이다. 객실은 연중 100달러 미만으로 저렴하며, 추가 요금으로 조식을 먹을 수 있다. 멕시코 전통의 화려한 색감과 따뜻한 분위기가 느껴지는 호텔에서는 반려동물의 출입이 가능하며, 수영장도 있다.

Data 지도 181p-K 가는 법 아데오 버스 터미널에서 도보 2분 주소 Calle 2 entre Quinta & 10 Av.Centro, Playa del Carmen 전화 984-873-3132 요금 스탠더드룸 비수기 50달러~(세금, 조식 별도)
운영 체크인 15:00, 체크아웃 12:00 홈페이지 www.haciendadelcaribe.com

불평불만 없는 만족도 100% 호텔
로디나 부띠크 호텔
Rodina Boutique Hotel

현대식 아름다운 인테리어와 수영장, 청결한 위생관리, 게다가 가격까지 저렴한 호텔. 한 번도 안 들른 여행자는 있어도, 한 번만 들른 여행자는 없다는 곳. 여행자들이 반드시 다시 찾고 싶어 하는 만족도 100% 호텔로 유명하다. 근처에 소리아나 대형마트와 유명 식당들, 각종 편의시설로 둘러싸여 있어 편리하기 그지없다.

Data 지도 180p-A 가는 법 체드라위 슈퍼에서 도보 5분 주소 Calle 44 Nte 490, entre la 30 y 25, Zazil-ha 전화 984-165-5219 운영 체크인 15:00, 체크아웃 12:00 요금 스탠더드룸 50달러~ (세금 별도) 홈페이지 www.rodinaplaya.com/

매일 이벤트가 가득한 흥겨운 호스텔
체 플라야 호스텔
Che Playa Hostel

유카탄 지역에만 무려 6개의 지점을 빠른 속도로 연 호스텔. 루프톱 바에 수영장이 있어 매일 흥겨운 파티로 지루할 틈이 없다. 조식 제공은 물론, 요리가 가능한 공용 부엌도 있어 라면 끓여 먹기에도 불편함이 없다. 새로운 친구 만나고 싶은 여행자라면 얼른 예약을 서두르자.

Data 지도 181p-G 가는 법 팔라펠 네스야 식당 근처 위치 주소 Calle 6 Nte s/n, Centro 전화 984-213-4766 운영 체크인 15:00, 체크아웃 11:00 요금 8인 도미토리 300페소 홈페이지 www.Hostelche.com.mx/

배낭여행자들이 재방문 1순위로 손꼽는
와비 호스텔 Wabi Hostel

세계에서 모인 여러 나라 사람들과 공용 쉐어링이 필요한 고만고만한 호스텔들 중 깔끔한 시설이 최고라고 입을 모으는 호스텔. 위치 또한 중심부 코코봉고 근처라 늦은 시간에도 안전하다. 이국적인 테라스에서의 아침 조식까지 포함되어 있어 배낭여행자들의 재방문 1순위 호스텔이다.

Data 지도 181p-H 가는 법 코코봉고 근처 위치 주소 10 Avenida Nte. MZA 5 LTE 7, Centro 전화 984-879-3662 운영 체크인 15:00, 체크아웃 11:00 요금 8인 도미토리 300페소 홈페이지 www.wabiHostel.com/

Cancun By Area

04

이슬라 무헤레스
ISLA MUJERES

리얼 멕시칸 무드를 만끽할 수 있는 곳. 일명 '여인의 섬'이라고 부르는 이슬라 무헤레스다. 스페인 정복자들이 해변을 메우던 마야 여신상을 보고 이름 붙였다는 여인의 섬은 한적하고 낭만적인 카리브의 전원에 몸을 뉜 채 유유자적하기 좋은 유카탄의 보석이다.

이슬라 무헤레스
미 리 보 기

뱀의 모양처럼 가늘고 긴 모양의 이슬라 무헤레스는 전체 길이가 불과 8km에 불과해 골프 카트로 섬 전체를 투어하는 것이 특징이다. 호텔 존과 상반되는 멕시코의 어촌 분위기를 제대로 느끼려면 하루 코스가 적당하다.

ENJOY ▶
복잡한 교통체증은 찾아볼 수 없는 이슬라 무헤레스에서는 너도나도 골프 카트를 몰고 섬 해안가를 일주한다. 평화롭게 생활하는 섬 주민들의 모습을 보며, 때로는 아무도 없는 도로에 골프 카트를 세우고 사진을 찍으며 둘만의 시간을 보내보자. 가라폰 파크에서는 바다 위를 지나는 짜릿한 집라인을 즐길 수 있고, 거북이 농장에서 동물과의 교감 체험을 해도 좋다. 돌고래와의 수영도 이곳에서 놓치면 안 될 액티비티다.

EAT 🍽
물가가 호텔 존보다 훨씬 저렴한 편이다. 길거리 수레에서 바로바로 짜주는 오렌지 주스와 신선한 생과일을 저렴하게 먹을 수 있으며 전통 멕시코, 이탈리안, 쿠바 음식까지 다양한 종류의 식당이 페리 선착장을 중심으로 자리 잡고 있다. 밤늦게까지 영업하는 레스토랑과 바도 많은 편.

SLEEP
대부분의 여행객들이 당일 코스로 방문하기 때문에 접근성이 좋은 호텔 존에서 숙박을 한다. 하지만 호텔 존과 다른 스타일의 소박하고 전원적인 휴양을 즐기고 싶다면 여인의 섬에서 하루 묵는 것도 좋다. 색다른 콘셉트의 올 인클루시브 리조트를 비롯해 적당한 가격의 크고 작은 호텔이 다양하게 있다.

이슬라 무헤레스
📍 1일 추천 코스 📍

한가한 캐리비안을 만끽할 수 있는 이슬라 무헤레스 원데이 투어. 휴양과 액티비티, 맛있는 음식까지 이보다 더 완벽할 수 없다.

로스티세리아 라 멕시카나
치밥으로 아침 겸
점심 식사

→ 도보 3분

플라야 노르테
해먹에 누워 여인의 섬
백사장 즐기기

→ 도보 8분

시크릿 비치
물고기와 함께
이색 체험하기

↓ 자동차 20분

푼타 수르
환상적인 해변에서
야생 이구아나 체험하기

← 자동차 5분

가라폰 파크
물놀이에 집라인,
무제한 뷔페까지!

← 자동차 5분

카사 드 로스 수에노스 호텔
바다가 보이는 인피니티 풀
바에서 맥주 한잔

↓ 자동차 10분

우먼스 비딩 코퍼레이션
비즈로 만든 수제 액세서리
구경하기

→ 자동차 5분

과달루페의 성모 마리아 성당
아름다운 예배당에서
사랑의 서약 흉내 내기

→ 도보 30초

망고 카페
최고 인기 카페에서
저녁 식사

  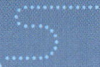

이슬라 무헤레스 찾아가기

 어떻게 갈까?

호텔 존의 3개 선착장과 다운타운의 2개 선착장에서 페리를 이용할 수 있다. 선착장마다 운행 시간이 다르므로 시간을 미리 숙지하고 30분 전에 도착해야 한다. 한편 왕복 티켓 발권 시 돌아오는 티켓을 버리지 말고 잘 챙기자. 페리 소요 시간은 어느 선착장에서 출발하든 30분 정도 소요된다.

| 호텔 존 출발 |

1. 페리

울트라마 페리가 이슬라 무헤레스까지 운행되며, 호텔 존에서 접근성이 가장 좋고 이용객이 많은 페리 터미널은 플라야 토르투가다. 가까운 곳에 플라야 카라콜 선착장이 있지만, 선착장 이용료 3달러가 별도 부과되기 때문에 많은 이들이 플라야 토르투가 선착장을 더 선호한다.

 Data **가는 법** 호텔 존에서 각 선착장까지 R-1, R-2 버스 이용
요금 어른 편도 270페소, 왕복 540페소(환불 불가)
홈페이지 ultramarferry.com/es

2. 원데이 패키지 투어

호텔과 리조트마다 원하는 목적지와 투어를 설명하면 적당한 전문 여행사를 추천해 준다. 그중 여인의 섬 1일 패키지 투어는 1인당 100달러의 요금으로 왕복 승선과 점심 식사가 제공된다. 배 안에서 칵테일과 맥주, 음료가 무제한 제공되며, 20여 명이 요트에 탑승해 스노클링과 돌고래 체험 등의 다양한 프로그램을 즐길 수 있어 인기다. 투어는 오전 10시부터 오후 5시까지 진행되며, 호텔 존에서 출발해 상어, 돌고래 체험 후 여인의 섬에서 자유 시간(1시간)을 갖고, 점심 식사 후에 작은 섬들을 요트로 투어를 하다가 다시 호텔 존으로 돌아오는 순서다. 미리 예약하지 못했을 경우 출발 1시간 전에 선착장에 도착하면 시기에 따라 당일 투어가 가능하며, 수건을 챙겨 가면 좋다.

삼바 카타마란 투어 Samba Catamaran Tour

Data **가는 법** 플라야 토르투가 선착장에서 10시 출발(9:30 체크인) **전화** 998-241-5069
요금 1인 100달러(팁 별도), 수건 대여료 5달러 **홈페이지** sambacatamarans.com

 어떻게 다닐까?

이슬라 무헤레스에서는 골프 카트로 이동한다. 곳곳에 택시와 자가용 차량이 있지만, 관광객들에게는 골프 카트가 최적이다. 배에서 내리면 여인의 섬 입구부터 곳곳에 렌털 업체가 가득하다. 가격은 대체적으로 일정하지만, 큰길을 벗어나 골목 안쪽으로 들어갈수록 흥정이 가능하지만 할인 금액이 크지 않다.

골프 카트 호아킨 Isla Mujeres Golf Carts Inaquin
Data **가는 법** 페리 터미널에서 도보 30초
주소 Avenida Rueda Medina, Centro, Centro - Supmza. 001, Isla Mujeres
전화 998-274-0292
운영 08:30~21:00
요금 2시간 800페소, 8시간 1,500페소, 24시간 2,400페소

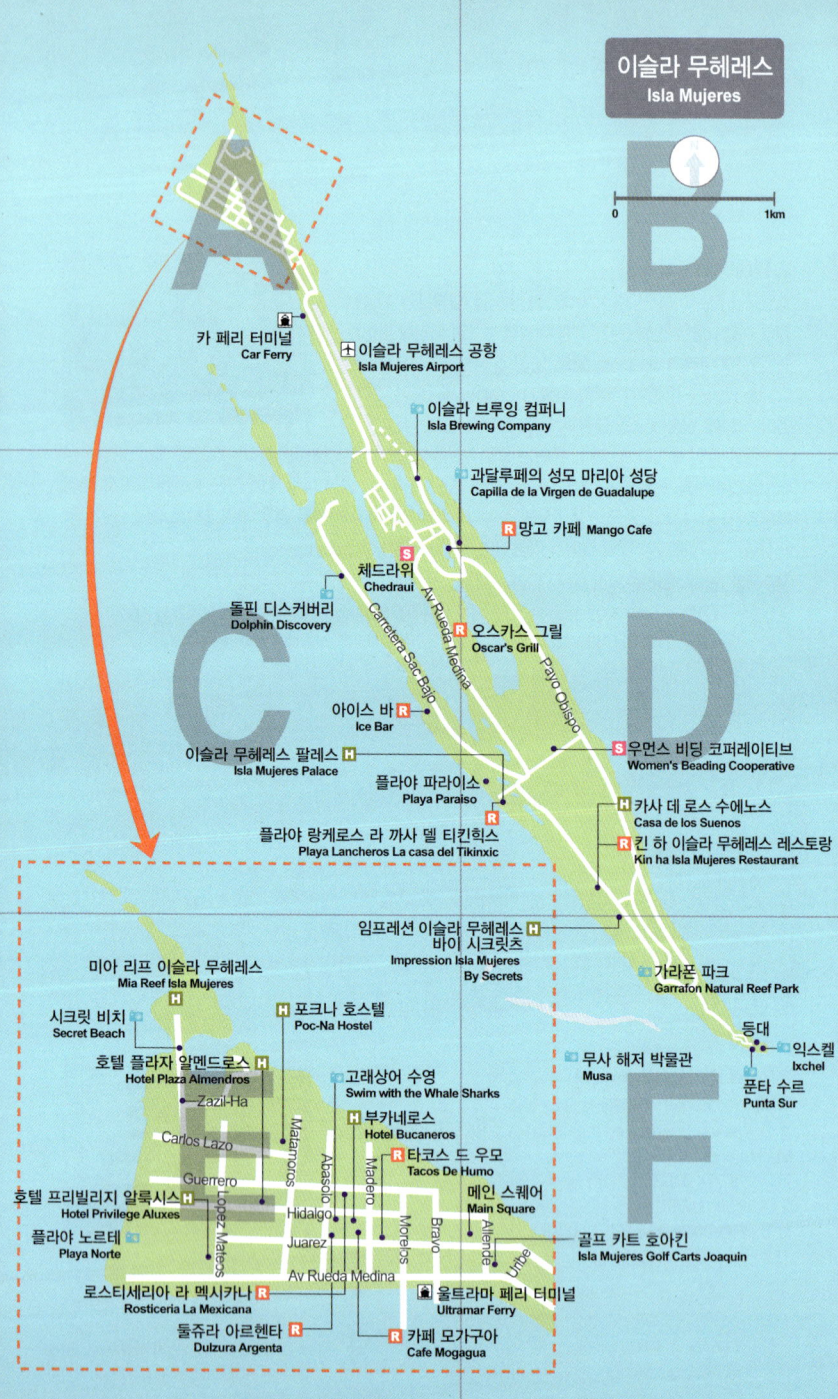

▶ ENJOY

 돌고래 공원에서 신나는 리얼 체험
돌핀 디스커버리 Dolphin Discovery

돌고래를 직접 만지며, 함께 수영할 수 있는 곳이다. 칸쿤 내에서만 무려 여덟 군데에서 같은 프로그램에 참여할 수 있는데, 그중 이슬라 무헤레스의 돌고래 체험이 가장 여유롭게 진행된다. 특히 10세 미만의 어린이는 무료로 가족 단위 여행객들에게 인기가 많다. 하늘 높이 솟아오르는 돌고래들의 장난기 넘치는 애교를 보는 것만으로도 돌고래 체험은 일생일대 최고의 멋진 경험과 감동을 선사한다. 전용 바다에서 4~8명이 그룹을 지어 체험하며, 돌고래를 만지거나 돌고래 키스, 먹이 주기 등 다양한 놀이가 진행된다. 돌고래 수영 체험은 정오 이전에 끝나며 점심 식사로 뷔페가 제공된다. 이슬라 무헤레스에 머무는 중이라면 직접 골프 카트를 타고 찾아가야 하며, 호텔 존에 머물고 있다면 플라야 토르투가 페리 터미널에서 오전 9시에 전용 페리로 이동하므로 최소 30분 전에는 도착해야 한다. 선상에서는 음료가 제공된다. 웹사이트에서 미리 예약 시 20~25% 할인 가능하다.

Data 지도 226p-C 가는 법 울트라마 페리 터미널에서 차로 13분 주소 Camino Sac Bajo Lote 26 Fraccionamiento Paraíso Laguna Mar, Isla Mujeres 전화 866-393-5158 요금 돌고래 체험 코스(체험, 뷔페 식사와 음료 포함, 라커, 구명조끼 이용료 포함) 어른 139달러, 어린이 69달러, 하루 2번 체험 시간 10:30, 14:00 운영 10:00~17:30 홈페이지 dolphindiscovery.com.mx/cancun-islamujeres

놀라운 바닷속 전시장
무사 해저 박물관 Musa | Museo Subacuatico de Arte

칸쿤의 명소 중에서 가장 기이한 모습의 무사 해저 박물관은 바닷속에 조성된 조각 공원이다. 멕시코의 자연환경부 장관인 제이미 곤잘레스 카노 박사Dr. Jaime Gonzalez Cano에 의해서 기획, 착안된 이 대형 프로젝트는 영국의 조각가인 제이슨 디클레어스 테일러Jason Decaires Taylor가 헤드 디렉터를 맡았다. 멕시코의 로컬 작가들이 칸쿤과 이슬라 무헤레스에 거주하는 사람들을 주제로 만든 조각들은 해저 7~10m에 설치되어 세상에 둘도 없는 진풍경을 선사한다. 바닷속 조각 작품들은 스노클링이나 투명 카약으로도 관람할 수 있지만, 좀 더 가까이서 구석구석 보고 싶다면 다이빙 투어가 제격이다. 다이빙은 여인의 섬 남쪽 가라폰 파크에서 약 350m 떨어진 바다에서 진행되며, 다이빙 자격증이 필요하지만 없을 경우 1시간의 트레이닝을 받고 참여할 수 있다.

웹사이트에서는 사전 예약 필수로 되어 있지만 대개 당일 투어도 가능하며, 투어가 반나절가량 소요되므로 여인의 섬에 아침 일찍 도착해야 한다. 여인의 섬에서 출발하는 투어는 매일 신청 가능하며, 호텔 존에서 출발하는 투어는 수요일부터 토요일까지 진행된다. 신청 인원이 적거나 날씨가 나쁘면 취소되기도 하지만 대체로 큰 태풍만 없다면 무난히 진행되는 편이다. 요금에 스노클링 장비와 구명조끼, 생수가 제공되며 가이드가 함께한다. 라커와 샤워 시설 이용이 가능하며, 16%의 세금과 10달러의 선착장 이용료가 추가된다.

Data 아쿠아월드
지도 226p-F 가는 법 호텔 존 아쿠아 월드에서 11:30 출발 주소 Blvd. Kukulcan 15.3, Zona Hotelera
전화 998-206-0182 요금 무사 다이빙 투어 2,100페소(산소 탱크 2개), 다이빙 트레이닝 40분 2,900페소
운영 09:00~14:00 홈페이지 musamexico.org

칸쿤이기에 가능한 고래상어 구경하기
고래상어 수영 Swim with the Whale Sharks

온난하고 따뜻한 바다에서만 사는 고래상어를 직접 보고, 함께 수영할 수 있는 액티비티다. 고래 중에서 가장 몸집이 큰 고래상어는 커다란 사이즈에 비해 온순한 성격을 가진 동물이다. 다 자란 성체 고래상어의 길이는 무려 18m가량 된다고 하니 그 크기만 해도 어마어마하다. 오직 5~9월에만 고래상어를 만날 수 있으니, 이 시기에 이슬라 무헤레스를 방문한다면 기회를 절대 놓치지 말자. 고래상어를 만나는 스노클링 투어는 1인 티켓 가격에 아침과 점심 식사, 간식, 승선비, 가이드, 스노클링 장비가 포함되며 음료수와 맥주가 선상에서 무한 제공된다. 보트 최대 탑승 인원은 10명이며, 매일 아침 8시 30분에 출발해 오후 2~3시에 전용 선착장으로 돌아온다. 인터넷 사전 예약 시 10% 할인이 가능하며 예약 후 출발 선착장을 안내받게 된다.

Data 이슬라 무헤레스 트립
지도 226p-E **가는 법** 페리 터미널에서 도보 5분, 슈퍼마켓 아키 근처
위치 주소 Av. Morelos, Centro, Centro - Supmza. 001, 77400 Isla Mujeres **전화** 998-845-7200 **운영** 10:00~22:00 **요금** 어른 150달러
홈페이지 islawhalesharks.com

TIP 고래상어를 만지거나 2m 내로 가까이 다가가면 안 돼요!

여인의 섬 유일의 수제 맥주 제조장
이슬라 브루잉 컴퍼니 Isla Brewing Company

섬에서 생산되는 유일한 수제 맥주 제조장이라 그 의미가 깊다. 병맥주만 판매하기 때문에 수제 생맥주를 기대하고 방문하는 사람들에게는 실망이 클 수도 있다. 하지만 멕시코의 더운 날씨와 세계적으로 물이 부족한 국가에서 개인이 맥주를 수제로 생산하고 보관하기에는 어려움이 많기 때문에 병맥주로 만들어 판매하는 것이니 실망은 금물. 멕시코답게 남미의 건강한 히비스커스 맛, 달콤한 럼과 바닐라 맛, 생강 맛 맥주와 같이 독특한 맛과 향을 가진 맥주를 만들어 내니, 일부러라도 들러 보자. 시간이 아깝지 않을 것이다.

Data 지도 226p-C **가는 법** 망고카페 근처
주소 Jesús Martínez Ross 62, Meteorológico, 77400 Isla Mujeres
운영 매일 12:00~20:00 **요금** 맥주 한 병 70페소~

아름답고 몽환적인 열대의 바다
플라야 노르테 Playa Norte | North Beach

이슬라 무헤레스의 해변은 특별하다는 말로도 부족할 만큼, 때 묻지 않은 자연 그대로의 모습을 간직하고 있다. 그중에서도 물속이 환히 들여다보이는 플라야 노르테는 보는 순간 탄성을 자아낼 정도. 하늘색 캐리비안 베이는 어디를 가도 비슷하게 보일 법한데, 여인의 섬 플라야 노르테는 분명 칸쿤 호텔 존의 바다와 사뭇 다른 분위기다. 칸쿤 시내와 멀지 않아 호텔 존의 화려한 모습이 시야에 잡히는데, 초현실적인 구름과 바다가 눈앞에 펼쳐져 무척 아름답고도 몽환적이다.
워낙 많은 여행객들이 찾는 곳이니, 플라야 노르테에서 여유와 휴식을 즐기고자 한다면 아침 일찍 나와 해먹과 파라솔을 맡아야 한다. 비치볼을 하는 외국인들과 넉살좋게 게임을 하거나, 선셋을 기다리며 플라야 노르테에 누워 햇볕을 즐기는 것만으로도 완벽한 휴양 그 자체다.

Data 지도 226p-E 가는 법 울트라마 페리 터미널에서 북쪽 해안으로 도보 9분
주소 Av. Rueda Medina 130 Centro-Supmza 001, Isla Mujeres

캐리비안에서 가장 아름다운 교회
과달루페의 성모 마리아 성당 Capilla de la Virgen de Guadalupe

겉에서 보아도 아름다운 이 교회는 교회 안으로 들어서자마자 황홀한 광경을 연출한다. 교회 벽면 대신 설치된 투명한 창문 너머로 보이는 하늘색의 캐리비안 베이는 단지 바다가 보여서가 아니라, 마치 동화 속으로 빨려 들어가 한 장의 비현실적인 그림을 보는 듯해 아름답다.
신혼부부라면 이곳에 들러 둘만의 사랑의 서약을 다시 한 번 맺으며 추억을 만들어 보자. 주말 미사 시간을 제외한 평일 오후에는 더없이 평화롭고 한가하며, 낮 시간에는 늘 열려 있다.

Data 지도 226p-C 가는 법 울트라마 페리 터미널에서 차로 6분, 망고 카페 맞은편 주소 Calle Payo Obispo S/N Lote 1 Mz 1 Meteorológico, Isla Mujeres 운영 09:00~17:00

 자연 생태 체험장에서 집라인 즐기기
가라폰 파크 Garrafón Natural Reef Park

이슬라 무헤레스의 남쪽에는 천연 생태 체험을 할 수 있는 국립 해양 공원 가리폰 파크가 있다. 돌고래 체험과 스노클링, 카약, 바다에서 즐기는 집라인까지 준비되어 있다. 물놀이와 체험을 실컷 즐겼다면 모래사장이나 해먹에 누워 햇볕을 쬐며 서늘한 바람을 즐기는 것도 좋다. 누워 있는 것이 지루해질 때면 자전거 하이킹으로 가볍게 가라폰 파크를 둘러보자. 가라폰 파크는 푼타 수르와 연결되어 있어 푼타 수르까지 관광할 수 있다.

입장료는 패키지마다 혜택이 다른데 로열 가라폰 투어는 89달러에 칸쿤 호텔 존에서 가라폰 파크까지 전용 페리와 셔틀로 교통편을 제공한다. 페리에서 제공되는 간단한 콘티넨털 아침과 점심 뷔페, 술과 무제한 음료 서비스가 포함이라 이것저것 따지면 비싼 것도 아니다. 스노클링 장비까지 무료로 대여해 주니 몸만 가면 된다. 웹사이트에서는 종종 20~25% 할인도 해주니 수시로 체크하자.

Data 지도 226p-F 가는 법 울트라마 페리 터미널에서 차로 12분 주소 Km 6 Carr Garrafon, Mz 41 Lote 12 SMNZ 9 Punta Sur, Isla Mujeres 전화 800-727-5391 운영 10:00~17:00 요금 로열 가라폰 투어 89달러 (배 부두 이용료 10달러 미포함) 홈페이지 garrafon.com.mx

물고기가 헤엄치는 맑은 바닷가
시크릿 비치 Secret Beach

미아 리프 이슬리 무헤레스 리조트 앞에 위치한 해변이다. 공식적으로 별다른 이름은 없지만 리조트 입구의 바로 앞 해변이며, 많은 사람들이 수영과 스노클링을 하고 있기에 찾기 쉽다. 수심이 허리 아래까지 오는 얕은 바다에서 떼를 지어 다니는 물고기들과 함께 수영하는 색다른 경험을 해보자. 스노클링 장비나 입장료가 필요 없어 더욱 좋다. 다만, 공용 해변이라 별도의 샤워실과 탈의실이 없다.

Data 지도 226p-E 가는 법 울트라마 페리 터미널에서 도보 14분
주소 Calle Zazil Ha Int 7, Islote Yunque, Isla Mujeres

야생 이구아나와 만나는 해안 절벽

푼타 수르 Punta Sur

푼타 수르는 여인의 섬 최남단, 그리고 멕시코의 가장 동남쪽에 위치한 해안가이다. '뾰족한 끝'이라는 이름답게 날카로운 절벽이 보이고, 그 아래로 광활한 카리브의 바다가 펼쳐진다. 덕분에 가장 먼저 아침 햇살을 받는 축복받은 스폿이기도 하다. 거친 해안 절벽에 부서지며 하얀 거품을 가득 담은 파도가 연신 장관을 만들어 낸다. 때 묻지 않은 자연 생태계 속에서 보호되는 야생 이구아나는 마치 사람처럼, 사람보다 더 주인처럼 푼타 수르에서 생활하고 있다. 한국 신혼부부들의 웨딩촬영 배경으로 사진작가들이 첫손에 꼽는 지역이기도 하니 카메라는 필수다. 야외 테라스에 앉아 바람을 맞으며 감상하는 해안 절벽의 절경은 칸쿤 여행의 잊지 못할 순간으로 기억될 것이다. 가라폰 파크에서 매우 가까우니 반나절 코스로 계획해서 함께 둘러보면 아주 좋다.

Data 지도 226p-F 가는 법 가라폰 파크에서 차로 1분
주소 Km 6 Carr Garrafon, Mz 41 Lote 12 SMNZ 9 Punta Sur, Isla Mujeres

다산의 여인 신전

익스켈 Ixchel

다산의 여신 익스켈을 모시던 신전 때문인지, 캐리비안의 해적이 자신의 여자들을 보물과 함께 몰래 숨겨 두었다던 비화 때문인지, 이슬라 무헤레스에는 여인과 섬에 얽힌 이야기들이 전해 내려온다. 오래전 다산의 여신 익스켈에게 바쳤던 마야의 신전은 수차례의 폭풍우와 자연재해로 사라지고 현재는 미술가들의 조각품이 설치되어 있다. 여행객들의 사진에서 많이 볼 수 있는 커다란 여인상이 있는 바로 그곳이다. 안으로 입장하지 않더라도 멀리서 안쪽의 풍경을 자세히 들여다볼 수 있기 때문에, 대부분 입장은 생략하는 편이다.

Data 지도 226p-F
가는 법 가라폰 파크에서 차로 1분
주소 Km 6 Carr Garrafon, Mz 41 Lote 12 SMNZ 9 Punta Sur, Isla Mujeres 요금 입장료 3달러

인기 만점 커피와 브런치
카페 모가구아 Cafe Mogagua

아침 일찍부터 신선한 커피와 맛있는 브런치 메뉴를 제공하는 고마운 곳이다. 어느새 카페 모가구아는 여인의 섬을 대표하는 인기 카페로 자리매김했다. 페리 터미널에 도착하면 커피 한잔하러 바로 들려야 하는 곳으로 인식될 정도이다. 오믈렛 요리와 바나나를 올린 베이글과 와플이 특히나 선호하는 메뉴 중 하나이며, 오후에 제공되는 디저트 크림 브륄레의 맛도 훌륭하다. 메뉴가 다양하고 무얼 시켜도 맛있는 곳이다. 아기자기한 카페 인테리어와 야외 테이블을 잡고 찍는 사진은 어떻게 찍어도 인생 사진이 된다.

Data 지도 226p-E 가는 법 페리 터미널에서 길 건너 도보 2분 주소 Avenida Benito Juarez SM 1 MZ 14 LT 12, Centro-Supmza. 001, Isla Mujeres 전화 998-877-0127 운영 07:00~22:30 요금 오믈렛 150페소, 에그 & 치즈 베이글 165페소(세금, 팁 별도)

생선가스 타코와 츄로도넛 디저트의 환상적인 조합
타코스 드 우모 Tacos De Humo

여인의 섬 맛집 중 새로운 강자로 떠오른 타코스 드 우모는 생선가스 타코와 소고기 아라체라 타코가 맛있기로 입소문이 자자하다. 아늑한 실내 인테리어와 흥 많은 여행자들로 가득한 데다가 서버와 주인장까지도 친절하기 그지없다. 운이 좋을 땐 메뉴에도 없는 츄로도넛을 서비스로 내어주는데 주인장 마음대로 서비스로 제공하는 것이니 예의 바른 고객으로 눈에 띄어 보도록 하자.

Data 지도 226p-E 가는 법 페리 터미널에서 도보 5분 주소 SM001, Av Juárez M13, Centro - Supmza. 001, 77400 Isla Mujeres 전화 998-274-1383 운영 12:00~21:00 요금 생선가스 타코 3개 235페소(세금, 팁 별도)

  고급 인피니티 풀에서 마시는 맥주 한잔
킨 하 이슬라 무헤레스 레스토랑 Kin ha Isla Mujeres Restaurant

까사 데 로스 수에뇨스 호텔에서 만든 곳이다. 고맙게도 숙박객이 아니라도 원데이 패스로 1인당 300페소를 지불하면 수영장 및 모든 호텔 내 부대 시설 이용이 가능하며 풀 바에서 음식과 음료가 입장료만큼 이용이 가능하니 잘만 이용하면 오히려 이득이다. 시설 좋은 수영장뿐만 아니라 다이빙, 카약, 패들 보트 등 다양한 물놀이 액티비티가 무료로 가능하니 방문하기를 추천한다. 입장료가 부담스럽다면 가볍게 바에 앉아 음료만 즐겨도 무방하다. 미국, 캐나다, 유럽인들이 가득하며 특히나 동양인은 찾아보기 힘든 분위기라 사람 구경하는 재미도 쏠쏠하다.

Data 지도 226p-D **가는 법** 까사 데 로스 수에뇨스 호텔 내 위치 **주소** Carretera a Garrafon Fracc. Turquesa lote 9 A y B, Isla Mujeres **전화** 998-159-0882 **운영** 08:00~22:00 **요금** 1인당 입장료 300페소 (음식, 음료가 입장료에서 포함) **홈페이지** kinhaislamujeres.com/

 여인의 섬 최고의 인기 식당
망고 카페 Mango Cafe

섬의 중심지에서 떨어져 있음에도 주인의 열정과 뚝심 덕분에 조그마한 카페가 여인의 섬을 대표하는 인기 카페로 자리매김했다. 브런치, 런치 메뉴도 준비되어 있으며 입맛에 따라 무엇을 시켜도 기대 이상이다. 브런치 메뉴인 고추튀김 Stuffed Poblano Pepper 브런치와, 코코넛 프렌치토스트가 인기 메뉴이며, 기본적으로 멕시칸 요리에 모던한 플레이팅과 맛을 표현하는 것이 특징이다. 푸짐한 부리토와 치킨 케사디아, 달콤한 망고 샐러드도 잊지 말고 맛볼 것. 점심시간이 지난 후 문을 닫으니 늦은 시간 방문은 불가하다.

Data 지도 226p-C **가는 법** 울트라마 페리 터미널에서 차로 6분. 과달루페의 성모 마리아 성당 맞은편 **주소** Calle Payo Obispo S/N Lote 1 Mz 1 Meteorológico, Isla Mujeres **전화** 998-274-0118 **운영** 07:00~15:00 **요금** 고추튀김 브런치 175페소, 퀘사디아 160페소, 생과일주스 40페소 **홈페이지** www.facebook.com/mangocafeisla

아침부터 즐기는 치킨과 밥
로스티세리아 라 멕시카나 Rosticeria La Mexicana

여인의 섬 페리 터미널에 도착해서 치킨과 밥을 가장 저렴하고 든든하게 먹을 수 있는 곳이다. 아침 내 기름기를 쏙 뺀 담백한 치킨 반 마리와 함께 한국인들의 입맛에 딱 맞는 잘 지은 고슬고슬한 밥, 그리고 느끼함을 단번에 날려 줄 양파와 고추 피클이 함께 하는 치킨 세트가 단돈 100페소(한화 약 7천 원)이다. 이 동네 어디를 찾아봐도 이 가격에 이만큼 든든한 메뉴 찾기가 힘들다. 저렴한 세트 가격만큼 1인 1 주문이 원칙이니 참고할 것.

Data 지도 226p-E 가는 법 페리 터미널에서 도보 5분 주소 Miguel Hidalgo 8A, Centro, Isla Mujeres
전화 998-136-5966 운영 11:00~17:00 요금 전기구이 치킨 반 마리와 밥, 야채 포함 세트 100페소(세금, 팁 별도)

정통 엠파나다와 수준급의 디저트
둘쥬라 아르헨타 Dulzura Argenta

이곳을 다녀온 여행자들이 입을 모아 칭찬하는 한마디는 '숨은 보석과 같은 곳'이다. 정통 아르헨티나식 엠파나다를 매일 정성스럽게 빚어내는데, 한 끼 식사로 든든하다. 달콤한 수제 디저트는 먹기 아까울 정도로 아름다운 자태를 뽐낸다. 라임 파이, 초콜릿케이크, 치즈케이크 등 여러 종류의 수제 디저트는 맛도 좋지만, 보기에도 예쁘니 사진으로 남기기에도 최고다.

Data 지도 226p-E 가는 법 페리 터미널에서 도보 5분
주소 Avenida Juárez SMz 14, Centro, 77400 Isla Mujeres
전화 998-149-0121 운영 08:00~18:00 요금 엠파나다 60페소~

네모난 시실리안 피자 즐기기
오스카스 그릴 Oscar's Grill

화덕에서 직접 구워낸 두툼하고 네모난 시실리안 피자가 오스카스 그릴의 특별한 메뉴다. 토핑을 아끼지 않고 토마토소스를 듬뿍 발라 굽는 시실리안 피자 맛은 칸쿤 지역 통틀어 최고. 골프 카트 대여 후 신나게 드라이브 하는 길에 위치해 있어 들르기 좋다. 넓은 공간의 식당 내부를 지나서 안쪽으로 깊이 들어가면 해변의 개인 요트들을 배경으로 커다란 나무 의자와 테이블에 앉아 카페의 분위기와 경치를 감상할 수 있다. 맛있는 피자는 물론, 실내에서 기념사진을 찍는 스폿으로도 입소문이 난 곳이다.

Data 지도 226p-C 가는 법 울트라마 페리 터미널에서 차로 5분 주소 Carretera a Punta sur Km 3.5 Laguna Macax, Isla Mujeres 전화 998-888-0916 운영 10:00~23:00 요금 페퍼로니 피자 220페소, 마르게리타 피자 190페소(세금, 팁 별도) 홈페이지 www.facebook.com/OscarsMexicanGrill

맛있는 생선구이 정식
플라야 랑케로스 라 까사 델 티킨힉스 Playa Lancheros La casa del Tikinxic

한국 사람들 입맛에 딱 맞는 생선구이 식당. 바닷가 훌륭한 경치에 음식 맛까지 좋으니 더할 나위 없이 완벽하다. 저렴한 가격과 푸짐한 양은 칸쿤 식당의 특별한 선물이니 마음껏 즐기자. 특제 비밀 소스를 듬뿍 발라 참숯에 굽는 생선구이Pescado Tikinxic 맛을 여행 내내 잊을 수 없을 것이다. 밥까지 함께 제공되니 칸쿤식 생선구이 정식인 셈. 주문 후 45분 정도 생선 굽는 시간이 필요하므로 여유 있게 방문하자. 바로 앞이 삼바 카타마란 요트가 들르는 곳이라 식사 없이 잠시 들러 바닷가 앞에서 배와 사람들 구경하며 음료만 마셔도 아주 좋은 곳이다.

Data 지도 226p-D 가는 법 울트라마 페리 터미널에서 차로 10분, 팔래스 리조트앞에 위치 주소 South End Bahia, Isla Mujeres 전화 998-894-1250 운영 10:30~18:30 요금 오늘의 생선구이 시가~(대략 380페소~)

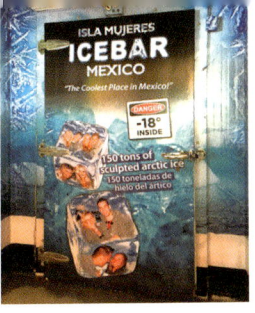

영하 19도의 신기록에 도전하자
아이스 바 Ice Bar

150톤 이상의 얼음 조각으로 영하 19~20도 이상 낮은 온도의 냉장고에 들어가서 오래 버텨야 하는 신기록 패키지에 참여할 수 있는 가게다. 많은 여행객들이 계속 도전하고 있는데 현재 사람은 3시간 20분이 최고 기록이다. 입구에서 주는 보드랍고 따뜻한 가운을 입고 입장하는 것이니 미리 겁먹을 필요는 없다. 같은 건물 내 바와 점심 뷔페까지 포함되어 점심시간에는 문전성시를 이룬다. 1인 45달러로 아이스 바 이용과 점심 뷔페, 알콜 포함 무제한 음료가 이용 가능하며, 1인 21달러로 아이스바 이용과 음료 2잔, 알콜 1잔이 포함되어 있다.

Data 지도 226p-C 가는 법 페리 터미널에서 자동차 11분 주소 Sac bajo 84, Avenida Isla Mujeres, Isla Mujeres 전화 998-244-0503 운영 10:00~18:00 요금 아이스 바 체험 1인 21달러, 뷔페 포함 45달러

여인들의 비딩 주얼리
우먼스 비딩 코퍼레이티브 Women's Beading Cooperative

이슬라 무헤레스 남쪽에 매일 수제 비즈로 직접 액세서리를 만들어 판매하는 관광 명소가 있다. 유리, 도자기 재질의 각종 인테리어 장식품과 장신구를 만든다. 목걸이, 팔찌, 지갑, 열쇠고리 등을 직접 손으로 엮어 제작하는데, 마야 후손 여인들이 디자인한 수제 비즈 공예품들은 솜씨와 품질, 가격의 균형도 모두 훌륭하다.

Data 지도 226p-D
가는 법 울트라마 페리 터미널에서 차로 10분. 교회 옆
주소 2 La Gloria, Isla Mujeres
전화 998-161-9659
운영 평일 09:00~17:00, 일요일 10:00~15:00 요금 목걸이 40~50페소, 지갑 80~100페소
홈페이지 www.facebook.com/IslaMujeresBeadingCoop

SLEEP

All Inclusive

천연 수영장이 함께 하는 올 인클루시브 리조트

미아 리프 이슬라 무헤레스 Mia Reef Isla Mujeres

친절한 스태프, 이국적인 분위기, 그리고 자연이 준 특별한 천연 수영장까지 갖춘 매우 드문 리조트다. 게다가 가격도 부담스럽지 않아 금상첨화. 그래서인지 입소문을 덜 타 때 묻지 않고 덜 복잡한 숙소를 찾는 여행 얼리어답터들을 매료시킨 곳이 바로 미아 리프 리조트라고 한다. 럭셔리보다는 캐주얼하고 자연스러운 분위기이며, 투숙객 누구나 이용 가능한 천연 수영장은 워낙 넓어 사람이 있어도 여유롭게 즐길 수 있다. 다이빙이 가능한 수영장의 수심이 꽤 깊은 편이므로 수영 초보자들은 주의가 필요하다. 130여 개의 객실을 보유하였으며, 4세부터 11세 어린이를 위한 키즈 클럽도 운영하고 있어 아이를 동반한 여행에 편리하다. 추가 금액을 지불하면 로맨틱 디너도 가능하다. 다만 호텔 존의 초특급 럭셔리 시설과는 차이가 있으므로 예약 시 미리 확인하도록 하자.

Data 지도 226p-E 가는 법 울트라마 페리 터미널에서 도보 14분
주소 Calle Zazil Ha Int.7, Islote Yunque, Isla Mujeres 전화 998-999-2050
운영 체크인 15:00, 체크아웃 12:00 요금 올 인클루시브 스탠더드룸 2인 400달러~
홈페이지 miareefislamujeres.com/

TIP 미아 리프 1DAY 패스

리조트 투숙객이 아니더라도 미아 리프의 수영장과 레스토랑을 하루 종일 이용할 수 있는 올 인클루시브 원데이 패스가 있다. 호텔 카운터에 문의하면 된다.

Data 요금 1인 200페소

All Inclusive

호화로운 최신 올 인클루시브 리조트

임프레션 이슬라 무헤레스 바이 시크릿츠
Impression Isla Mujeres By Secrets

하얏트에서 여인의 섬에 론칭한 초호화 올 인클루시브 리조트. 2023년 5월에 오픈해서 최신식 인테리어와 시스템으로 여행자들을 사로잡고 있다. 프렌치, 지중해식, 아시안 스테이크 하우스가 포함된 8개의 다채로운 식당과 다양한 테마로 무장한 8개의 바가 있다(와인 전문 바 포함). 수영장 시설은 호텔 존의 호화로움을 그대로 옮겨 놓았다. 섬 특유의 조용한 분위기와 함께 개인 프라이버시가 철저하게 보장된 리조트.

Data 지도 226p-D 가는 법 울트라마 페리 터미널에서 남쪽으로 자동차 15분 주소 Ave Perimetral Pon, Supermanzana 009 Manzana 055, 77400 Quintana Roo 전화 998-136-8294
요금 올 인클루시브 스탠더드룸 1인 500달러~ 홈페이지 hyattinclusivecollection.com/en/

All Inclusive

여인의 섬에서 가장 럭셔리한 올 인클루시브 리조트

이슬라 무헤레스 팔레스 Isla Mujeres Palace

세련된 인테리어와 한적한 분위기의 성인 전용 리조트. 전용 바닷가와 넓은 수영장, 객실마다 자쿠지와 최상급 어매니티가 구비되어 있다. 성수기에도 그리 붐비지 않는 편. 식당 수는 많지 않으나 뷔페 및 저녁을 위한 레스토랑의 코스 요리가 제법 훌륭하다. 푼타 샘, 그랑 푸에르토 선착장으로 고급 개인 요트로 픽업도 해준다. 요금은 따로 없지만 헬퍼와 선장에게 5~10달러의 팁은 기본 에티켓. 픽업 시간은 리조트와 직접 조율하면 된다. 호텔 존 팔레스 리조트 투숙객이 여인의 섬 방문 시, 투숙객 팔찌를 보여 주면 리조트 내 식사 및 음료 서비스 등을 모두 이용할 수 있다.

Data 지도 226p-D 가는 법 울트라마 페리 터미널에서 차로 10분 주소 Carretera Garrafon Vista Alegre, Km 4.5 SM 8 Mza.62,Isla Mujeres 전화 080-787-0882 운영 체크인 15:00, 체크아웃 12:00
요금 올 인클루시브 스탠더드룸 250달러~ 홈페이지 islamujerespalacehotel.com-website.com/

노르테 비치가 보이는 전망 좋은 곳
호텔 프리빌리지 알룩시스 Hotel Privilege Aluxes

이슬라 무헤레스의 중심가에서 플라야 노르테 해변을 바라보고 있는 최적의 위치와 현대적인 인테리어로 여행자들이 원하는 조건들을 충족시켜 주는 곳이다. 여인의 섬에서 늘 숙소 만족도 1위를 차지할 정도인데 심지어 가격마저 합리적이다. 두 명이 20만 원 정도의 비용으로 캐리비안의 아름다운 바다를 품을 수 있으니 보기 드문 조건이다. 객실은 어른 세 명도 묵을 정도로 넉넉하다. 넓은 수영장이 세 군데 있으며, 호텔 바로 앞이 플라야 노르테 해변이니 이동이 편리한 것도 장점이다. 성수기 시즌에는 요금이 큰 폭으로 상승하는 데다 인기도 많으니 서둘러 예약해야 한다. 근처에 비슷한 호텔로는 익스켈 비치 호텔Ixchel Beach Hotel이 있으니 참고하도록 하자.

Data 지도 226p-E 가는 법 플라야 노르테 앞 주소 Adolfo López Mateos S/N, Centro, 77400 Isla Mujeres 전화 998-848-8470 운영 체크인 15:00, 체크아웃 12:00 요금 스탠더드룸 160달러~, 스위트룸 250달러~(조식 포함) 홈페이지 privilegehotels.com/

번화가의 조용하고 가격 적당한 호텔
부카네로스 Hotel & Suites Bucaneros

저렴하지만 좋은 위치와 시설에 서비스까지 만족시키는 숙소다. 페리 터미널에서 가까운 중심지 중에서도 가장 번화가에 위치해 있고, 휴양지 물가 대비 저렴한 숙박료 덕분에 인기가 있다. 1965년부터 이슬라 무헤레스에서 손님들을 맞아온 부카네로스는 숙련된 솜씨로 손님들에게 서비스를 제공한다. 총 17개의 객실이 있으며 내부는 캐리비안의 마야 스타일로 꾸며져 있고, 모든 객실에 에어컨, 선풍기, TV, 욕실과 금고가 있다. 건물에 엘리베이터는 없지만 환한 객실 내부는 언제나 깨끗하게 관리된다. 토스트와 커피가 제공되는 간단한 조식이 숙박료에 포함되어 있다.

Data 지도 226p-E 가는 법 울트라마 페리 터미널에서 도보 3분
주소 Miguel Hidalgo N0.11, Colonia Centro, Isla Mujeres 전화 998-877-1228
운영 체크인 15:00, 체크아웃 12:00 요금 더블룸(조식 포함) 100달러~ 홈페이지 www.bucaneros.com

카리브해가 내려다보이는 이국적인 호텔
카사 데 로스 수에뇨스 Casa de los Sueños

이슬라 무헤레스의 중심가에서는 다소 떨어져 있지만 카리브해가 내려다보이는 전망을 보기 위해 미국의 여행 고수들이 선호하는 호텔. 전 객실이 높은 언덕에서 바다를 내려다보고 있으며, 대대적인 리노베이션으로 탄생한 인피니티 풀과 각종 시설을 무료로 이용할 수 있다. 멕시코 전통 스타일의 객실은 심플한 가구와 화려한 패브릭을 매치해 편안한 분위기로 꾸몄다. 다만 주변에 편의시설이 많지 않고 숙박료가 조금 비싼 편이나. 소용한 주변 환경과 동양인 한 명 구경하기 힘든 이국적인 호텔 분위기를 느끼고 싶은 이들에게 추천한다.

Data 지도 226p-D 가는 법 가라폰 파크에서 도보 5분 주소 Carretera a Garrafon Fraccionamiento Turquesa Lote 9 A & B, Isla Mujeres 전화 998-877-0708 운영 체크인 15:00, 체크아웃 12:00
요금 이코노미 빌라 250달러~, 오션뷰 빌라 309달러~ (조식 포함)
홈페이지 hotelcasasuenos.com/es/

가장 저렴한 가격의 호텔
호텔 플라자 알멘드로스
Hotel Plaza Almendros

이슬라 무헤레스에서 가장 저렴한 호텔 중 하나로 섬의 중심지에 위치해 있어 접근성이 단연 최고다. 모든 방에 에어컨, 선풍기와 TV, 냉장고, 커피메이커, 전자레인지가 구비되어 있으며, 로비에서 컴퓨터 사용이 가능하다.
또한 호텔 내에 수영장과 해먹이 있어 간단한 물놀이를 즐기며 쉬기에 좋다. 조식은 제공되지 않지만 호텔 주변에 수많은 식당과 마켓, 바가 즐비하니 큰 불편함이 없다.

Data 지도 226p-E 가는 법 울트라마 페리 터미널에서 도보 4분 주소 Miguel Hidalgo S/N, Mz 18 Lote 14 SM 1, Colonia Centro, Isla Mujeres
전화 998-877-1217 운영 체크인 15:00, 체크아웃 12:00 요금 스탠더드룸 60달러~
홈페이지 www.hotelplazaalmendros.com

주머니 가벼운 배낭여행자들의 집합소
포크나 호스텔 Poc-Na Hostel

2만 원 미만의 숙박료로 전 세계 여행자들이 인산인해를 이루는 호스텔이다. 하루 종일 각종 이벤트가 열려 심심할 틈이 없다. 저녁에는 요일별 주제에 따라 요리 파티를 여는데, 바닷가재의 밤이 있는 날에는 너도나도 일찌감치 귀가해 바닷가재를 함께 요리하며 친목을 도모한다. 영어로 대화하며 외국 친구를 만나고 싶은 사람, 시끌벅적한 분위기를 좋아하는 여행객이라면 환영이다. 객실 타입은 도미토리룸과 프라이빗룸, 캠핑 존이 있으며 조식이 제공된다.

Data 지도 226p-E 가는 법 울트라마 페리 터미널에서 도보 7분 주소 Av. Matamoros 15, Colonia Centro, Isla Mujeres 전화 998-213-4543 운영 체크인 15:00, 체크아웃 11:00 요금 믹스 도미토리 6인실(선풍기) 25달러~, 프라이빗룸(욕실, 에어컨) 70달러~
홈페이지 www.pocna.com

Cancun By Area

05

치첸이트사 & 툴룸
CHICHÉN ITZÁ & TULUM

어릴 적 책에서 본 고대 마야 문명을 실제로 눈앞에서 볼 수 있는 절호의 기회! 천문학과 글자, 수학에 뛰어났던 마야 문명의 중심 유적지 치첸이트사와 툴룸은 칸쿤에서 빠트리면 안 되는 여행의 한 페이지다.

치첸이트사
Chichén Itzá

치첸이트사는 세계 7대 불가사의 중 하나이며 1988년 등록된 유네스코 세계 문화유산이다. 마야인들에 의해 5세기에 설립된 이 도시는 7~8세기에 쇠퇴를 거쳐 10세기경에 재건되었다. 10세기에 마야 도시들이 멸망한 이후 치첸이트사는 마야어를 쓰는 멕시코 중부 톨텍족의 영향을 강하게 받았거나 그들의 지배하에 있었으리라 추정되는 이민족의 침입을 받았다. 이 두 문명이 만나 완성된 것이 지금의 치첸이트사이며 현재까지 풀리지 않는 신비로운 역사 때문에 마야 문명의 대표 유적지로 그 이름을 널리 알리고 있다.

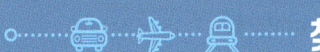
치첸이트사
찾아가기
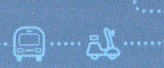

 어떻게 갈까?

장거리를 이동하기 때문에 작은 콜렉티보보다는 주로 안전한 아데오 버스를 이용하며, 장시간 직접 운전하고 돌아와야 하는 렌터카보다는 편리한 1일 투어를 많이 이용한다. 주유비와 고속도로 톨게이트비, 입장료까지 계산했을 때 렌터카와 투어의 비용 차이는 거의 없다.

1. 치첸이트사 1DAY 투어
아침 일찍 리조트 앞으로 픽업 차량이 온다. 호텔 존에서 출발할 경우 다운타운의 쇼핑몰 플라자 카라콜Plaza Caracol에 들러 대형 관광버스로 갈아탄 뒤, 9시경에 치첸이트사로 출발해 약 3시간 30분이 걸린다. 플라야 델 카르멘에서 출발할 경우 소요 시간은 2시간 10분이다.

2. 아데오 버스

구분	출발 시간	요금	소요 시간
다운타운	08:45(1회)	285페소	3시간 10분
플라야 델 카르멘	08:00(1회)	282페소	3시간 50분

3. 렌터카
호텔 존, 다운타운에서 3시간 30분, 바야돌리드에서 1시간 50분, 플라야 델 카르멘에서 3시간 15분이 소요된다.

 어떻게 다닐까?

치첸이트사 입구에서부터는 차량 입장이 불가하므로, 유적지 안에서는 모두 도보로 이동을 한다.

 SEE

 세계 7대 불가사의
치첸이트사 Chichén Itzá

치첸이트사는 10~15세기에 유카탄에 꽃피운 마야-톨텍 문명 중 가장 위대한 고고 유적이다. 밀림에 오랫동안 숨겨져 마야 인디언의 성스러운 곳으로 남아 있던 치첸이트사는 19세기에 유적이 발굴되기 시작하면서 멕시코의 가장 중요한 고고학 연구 지역 가운데 하나가 되었다. 치첸이트사는 마야와 톨텍 문명의 융합을 분명하게 나타내고 있는데, 문명의 우수성은 특히 건축술에서 드러진다. 이들이 숭배했던 수많은 신들은 기념비와 신전의 벽, 양가죽에 상형문자로 기록되어 있다.

마야 문명의 가장 큰 특징은 하늘에 제사를 지내기 위해 전쟁 포로의 심장을 꺼내 바쳤다는 점이다. 또한 거대한 지하 연못 세노테에 금과 옥으로 만든 장신구와 귀중품을 사람과 함께 던져 제물로 바쳤다고 한다. 때문에 세노테 역시 치첸이트사 투어의 주요 관광 코스에 포함된다. 한편 치첸이트사 유적지 입구에 기념품을 판매하는 가판대가 있으며 가격은 그리 저렴한 편은 아니지만, 흥정이 가능하다. 유적지 내에는 나무를 제외하면 그늘이 전혀 없고 여름에는 체감온도만 38도를 오르내리는 무더위가 기승이므로 모자와 선크림을 반드시 챙기자.

Data 지도 013p-D, 226p
가는 법 투어버스로 호텔 존, 다운타운에서 3시간 30분, 플라야 델 카르멘에서 2시간 10분
주소 Chichén Itzá
전화 985-851-0137
운영 08:00~16:30
요금 입장료 614페소
홈페이지 inah.gob.mx

치첸이트사 자세히 들여다보기

01. 엘 카스티요 El Castillo

치첸이트사의 중앙에 위치한 엘 카스티요는 이집트의 피라미드를 연상시키는 모양으로, 쿠쿨칸 피라미드라고도 불린다. AD 7세기부터 10세기까지 지어졌으며, 마야의 우주론과 마야력을 상징한다. 엘 카스티요의 사각뿔에서 4개의 경사면은 각 91개의 계단으로 이루어져 있는데, 이 계단들이 만나는 꼭짓점 1개의 계단까지 합하면 총 365개로 1년을 의미한다. 또한 마야력의 52년 순환 주기를 상징하는 52개의 패널이 사면에 새겨져 있다. 낮과 밤의 길이가 같아지는 춘분과 추분에는 해가 떨어지기 직전, 엘 카스티요 신전의 각 모서리에 뱀과 같은 형상의 그림자가 나타나 신전 계단 아래의 뱀 머리 조각에 연결되는 기이한 현상도 볼 수 있어, 이를 보기 위해 방문하는 여행자들도 많다. 피라미드 정면에 서서 손뼉을 치면 그 소리가 메아리처럼 돌아와 울음소리를 내니 잊지 말고 직접 경험해보자. 꼭대기에 오르는 것은 금지되어 있다.

02. 독수리와 재규어의 재단 Plataforma de Águilas y Jaguares

제물을 잡아 의식을 치르던 사원의 일부로, 제단 벽면에 인간의 심장을 움켜쥔 독수리와 인간의 심장을 물고 있는 재규어의 섬뜩한 모습이 새겨져 있다. 신전으로 오르는 계단에는 깃털 달린 뱀이 새겨져 있고, 계단 가장 위쪽에는 뱀 머리 조각이 달려 있다. 이들 뱀과 독수리, 재규어는 마야의 용맹한 전사 계급을 상징하던 동물들이라고 한다.

03. 전사의 신전 Templo de los Guerreros

4개의 기단으로 구성된 전사의 신전은 본래 천여 개의 기둥에 둘러싸여 있었다고 하며, 현재는 약 2백여 개의 기둥만이 남아 있다. 각 기둥에는 전투복을 입은 전사와 그 당시 마야의 계급을 상징하던 동물이 함께 새겨져 있다. 한편 신전 내부에는 마야인들의 전쟁과 일상생활을 보여 주는 벽화와 조각상들이 있는데, 유적지 훼손을 막기 위해 현재 내부 출입을 통제하고 있다.

04. 해골의 기단
Plataforma de los Craeros o Tzompantli

촘판틀리라고 부르는 이곳은 산 제물이 된 희생자의 목을 이 위에 얹어 놓는 장소로 추정된다. 전쟁에서 죽인 적군이나 인신 공양에 쓰인 희생자들의 해골을 쌓아 올려 죄수들을 공포와 두려움에 떨게 했다고 하는데, 측벽에 무수히 다양한 표정의 괴기스러운 해골이 조각되어 있어 더욱 실감이 난다.

05. 구기장 Juego de Pelota

대형 경기장으로 길이 145m, 폭 37m에 높이가 무려 8.5m에 달한다. 경기장 벽면 높은 곳에 원형 골대가 있으며, 치첸이트사의 전사들은 손 대신 발과 팔꿈치, 허리, 어깨를 이용해 링 안에 고무공을 넣었다고 하는데 좀처럼 쉬워 보이지 않는다.
벽면 아래의 경사면에는 축구 경기와 제사 장면이 묘사되어 있다. 종교의식의 하나로 추정되는 이 경기에서는 승리한 팀의 선수를 제물로 바쳤다고 하며, 이를 대단한 영광으로 여겼다고 한다. 이는 가장 힘 있고 강한 심장을 신에게 바친다는 의미이기 때문이다.

THEME

치첸이트사 & 세노테 & 바야돌리드 1DAY 패키지

2개의 화장실이 구비된 대형 버스로 치첸이트사에서 시작해 신비로운 연못 세노테와 스페인 식민 도시 바야돌리드까지 세 군데를 하루에 돌아본다. 간단한 아침 식사와 마야 레스토랑에서의 점심 식사(음료 별도), 버스에서의 음료가 투어에 포함되어 있으며, 픽업 차량이 오전 7시 전후에 리조트 앞으로 온다.

세노테는 특정한 곳을 지정할 수 없으며, 방문 시기에 따라 스케줄이 달라지지만 대체로 잘 알려진 익킬 세노테를 방문하는 편이다. 중간에 마야 빌리지에도 들러 관광과 쇼핑 시간이 주어진다. 호텔 존, 다운타운, 플라야 델 카르멘 지역 어디서든지 출발 가능하며 투어 비용은 동일하다. 하루에 다른 액티비티 공원 여러 곳을 투어하는 치첸이트사 패키지는 현실적으로 불가능하니 되도록 피하는 것이 현명하다.

 칸쿤 어드벤처 Cancun Adventure

Data 가는 법 호텔 존 아쿠아마리나 비치호텔 맞은편 주소 Blvd. Kukulcan Km. 3.5, Centro Empresarial Nautilus Local 5, Zona Hotelera, Cancun 전화 998-849-4911 운영 호텔 존 출발 07:00, 도착 19:30 요금 1인 116달러(팁 별도) 홈페이지 cancunadventure.net/tours/

TIP 투어 버스 탑승 시 에어컨 때문에 추운 편이니 긴팔 겉옷을 준비하면 좋다.

TALK

패키지 투어 vs 자유 여행 완전 비교!

	1DAY 패키지 투어	자유 여행
장점	• 가이드의 자세한 설명 • 대형 버스로 편하고 안전하게 이동 • 효율적인 동선으로 여러 관광지 섭렵 • 전 일정 식사 포함	• 원하는 목적지를 자유롭게 선택 • 시간에 구애받지 않고 유적지 구경 • 당일치기, 1박 등 다양하게 고려
단점	• 하루 동안 빠듯한 일정 소화 • 원하는 순서대로 이동 불가	• 렌터카 이용 시 치첸이트사까지 왕복 6시간, 툴룸까지 왕복 4시간 운전 • 버스 이용 시 운행 차량에 따라 2배가량 시간 소요 • 방학 시즌과 겨울 성수기에는 버스 티켓 빨리 소진 • 개별적으로 식사 해결

TIP 유적지 투어 유의 사항

- 렌터카 자유 여행과 패키지 투어의 비용은 비슷하다. 그러니 장단점을 잘 비교한 후 선택하자.
- 투어 업체마다 루트가 다르므로 원하는 관광 포인트와 일치하는 패키지를 찾자.
- 모든 유적지 안에는 매점이 없어 식사가 불가하다.
- 모자, 선크림, 양산, 물과 음료수는 미리 준비해 가자.

 천연의 지하 연못에서 아찔한 다이빙

익킬 세노테 Ik-kil Cenote

지하로 50m 정도 내려간 곳에 지름 50~60m, 수심 50m 정도의 크기로 형성된 지하 동굴 연못 익킬 세노테는 유카탄반도의 여러 세노테 중에서도 마치 밀림을 연상하는 모습으로 인기가 많다. 바닥 깊숙이 샘이 있어 물이 절대 마르지 않는다고 하며, 천혜의 날씨 덕분에 햇빛이 언제나 찬란하게 세노테 아래까지 비쳐 무척 신비롭다. 스페인어로 '신성한 우물'을 뜻하는 세노테는 유카탄반도에만 해도 3천여 개가 있는데, 마야인들은 이 거대한 우물을 비의 신 차크가 머무는 곳이라 믿었다. 그래서 가뭄이 오면 기우제를 지내며 어린 여자아이들과 동물, 온갖 보석을 제물로 바쳤다고 한다.

인신 공양의 풍습 때문에 과거에는 '희생의 샘'이라고도 불리던 무시무시한 연못이지만, 이제는 짜릿한 다이빙과 수영을 즐기기 위한 연못으로 각광받고 있다. 치첸이트사와 가까워 관광 패키지에 포함되어 있으니 어렵지 않게 방문할 수 있다는 점도 장점이다. 미리 수영복과 수건을 준비해야 하며, 구명조끼와 라커는 입장료에 포함이다.

Data 지도 013p-D 가는 법 치첸이트사에서 택시 5분(편도 요금 5~7달러) 주소 Km. 122 Valladolid - Merida Tablaje Catastral 510, Merida - Valladolid Km. 122, 97753 X-Calakoop, Yuc. 전화 999-329-3654 운영 09:00~17:00 요금 입장료 180페소(구명조끼, 라커 렌탈 포함), 뷔페 포함 패키지 400페소 홈페이지 cenoteikkil.com

유럽 향기가 느껴지는 아름다운 마을
바야돌리드 Valladolid

쿠바와 스페인이 절묘하게 만난 듯한 바야돌리드는 치첸이트사 투어 패키지에 꼭 들어가 있는 주요 코스다. 치첸이트사를 방문한 자유 여행자들이 숙박을 위해 가장 많이 찾는 곳. 치첸이트사, 메리다, 코바, 툴룸을 잇는 유카탄반도 중앙에 위치해 교통의 중심지이며, 편리한 주변 환경 때문. 본래 마야인들이 살던 바야돌리드는 16세기 스페인이 침략해서 건설한 식민 도시다. 스페인의 도시 이름을 그대로 가져온 이곳은 콜로니얼Colonial 양식의 건물들이 들어서 유카탄반도에서 가장 아름다운 도시로 손꼽히게 되었다. 원색의 다른 도시와 다르게 바야돌리드에서는 파스텔 톤의 건물들을 볼 수 있고, 도로를 활보하는 귀여운 클래식 카들은 쿠바를 연상시킨다. 바야돌리드 마을 주변에도 수많은 세노테가 있다. 세노테 사치Cenote Zaci, 세노테 스케켄Cenote X-keken, 그중 가장 아름다운 세노테 사물Cenote Ssamal이 유명하다. 세노테 입장료는 150페소 정도이며, 250페소에 점심 뷔페가 포함된 패키지가 훨씬 실속 있다.

Data 지도 013p-D 가는 법 투어 버스로 칸쿤,플라야 델 카르멘에서 2시간, 치첸이트사에서 1시간 50분 툴룸에서 1시간 40분.칸쿤에서 아데오 버스 운행 주소 Calle 40 No.200, Centro Historico, Valladolid 홈페이지 www.valladolid.com.mx

칸쿤 최초의 성당
산헤르바시오 대성당 Catedral de San Gervasio

바야돌리드 마을에서 가장 유명한 건축물이자 마을의 중심이다. 칸쿤에서 가장 먼저 건축된 성당이기도 한데, 그 이유는 스페인이 아메리카 대륙 침공 후 일찍이 바야돌리드를 식민지로 개척했기 때문이다. 성당의 규모와 높이도 상당하다. 대성당 앞에는 바야돌리드 주민들의 사랑방 같은 프란시스코 캔톤 파크Francisco Cantón Park가 있어 마을 주민들이 살아가는 모습을 생생히 볼 수 있다. 공원 앞에는 동네 사람들이 즐겨 찾는 푸드 코트가 있으니, 배가 출출해질 무렵 잠시 들러 요기하기에도 좋다.

Data 가는 법 치첸이트사에서 차로 45분. 바야돌리드 아데오 버스 터미널에서 도보 6분. Francisco Cantón Park 바로 앞에 위치 주소 Parque Principal Francisco Canton, Valladolid 전화 985-856-3116 운영 09:00~21:00

SLEEP

바야돌리드의 동화 속 같은 호텔
카사 티아 미차 Casa Tia Micha

치첸이트사 관광 후 숙박하기 좋은 최적의 마을 바야돌리드에서 호텔 리뷰어들에게 높은 평점을 받고 있는 호텔이다. 호텔 건물은 이국적인 분위기를 느끼기에 충분하며, 마을 중심에 위치해 있으니 산헤르바시오 대성당과 아데오 버스 터미널, 마트, 식당 등이 가까이 있어 관광 시간도 절약된다. 3개의 객실을 운영하다 보니 마치 집 한 채를 통째로 사용하는 기분이다. 객실 내에서 와이파이를 쓸 수 있고, 무료 주차가 가능하다. 커피, 주스, 과일과 계란, 빵 등의 신선한 조식이 기본적으로 제공되며, 호텔 내의 멕시칸 레스토랑 역시 만족스럽다. 호텔 홈페이지에서 시즌별 할인 프로모션 패키지를 제공하므로 미리 확인하자.

Data **가는 법** 치첸이트사에서 차로 40분. 바야돌리드 아데오 버스 터미널에서 도보 6분 **주소** Calle 39 No.197, Centro Histórico, Valladolid **전화** 985-856-0639 **운영** 체크인 15:00, 체크아웃 12:00 **요금** 스탠더드룸 110달러~, 디럭스룸 150달러~ **홈페이지** casatiamicha.com

바야돌리드에서 가장 저렴한 호텔
호텔 킨타 마르시알라 Hotel Quinta Marciala

바야돌리드에는 비싼 호텔보다는 중저가의 호텔들이 많다. 호텔 킨타 마르시알라는 단독 화장실과 개인 룸을 사용해야 하는 여행자들에게 맞는 가장 저렴한 호텔이다. 다만, 10인과 함께 룸과 화장실을 사용해야 하는 호스텔 가격과 동일한 비용이기 때문에 기대는 금물이다.
저렴한 가격에 두 명이 맘 편히 묵을 수 있는 곳이니 부대 시설을 크게 기대하지 말자. 근처에 슈퍼와 서렴한 중국 음식점도 있으니 참고할 것.

Data **가는 법** 아데오 터미널을 등지고 오른쪽으로 도보 5분 **주소** Calle 39 #239 x 54, Bacalar, 97780 Valladolid **전화** 985-100-4113 **운영** 체크인 15:00, 체크아웃 12:00 **요금** 1박 40달러(조식 별도)

툴룸
Tulum

툴룸은 도시와 유적지 이름이 동일하다. 툴룸 시내는 플라야 델 카르멘에서 바칼라르와 체투말을 여행하려는 여행자들이 중간에 꼭 들르는 중심 도시이며 세계 각국에서 모여든 다양한 국적의 젊은이들로 가득하다. 가까운 툴룸 유적지는 칸쿤 중심부에서 남쪽으로 해안을 끼고 120km 떨어진 곳에 위치한 마야의 유적지이다. 툴룸의 가장 큰 매력은 너무나도 푸르고 아름다운 절벽 아래의 바다다. '아직 때가 덜 탄 순수한 여행지'로 표현되는 툴룸은 골수 여행자들의 목마름을 해소시킬 천혜의 풍경을 선사한다.

툴룸 찾아가기

어떻게 갈까?

툴룸은 크게 툴룸 유적지와 툴룸 시내로 나뉜다. 플라야 델 카르멘에서 콜렉티보로 당일 툴룸 유적지 투어를 다녀오기도 하며 툴룸 시내에서 유적지를 다녀오기도 한다. 칸쿤에서 툴룸까지 가는 아데오 버스는 플라야 델 카르멘을 거쳐서 간다.

1. 아데오 버스

구분	운행 시간	요금	소요 시간
다운타운	06:10~23:00	242페소	2시간 40분
플라야 델 카르멘	06:30~23:00	120페소	1시간 10분

2. 콜렉티보

구분	운행 시간	요금	소요 시간
플라야 델 카르멘	07:00~22:00	60페소	50분

3. 렌터카

호텔 존, 다운타운에서 1시간 45분, 플라야 델 카르멘에서 80분이 소요된다.

어떻게 다닐까?

툴룸 시내는 크지 않다. 대부분 걸어서 이동이 가능하며 조금 먼 거리는 택시를 이용한다. 기본요금으로 웬만한 곳은 갈 수 있다.

▶ ENJOY

 바다 끝에 지어진 마지막 마야의 도시
툴룸 유적지 Tulum Ruins

고대 마야인들이 살았던 마지막 도시 툴룸은 유카탄반도 남쪽에 위치해 있다. 마야어로 '벽'을 뜻하는 툴룸은 번성했던 무역항인 동시에 해적들의 침입을 막기 위한 요새였다. 하지만 이곳이 특별한 가장 큰 이유는 바닷가 벼랑 위에 만들어진 '바람의 신전' 때문이다. 본래 이름은 '엘 카스티요'로 신에게 제물을 바치는 제단이었는데, 치첸이트사의 완벽한 건축 구조에 비하면 완성도가 낮은 편이다. 그럼에도 불구하고 유카탄반도의 여행 책자와 브로슈어 표지에 가장 많이 등장하는 곳이니, 툴룸 해안의 풍경이 얼마나 환상적인지는 두 눈으로 직접 보아야 알 수 있다.

전쟁 목적이 아니라 상업과 경제 교류를 위해 만들어진 요새인지라 높은 성벽은 찾아보기 어렵고, 넓은 땅에 드문드문 성벽이 지어져 부드러운 느낌을 자아낸다. 입장 후 곳곳에 보이는 이구아나들도 툴룸 유적만큼이나 인기가 많아 사방에서 카메라 셔터를 누르기 바쁘다. 입구에서 유적지까지는 거리가 다소 애매한 편이라 대부분 걸어가지만, 땡볕의 무더위라면 달러를 내고 관광 열차에 탑승하는 것도 좋다. 입장 후에는 물이나 음료를 구입할 수 있는 곳이 없고 입구 앞 매점은 비싼 편이니, 마실 물은 미리 준비하자. 한여름에는 그늘 한 점 없이 무더우니 양산이나 챙이 넓은 모자를 잊지 말자.

Data 지도 013p-E 가는 법 칸쿤에서 아데오 버스로 1시간 50분, 플라야 델 카르멘에서 50분, 툴룸 아데오 터미널에서 10분 주소 Carretera Federal No.307 Km 128, Tulum 전화 983-837-2411
운영 08:00~17:00 (입장 ~16:30) 요금 입장료 90페소(카드 불가)

바다거북이와 함께 수영을
아쿠말 비치 Akumal Beach

아쿠말 비치 타운은 플라야 델 카르멘에서 툴룸으로 내려가는 길에 위치한 작은 바닷가 마을이다. 마야어로 '거북이의 땅'을 뜻하는 아쿠말은 바다에서 수영하면서 거북이를 볼 수 있는 곳이라, 이를 보기 위해 세계 각지에서 여행자들이 찾아온다. 스노클링을 위한 최적의 장소로 누구나 어렵지 않게 거북이와 헤엄을 칠 수 있어 이색적이다. 스노클링 장비는 아쿠말 비치 입구에서 바로 대여가 가능하다. 여름이면 산란기를 맞은 수많은 거북이가 알을 낳기 위해 해안가로 모여들어 또 다른 진풍경을 선사한다. 거북이가 주로 알을 낳는 저녁 시간에 이를 관찰할 수 있으나, 야생동물 보호를 위해 주의가 필요하다. 한편 아쿠말 단일 투어 상품이 없기 때문에 개별 방문을 하거나 툴룸 & 아쿠말 1일 패키지 투어를 이용해야 한다. 대체로 개별 방문을 하는 편이며, 렌터카 또는 플라야 델 카르멘에서 콜렉티보를 이용한다.

Data 지도 013p-E 가는 법 플라야 델 카르멘에서 콜렉티보로 40분, 툴룸 시내에서 콜렉티보로 20분
주소 Carretera Federal 307, 109, Akumal 요금 스노클링 장비대여 25달러(흥정 가능)

TIP 툴룸 & 셀하 1DAY 패키지

지리적으로 가까운 툴룸과 셀하 워터파크가 패키지 상품으로 구성되어 있다. 오전 7시에 버스를 타고 툴룸 유적지에 들러 1시간 정도 관광을 한 뒤, 11시쯤 셀하에 입장한다. 셀하에서의 음식과 음료가 포함된다. 많은 여행 업체에서 예약 가능하며 투어는 보통 1인 156달러 정도이며 대부분 업체들이 최소 2주 전에 미리 예약하면 할인을 해준다.

영화 속 정글에 둘러싸인 유적지, 코바

코바 Zona arqueológica de Coba

마야 문명 후기에 중심 도시로 발전한 코바는 정글 숲에 가려져 있다 1972년에 뒤늦게 발굴이 시작되어 다른 마야 유적지에 비해 한적하고 여유로운 편이다. 거대하고 화려한 치첸이트사의 유명세에 가려져 있지만, 입소문이 나 마니아층에게 인기가 많다. 관리가 잘된 밀림 속을 한참 들어가면 마야 건축물 중 두 번째로 높은 노히치뮬Nohoch Mul이 나타난다. 안전 문제 때문에 오를 수는 없지만 자전거를 대여해 유적지 안을 돌아보는 것도 매력적. 필요하면 스노클링이나 집라인도 유료로 이용할 수 있다. 칸쿤에서는 차로 3시간이나 걸리기 때문에 툴룸을 거쳐 가는 경우가 많다. 툴룸에서는 아데오 버스가 매일 오전 10:11에 한 번, 돌아오는 버스 역시 15:00에 한 번 운행한다(80페소). 툴룸 시내 택시 승차장에서 오전에 4명이 모여 출발하는 합승택시도 운영한다. 비용은 450페소 이상으로 비싼 편이지만 가족 단위 4명이라면 고려할 만하다.

Data 지도 013p-E 가는 법 칸쿤에서 차로 3시간. 플라야 델 카르멘에서 차로 2시간, 툴룸에서 차로 1시간
주소 Riviera Maya, Cobá 운영 08:00~16:00 요금 입장료 100페소, 자전거 대여 40페소

바칼라르와 같은 석호에 세노테가 함께 있는 신비한 천국

카안 루움 라군 Kaan Luum Lagoon

바칼라르에 방문할 시간이 없는 여행자들에게 카안 루움은 여행 고수들만 아는 히든 관광지. 바칼라르 공용 수영장과 비슷한 데 크가 있어, 인생 숏 남기기에 좋다. 석호의 수심은 1미터 정도로 얕아 물놀이에 안전하지만, 중앙에는 80미터의 깊은 싱크홀(세노테)이 있어 매우 주의가 필요하다. 입장 시 100페소를 추가하면 드론 촬영도 가능하다. 요금은 툴룸 시내에서 택시로 250페소, 차량으로 15분 거리다. 더 유명해지기 전에 꼭 가보자.

Data 가는 법 툴룸 시내에서 택시로 15분 이동
주소 laguna kaan luum, 77760 Tulum 전화 984-196-8804
운영 09:00~16:00 요금 입장료 300페소, 드론 촬영 추가 100페소

거북이와 물고기, 사람이 함께 물놀이하는 짜릿한 경험
그랑 세노테 Gran Cenote

이름 그대로 큰 사이즈의 세노테. 아직 많은 사람이 찾지 않는 보석 같은 곳이다. 청록색의 진하고 투명한 물빛이 아름답고, 물고기와 거북이가 수영하는 내내 사람 곁에서 함께 하는 축복받은 세노테 중 하나. 스노클링, 스쿠버 다이빙을 즐기는 사람들이 입소문으로 알아서 찾는 곳이다. 보통 세노테는 1시간 이상을 머물기 어려울 정도로 작은 규모인데 그랑 세노테는 반나절을 머물러도 지루할 틈이 없을 정도다. 한 번 입장하면 재입장이 불가하시만, 세노디 내에 카페테리아가 있어 간단한 식사가 가능하다. 자동차 외에는 교통편이 없어 툴룸 시내에서 택시로 이동해야 한다. 요금은 툴룸 시내에서 택시로 150페소 정도.

Data 가는 법 툴룸 시내에서 자동차 6분 전화 998-980-0332 운영 08:10~16:45 요금 입장료 500페소 (구명조끼, 라커 렌탈 및 모든 이용료 포함)

서진이네 화면 속 바로 그곳
세노테 칼라베라 툴룸 Cenote Calavera Tulum

<서진이네> 방영 당시, 아주 잠시 독특한 세노테의 모습이 화면 속에 스치고 지나갔는데, 그것을 알아본 시청자들이 무척 궁금해했던 곳. 바로 그곳이 툴룸의 칼라베라다. 커다란 우물 같은 지하 동굴에 투명하고 푸른 물속으로 신나게 다이빙을 할 수 있는 곳. 아름다운 그네에 앉아 인생에 남을 기념사진도 남길 수 있는 아주아주 특별한 세노테. 현재 여행객들의 발길이 끊이지 않을 뿐 아니라, 선호도 1위 스폿으로 인기 급상승하고 있는 곳이다. 입장료는 250페소로 다소 비싼 편이지만, 그 비용이 아깝지 않을 정도로 특별한 기억을 남길 수 있는 곳이다. 오히려 놓치면 평생 후회할 스폿이라는 것만 알아두자.

Data 가는 법 아데오 터미널에서 자동차 8분거리 주소 Carretera Tulum, Av. Coba Km 1.7, 77796 Tulum 전화 984-216-4641 운영 매일 09:00~17:00 요금 입장료250페소, 맥주 100페소

# EAT

툴룸 최고의 해산물 맛집

엘 카멜로 주니어 El Camello Jr.

여행 사이트 랭킹 1위를 자랑하는 해산물 전문 맛집으로 한국인이 좋아하는 메뉴들을 판매한다. 아침마다 신선한 생새우와 랍스터, 생선을 직원들이 밖에서 직접 손질하는 모습이 보이는데 그만큼 그 맛이 보장된다.

갓 구워낸 통생선구이가 우리 입에 잘 맞고 문어덮밥(같은 마늘소스Mojo děajo에 새우, 오징어덮밥도 가능)도 인기 있다. 각종 해산물과 꽃게, 그리고 생선이 통째로 들어간 해산물 수프는 해장국 맛이 난다. 양파와 고수를 따로 부탁해 라임즙과 수제 핫소스 한 스푼을 넣어 현지 스타일로 즐겨 보자.

Data 가는 법 아데오 터미널에서 도보 10분
주소 Carretera Chetumal-Cancun Locales 1 y 2 Lte 3 Mza 40, Centro, Tulum,
전화 984-871-2036
운영 목~화 10:30~22:00, 수 휴무
요금 통생선구이 220페소, 마늘소스 문어덮밥 240페소, 해산물 수프 200페소

미국 관광객들의 입맛에 딱 맞춘 퓨전 부리토

부리토 아모르 Burrito Amor

높은 천장과 넓은 실내, 모던한 인테리어는 딱 미국 시내 식당 분위기와 같다. 오픈한 지 4년 만에 툴룸의 최고 인기 식당으로 자리매김했다. 치킨과 소고기가 들어간 식사용 부리토는 푸짐한 양과 맛 모두가 좋아 인기가 많으며 미국식 식당답게 칵테일의 종류가 현대식으로 다양하고 또 맛이 독특하니 잊지 말고 함께 곁들여 보자. 늘 흥겨운 음악이 끊이지 않으며 활기찬 분위기가 매력이다.

Data 가는 법 아데오 터미널에서 도보 10분
주소 Av Tulum Pte Mz 3 Lote 5 Local 1, Tulum Centro, Tulum 전화 984-160-2989
운영 수~월 08:00~22:00, 화요일 휴무
요금 소고기, 새우, 생선 부리토 159페소

툴룸의 신선한 아침 식사로 유명한
카페 후납쿠 Cafe Hunab KU

오랜 비행과 시차에 허덕이는 이른 아침에 신선한 과일 프룻볼 아침을 먹을 수 있는 카페 후납쿠는 현재 툴룸에서 가장 핫플로 손꼽힌다. 디톡스 주스도 인기 만점이라 오픈부터 클로징까지 늘 붐비는 아늑한 카페다. 매일 직접 구워내는 다양한 빵과 디저트를 제공하며 맛있는 아침 식사와 점심용 샐러드와 건강 샌드위치 메뉴가 다양하니 입맛 띠리 골라 먹는 재미가 있다.

Data 가는 법 아데오 터미널에서 도보 5분
주소 Av. Kukulkan Mz 40-Lt 5, La Veleta, 77760 Tulum
전화 984-231-7318
운영 06:30~15:00
요금 아침 오믈렛, 프룻볼 셋트 160페소, 생과일주스 70페소

천연 아이스크림과 수제 초콜릿
판나 이 치콜라토 Panna e Ciccolato

툴룸 자체 아이스크림 브랜드로 매운 고추 중 하나인 아바네로로 아이스크림을 만들어 유명세를 탄 집이다. 현재는 아바네로 아이스크림은 판매하지 않지만 다양한 생과일 젤라토가 더운 툴룸의 날씨를 잊게 한다. 매일 멕시코산 카카오로 만들어 내는 수제 초콜릿 맛도 훌륭하다. 겉을 초콜릿으로 감싼 아이스 바도 인기 메뉴이니 잊지 말자.

Data 가는 법 툴룸 경찰서 건너편
주소 Ave. Tulum 72, Centro Tulum, Tulum
전화 984-140-9531
운영 10:00~23:30
요금 한 스쿱 50페소, 두 스쿱 70페소, 세 스쿱 90페소

SLEEP

All Inclusive

 툴룸에서 가장 선호하는 올 인클루시브 리조트

바히아 프린시페 그랜드 Bahia Principe Grand Tulum

툴룸 지역에서 가장 대중적인 올 인클루시브 리조트. 호텔 존의 리조트 가격과 비교하면 좀 더 저렴한 가격으로 한가로이 시간을 보내기에 좋은 곳이다. 조용하고 한적한 위치에 대규모의 가족 리조트라 특히 미국인들이 가족 단위로 자주 찾는다. 3개의 대형 수영장과 7개의 식당, 5개의 바, 그리고 어린이 전용 워터파크도 따로 있다. 한적한 툴룸 바다 바로 앞에 위치해있어 멋진 캐리비안 베이를 즐기기에 좋으며, 리조트 내에서는 낮 시간에 레크리에이션 강사들이 댄스 타임과 흥겨운 음악을 연주하니 지루할 새가 없다. 외진 위치 때문에 저녁엔 조용하지만 리조트 내에서 수시로 각종 행사를 진행하니 심심하지 않다. 호텔 내에 식당은 격식을 차려야 하는 곳도 있으니 예약과 드레스 코드에 맞는 옷차림은 필수다.

Data **가는 법** 툴룸 시내에서 택시 20분 거리
주소 Carretera Federal Chetumal- Benito Juarez Km. 250, 77760 Tulum **전화** 984-875-5000
운영 체크인 15:00, 체크아웃 12:00 **요금** 스탠더드룸 1인 200달러~ **홈페이지** bahia-principe.com

툴룸 시내 가성비 갑 숙소는 여기!

호텔 포사다 06 툴룸 Hotel Posada 06 Tulum

활력 넘치는 툴룸 시내 아데오 버스 터미널에서 도보 10분 거리에 위치해 지리적으로 장점을 가지고 있다. 호텔 내부는 아늑하고 아름답다. 관리가 잘 되어 있으며 멋진 수영장도 있어 하루의 피로를 물놀이로 날려버릴 수 있다. 매일 청소를 깨끗하게 해주는 객실은 무척 로맨틱하게 꾸며 놓아 특히 신혼부부나 커플에게 추천한다.

객실 크기 역시 넓은 편이라 답답하지 않고 베란다도 있어 식사와 맥주 한잔 즐기기에 좋다. 식수는 필요한 만큼 매일 유리병에 재워서 주며 2인 기준으로 추가 요금 만 원이면 아침 조식으로 신선한 과일과 계란 요리, 핫케이크와 토스트를 제공한다. 퀄리티가 가격 대비 상당히 훌륭한 편이니 맛보기를 추천한다. 각종 숙박 사이트에서 넓고 깨끗한 객실을 높이 칭찬하는 툴룸의 숨은 보석 같은 호텔로 손꼽히는 곳이다.

Data 가는 법 아데오 터미널에서 도보 7분 주소 Andromeda Ote, Tulum 전화 984-133-1233
운영 체크인 15:00, 체크아웃 12:00 요금 1박 60달러~(세금, 조식 포함) 홈페이지 posada06tulum.com/

 독특한 친환경 리조트 경험하기
파파야 플라야 프로젝트 PAPAYA PLAYA PROJECT

도심의 빡빡하고 틀에 박힌 생활을 벗어나고픈 사람들을 위한 파파야 플라야 프로젝트 호텔은 입장하는 순간부터 전기 콘센트가 사라진다. 와이파이와 전화 수신이 제한되고, 무더위를 선풍기로 버텨야 한다. 그럼에도 불구하고 많은 이들이 파파야 플라야 프로젝트에 열광하는 이유는 바로 도시와 문명 탈출이라는 호텔의 콘셉트 덕분이다.

툴룸 정글에서 자란 나무로 지은 건물에서 밤이면 벌레 우는 소리와 파도 소리가 생생하게 들린다. 호텔은 툴룸의 야생 밀림 사이에 73개의 방갈로 스타일 객실을 운영하고 있으며, 모두 단층으로 지어져 높은 곳이 없다. 조식이 기본적으로 제공되며, 호텔 내 식당에서 전자제품 충전이 가능하다. 독특한 테마 때문에 단순 호기심에 일부러 찾아갔다가 콘센트와 전화 없이 하룻밤을 지내야 하는 불편함을 견디지 못하는 여행자들도 많으니 본인의 여행 스타일을 충분히 고려해 예약해야 한다.

Data 가는 법 툴룸 아데오 버스 터미널에서 차로 10분 주소 Km 4.5 Carretera Tulum-Boca Paila, Tulum 전화 984-871-1160 운영 체크인 16:00, 체크아웃 12:00 요금 스탠더드룸 250달러~
홈페이지 papayaplayaproject.com

동화같이 아기자기한 몽키 월드 호스텔
마얀 몽키 호스텔
Mayan Monkey Hostel

젊은 배낭여행자들이 손꼽는 No.1 호스텔이다. 저렴한 가격, 깔끔하고 아기자기한 인테리어와 시설, 훌륭한 식사가 가능한 전문 식당까지 운영하고 있는 특별한 호스텔로, 시내 중심부에서 소금 떨어져 있는 위치임에도 불구하고 예약이 늘 풀로 꽉 차 있는 인기 숙소이다. 툴룸 특유의 '릴렉스·새로운 사람들·파티' 이 세 가지가 모두 있는 활기찬 기운을 느끼고 싶다면 미리 예약을 서두르자. 7일 이상 장기 숙박에는 12%의 할인도 들어가니 기존의 여행 계획을 수정해도 좋다.

Data 가는 법 체드라위 대형슈퍼에서 도보 7분
주소 Av. Coba Sur S/N, 77780 Tulum
전화 984-122-1301
운영 체크인 15:00, 체크아웃 11:00
요금 12인 믹스 도미토리 1인 15달러~
홈페이지 www.mayanmonkey.com/mayan-monkey-tulum

 신나는 DJ와 음악이 있는 비치클럽
셀리나 호스텔
Selina Hostel

늦은 밤까지 신나는 DJ와 함께하는 음악과 비치클럽을 사랑하는 젊은이들에게 적극 추천하는 호스텔이다. 바닷가 앞에 위치한 호스텔은 물가 비싼 플라야 델 카르멘과 호텔 존에서는 꿈도 못 꿀 일이다. 기본 커피와 계란, 토스트 외에 수준 높은 메인요리까지 제공해 주는 아침 식사 비용이 숙박비에 포함이라 주저할 이유가 없다. 새벽 두 시까지 거의 매일 음악과 파티가 열리는 편이라 조용하게 힐링을 원하는 40대 이상 여행자들에게는 추천하지 않는다.

Data 가는 법 아데오 터미널에서 자동차 9분
주소 Carr. Tulum-Boca Paila Km. 7.5, Tulum Beach, Zona Hotelera, 77780 Tulum
전화 984-179-8451 **운영** 체크인 15:00, 체크아웃 11:00 **요금** 8인 도미토리 1인 40달러~
홈페이지 www.selina.com/mexico/tulum-downtown/

Cancun By Area

06

홀복스 & 바칼라르
ISLA HOLBOX & BACALAR

홀복스와 바칼라르는 칸쿤을 여행하는 사람들 사이에서 '나만 알고 싶은 곳'으로 유명한 지역이다. 특히나 바칼라르는 tvN 프로그램 〈서진이네〉가 방영된 덕분에 현재 젊은 여행자들에게 최고 선호 지역이 되었다. 물 위의 해먹과 그네, 고래상어, 플라밍고, 일곱 빛깔 옥빛 호수, 사해 진흙 놀이는 오직 홀복스와 바칼라르에서만 즐길 수 있는 특혜라 할 수 있다.

홀복스
Isla Holbox

영어로는 홀복스, 현지에서는 홀보쉬라 불리는 이 섬은 자연 그대로의 모습이 매력적인 섬이다. 자동차 반입을 금지했기 때문에 홀복스에서는 골프 카트와 자전거로만 이동해야 한다. 여인의 섬 고래상어 투어의 절반 가격으로 투어가 가능하기 때문에 관광객들은 매년 5~9월이 되면 홀복스를 찾는다. 현지인들 사이에서는 홀복스를 다녀왔다고 하면 대단하게 여길 정도로 진짜 아는 사람만 아는 여행지이다.

홀복스 찾아가기

어떻게 갈까?

칸쿤에서 홀복스섬으로 가는 직행 교통수단은 없다. 치킬라에서 페리를 타고 이동하는 게 가장 대중적인 루트이다. 치킬라까지는 아데오 버스와 콜렉티보로 갈 수 있으나 효율면에서 아데오 버스를 추천한다. 칸쿤 다운타운에서 홀복스섬까지 총 4시간 정도 소요된다.

l 칸쿤에서 치킬라 가기 l

1. 아데오 버스
칸쿤 다운타운 아데오 버스 터미널에서 치킬라Chiquilá행 버스를 타고 3시간 정도 이동한다. 출발 전날까지 미리 표를 구매해야 하며 아데오 버스 창구에서 예약해 바로 티켓을 받는 것이 안전하다.

Data 운영 08:15, 09:55, 11:00, 12:00, 13:00, 15:15(2시간 35분 소요) 요금 457페소

2. 콜렉티보 Colectivo
아데오 버스 예약이 늦었다면 당일 콜렉티보를 이용해도 된다. 단, 콜렉티보 요금은 아데오 버스보다 두 배 비싸기 때문에 불가피한 상황이 아니라면 권하지 않는다.

l 치킬라에서 홀복스 가기 l

1. 페리
두 개의 회사가 페리를 운영한다. 덕분에 페리는 30분마다 출발하며 홀복스까지 15~20분 정도 소요된다.

운행 회사	운행 시간	요금
9Brothers	6:00~21:30 (매시 30분 간격으로 출발)	편도 220페소
Holbox Express	6:00~21:30 (매시 30분 간격으로 출발)	
9Brothers	6:00~21:30 (매시 30분 간격으로 출발)	
Holbox Express	6:00~21:30 (매시 30분 간격으로 출발)	

어떻게 다닐까?

홀복스는 자동차가 거의 없고 골프 카트와 자전거, 오토바이가 주요 이동 수단이다. 섬이 크지 않아 도보로 이동 가능하지만 골프 카트로 3시간 정도 섬 전체를 둘러보는 것을 추천. 소칼로 주위에 골프 카트 렌털 상점들이 많은데, 가격이 똑같아서 흥정은 쉽지 않다. 08:00부터 렌털할 수 있고, 20:00 이전에 문을 닫는다. 기본 2시간부터 렌털 가능하고 시간당 300페소 정도다. 4시간 1,000페소, 6시간에 1,500페소, 12시간에 2,300페소(업체별 차이가 있음).

홀복스 중심부
Holbox Downtown

0 — 200m

- 24시간 슈퍼 / 24-hour Supermarket
- 라 타파티아 / Cenaduria La Tapatia
- 고래상어 투어 & 3섬 투어 / 3 Island Lancha Tour
- 루츠 피자 / Roots Pizza
- 비치 프론트 호텔 라 팔라파 / Beach Front Hotel La Palapa
- 소칼로(중앙 공원) / Zocalo
- 세비체 라 칭가다 / Cheviches La Chingada
- 관광 안내소 / Isla Holbox Mexico
- 천주교 성당 / Iglesia Católica De Holbox
- ATM
- 홀복스 드림 비치프론트 호텔 / Holbox Dream Beach Front Hotel
- 호스텔 트리부 / Hostel Tribu
- 몽키스 골프 카트 렌탈 / Monkeys Golf Cart Rental
- 레 자르딘 / Le Jardin
- Telcel
- 핸드폰 숍 (유심칩)
- 홀복스 페리 터미널 / Holbox Ferry

Streets: Av Pedro Joaquín Coldwell, Calle Canto, Calle Hernán Cortés, Calle Porfirio Díaz, Calle Palomino, Calle Lisa, Calle Gerónimo de Aguilar, Calle Paseo Kuka, Calle Esmedregal, Calle Tiburón Ballena, Avenida Caleta

홀복스&바칼라로 271

홀복스에서 가장 유명한 비치
푼타 코코 Punta Coco

홀복스섬에서 가장 유명한 해변으로 바다 쪽으로 아무리 걸어도 수심이 무릎을 넘지 않는 얕고 잔잔한 바다가 특징이다. 캔디바 색깔의 하늘빛 바다는 보는 순간 탄성이 절로 나온다. 예전에는 사람의 왕래도 거의 없이 한적했는데 요즘은 늘어나는 관광객들 덕분에 각종 편의 시설이 생겼다. 해변 모래사장에 비치된 선베드에 누워 오랜 시간 즐길 수 있으며, 푼타 코코에도 물 위의 해먹을 설치해 인생 사진을 건질 수 있다. 모래사장에는 사설 바도 들어서서 각종 음료도 즐길 수 있다. 푼타 코코까지는 골프 카트나 자전거로 이동이 가능하며 도보로 간다면 뙤약볕 아래서 30분 이상 걸어야 하니 가능하면 골프 카트 렌탈을 추천한다.

Data 지도 270p-D 가는 법 소칼로에서 골프 카트로 20분 소요
주소 Lázaro Cárdenas, Chetuma, Isla Holbox

홀복스 여행의 이유, 바다 위의 해먹

SNS에서 홀복스를 단시간에 유명하게 만든 바다 위의 해먹은 자연 그대로의 모습을 지키자는 정부의 취지로 설치되었다. 그러나 사유지에서의 해먹은 철거되어 그동안 쉽게 볼 수 있었던 해먹 장관을 이제는 아쉽게도 볼 수 없게 되었다. 현재는 푼타 코코에서만 바다 배경 해먹에서 기념사진을 찍을 수 있다. 아름다운 홀복스의 바다와 해먹이 어우러진 고즈넉한 풍경이 인기가 많아 지금도 홀복스섬을 대표하는 상징으로 남아 있다. 해가 질 무렵에는 접어놓는 경우가 많으니 늦지 않게 가보자.

마을 사람들과 관광객 모두의 아지트
소칼로(중앙 공원) Zocalo

홀복스의 중앙 공원. 중심지답게 주위에는 많은 식당과 상점들이 있고 하루 종일 섬에 거주하는 사람들과 관광객들로 붐빈다. 저녁에는 타코 및 간식을 파는 푸드 트럭이 들어서니 방문해 보는 것도 하나의 재미다. 아기자기한 가판대 구경하는 재미도 있다. 소칼로 앞 성당에서 미사 시간마다 직접 종을 울리는 모습을 구경할 수 있다. 섬 구내 회관에서는 마을 사람들의 건강 체조 교실을 비롯해 매일 다른 프로그램을 운영해 다양한 구경거리를 제공한다. 관광 안내소가 소칼로 중앙 광장 내에 있으니 여행 정보가 필요하다면 방문하자.

Data 지도 271p-A 가는 법 페리 터미널에서 골프 카트로 3분, 도보 10분
주소 Tiburon Ballena S/N Centro, Isla Holbox 전화 984-108-7514
운영 09:00~24:00

홀복스의 자랑
고래상어 투어 & 3섬 투어 3 Island Lancha Tour

매년 6~9월까지만 볼 수 있는 고래상어 투어는 홀복스섬의 주요 관광 상품이다. 여인의 섬에서 가는 것보다 40% 정도 저렴한 투어 비용이 인기 비결. 돌아오며 들르는 플라밍고가 사는 해변에는 사람을 좋아하는 물고기 떼도 있어 투어 내내 볼거리가 가득하다. 투어에는 그날 잡은 물고기로 배 위에서 직접 만들어 주는 세비체가 무료 제공된다. 3섬 투어라 불리는 보트 투어 역시 강력 추천 코스. 악어도 살고 있는 투명한 세노테에서 수영하는 섬 알라하우Yalahau, 플라밍고가 가득한 파션Isla Pasion, 펠리컨이 사는 파야로스Isla Pajaros에 다녀오는 3섬 코스는 1인당 500페소 정도. 다른 곳에서 결코 볼 수 없는 경이로운 투어이므로 강력 추천.

Data 지도 271p-B 가는 법 소칼로 근처 위치 주소 Calle Tiburon Ballena 77310 전화 999-278-4313
요금 고래상어 투어 3,200페소, 3섬 투어 1인당 500페소 홈페이지 holboxtravel.com.mx

EAT

세계 여행 사이트 No.1 랭킹의 브런치 맛집
레 자르딘 Le Jardin

더운 지역 사람들은 늦게 일어날 것이란 편견을 말끔히 날려 주는 레 자르딘은 세계 각국에서 홀복스로 여행을 온 사람들로 아침부터 정신없이 분주하다. 미리 계산되는 카운터에서 메뉴를 직접 주문하고 테이블에 앉으면 음식을 가져다준다.
신선한 생과일주스와 시간마다 내어주는 커피, 직접 구운 크루아상이 인기 메뉴이다. 계란 요리와 감자, 토스트가 한 접시에 나오는 브런치 메뉴도 든든한 하루를 책임지는 메뉴이니 잊지 말자. 계산서에 팁이 불포함이라 따로 15%가량의 팁을 잊지 말아 달라고 곳곳에 당부가 되어 있으니 팁을 테이블에 두고 일어나는 센스가 필요하다.

Data 지도 271p-C 가는 법 소칼로 광장에서 도보 3분 주소 Calle Lisa 2, Holbox, Isla Holbox 전화 984-115-8197 운영 08:30~12:30 요금 크루아상 45페소, 오믈렛 110페소(선주문 결제, 팁 별도)

홀복스를 대표하는 오래된 맛집
세비체 라 칭가다 Cheviches La Chingada

세비체와 멕시칸 브런치를 즐길 수 있는 홀복스의 대표 맛집이다. 그날 잡은 생선으로 만든 상큼한 세비체가 대표 메뉴이며 한국인 입맛에 잘 맞는 생선튀김 타코가 아주 일품이다.
1리터가 넘는 대형 컨테이너에 나오는 생과일주스는 맛봐야 할 필수 메뉴. 오이부터 레몬, 구아바, 멜론, 수박, 파인애플, 망고 등 무려 11가지 종류의 생과일을 주문 즉시 갈아 주니 맛이 없으면 이상할 정도다. 시원한 수박주스가 가장 인기 메뉴이니 참고할 것. 최근 2호점도 오픈했으니 참고하자.

Data 지도 271p-B 가는 법 소칼로 광장에서 도보 5분
주소 C. Carito, 77310 Holbox 운영 12:00~21:00, 화요일 휴무
요금 생선 세비체 220페소, 생선 타코(3개) 150페소, 생과일주스 60페소(팁, 세금 별도)

할리스코주의 전통 음식을 맛볼 수 있는 전통 멕시칸 식당
라 타파티아 Cenaduria La Tapatia

멕시코 할리스코주의 대표 음식인 카르넨 수 주고Carne En Su Jugo는 일명 주스에 담긴 고기라는 뜻으로 소고기에서 나오는 자체 육즙을 주스로 표현한 독특한 메뉴다. 다진 소고기 스튜에 콩, 베이컨을 넣어 먹는데 목 넘김이 좋고 소화도 잘된다. 치즈와 고기로 채운 옥수수 토르티야 위에 넉넉한 몰레Mole소스를 듬뿍 뿌려낸 엔몰라다Enmolada도 놓치면 안 되는 특별한 메뉴인데, 라 타파티아의 최고 인기 메뉴라 할 수 있다. 레드컬러 소금을 묻혀 담아내는 다양한 마가리타 칵테일도 SNS용 사진으로 그만이다. 아늑하고 아기자기한 식당 인테리어와 무얼 시켜도 맛이 좋은 요리로 인기가 매우 높은 식당이니 꼭 방문해 보도록 하자.

Data 지도 271p-A 가는 법 소칼로에서 바닷가 쪽으로 도보 1분 주소 C. Carito, 77310 Holbox 전화 999-278-4313 운영 14:00~23:00, 수요일 휴무 요금 카르넨 수 주고 190페소, 엔몰라다(4개) 170페소

대형 생랍스터가 통째로 올라간 스페셜 피자
루츠 피자 Roots Pizza

홀복스 맛집 중 평이 최상위인 피자집. 자체 제작한 화덕에서 구워 내는 이탈리안 피자가 유명하다. 질 좋은 치즈와 맛난 도우, 신선한 토핑이 어우러진 조화로운 맛을 부담스럽지 않은 가격에 제공하니 많은 관광객들이 찾는다. 시그니처 메뉴인 랍스터 피자는 랍스터 꼬리를 올려 보는 즐거움을 더한다. 단계별로 매운 소스 3가지가 함께 나오니 취향에 맞게 고르자. 비교적 저렴한 통통한 새우가 듬뿍 올라간 새우 피자도 추천. 팁은 대부분 계산서에 포함되어 나오지만, 확인이 필요하다. 홀복스섬 어디든지 배달 가능하니 숙소에서 편하게 맛볼 수도 있다.

Data 지도 271p-B 가는 법 소칼로에서 도보 2분 주소 Porfirio Díaz, Isla Holbox 전화 984-241-5953 운영 12:00~23:30 요금 랍스터 피자 749페소, 새우 피자 350페소

SLEEP

 최고의 위치와 합리적인 가격
비치 프론트 호텔 라 팔라파 Beach Front Hotel La Palapa

홀복스 메인 해변 바로 앞 최상의 위치에 있는 호텔이다. 탁 트인 넓은 객실이 장점이며 베란다에는 해먹이 설치되어 있어 휴양에 이보다 더 좋은 곳을 이 가격에 찾기도 어렵다. 옥상에는 예쁜 선베드가 있고 바다 전체가 보이는 전망이 근사하다. 보기 드물게 정수기 물이 무료다.
호텔 투숙객에게는 모래사장의 해먹과 선베드, 수건을 무료로 제공하니 마음껏 즐기면 된다. 직원들도 매우 친절하니 흠잡을 데가 없는 숙소이다.

Data **지도** 271p-A **가는 법** 홀복스 메인 비치 해변가에 위치. 페리 터미널에서 5분
주소 Avenida Morelos 231, Isla Holbox **운영** 체크인 15:00, 체크아웃 12:00
요금 스탠더드룸 비수기 기준 180달러(세금 별도) **홈페이지** www.hotellapalapa.com

 조용하고 한적하게, 럭셔리한 호텔에서 홀복스를 즐기다
빌라 플라밍고스 Villa Flamingos

한적한 바닷가 끝에 위치한 숨은 보석 같은 호텔이며 특히나 외국 잡지들에서 높이 평가하는 럭셔리 호텔이다. 29개의 객실은 아늑하고 편안하며, 야외 수영장에서 수영이 가능하다. 홀복스 끝자락에 위치한 모스키토 해변Punta Mosquito과 걸어서 불과 1분 거리다. 무엇보다 투숙객에게 제공되는 아침 조식은 해변가 앞의 멋진 풍경과 분위기까지 더해져 특별하다. 투숙객이 아니라도 별도의 요금으로 조식을 즐길 수 있으니 아침에 해변을 걷고 플라밍고스의 조식을 선택해도 좋겠다.

Data **지도** 270p-B **가는 법** 홀복스 메인 해변에서 동쪽으로 도보 15분, 페리 터미널에서 7분 **주소** Calle Paseo Kuka S/N, Playa Norte Holbo, Isla Holbox **전화** 984-875-2167
운영 체크인 15:00, 체크아웃 12:00
요금 스탠다드룸 비수기 기준 300달러(세금 별도)
홈페이지 www.villasflamingos.com/en

바다 조망 호텔 중 가장 합리적인 가격
홀복스 드림 비치프론트 호텔 Holbox Dream Beach Front Hotel

어행지들 중 저렴한 섬은 대체로 찾기 어렵다. 육지보다 좀 더 물가가 높아 홀복스 바닷가 앞 호텔들은 대부분 비싼 편이다. 그중 가장 저렴한 가격에 좋은 시설로 유명한 숙소는 드림 비치프론트 호텔인데 늘 여행 사이트 최상위를 차지한다. 깨끗하게 관리된 호텔 객실과 바닷가 비치 용품 및 파라솔 이용이 숙소 이용객들에게 제공되어 종일 해변에서 편하게 힐링이 가능하다. 조식까지 포함되어 있으니 예약을 서둘러야 한다.

Data 지도 271p-A 가는 법 홀복스 바닷가 앞 위치 주소 C. Lisa #2, entre Paseo Carey y Av. Pedro Joaquín Coldwell, 77310 Holbox 전화 984-222-9194 운영 체크인 15:00, 체크아웃 12:00 요금 비수기 스탠더드룸 120달러~(조식 포함) 홈페이지 holboxdream.com

배낭여행자들의 오랜 친구
호스텔 트리부 Hostel Tribu

한적한 여행지였던 홀복스에서 가장 오래된 호스텔이자 여전히 인기가 많은 숙소이다. 페리 터미널과 소칼로에서 멀지 않은 최적의 위치와 호스텔에서 운영하는 멋진 바, 편히 쉬기 좋은 해먹, 보기만 해도 눈이 즐거운 컬러풀한 건물 벽화까지 갖추어져 있다. 편안하고 저렴하게 숙박이 가능한 덕분에 여행 경비가 빠듯한 젊은 여행자들에게 인기가 많다. 예약은 필수. 홀복스섬 내 ATM 기계는 고장이 잦기로 유명한데 급할 때는 호스텔 내에서 달러 및 유로 환전이 가능하다.

Data 지도 271p-C 가는 법 페리 터미널에서 도보 10분 주소 Av. Pedro Joaquin Coldwell, Mz.19 Lt 6, Isla Holbox 전화 984-188-1236 운영 체크인 13:00, 체크아웃 11:00 요금 10인 도미토리 30달러(세금, 조식 포함) 홈페이지 www.tribuHostel.com

바칼라르
Bacalar

이보다 더 아름다운 호수는 없다. 마치 캐리비안 바다와 같은 하늘빛 석호 바칼라르는 일곱 가지 색깔의 신비한 물빛으로 유명하다. 석호의 유황 토양이 물에 반사되어 다양한 색깔을 뿜어낸다. 칸쿤 장기 여행자들은 바칼라르를 절대 빼놓지 않고 방문한다. tvN 〈서진이네〉에서 바칼라르를 방영해 준 덕분에 한국 관광객들에게 가장 핫한 필수 여행지로 등극했다. 출연진들이 방문하거나 즐긴 바칼라르의 여행지와 맛집, 카페, 바를 따라가는 도장 찍기가 유행이기도 하다. 반나절 바칼라르 석호를 돌아보는 보트 투어는 빼놓으면 안 되는 여행 코스다.

바칼라르
찾아가기

어떻게 갈까?

아데오 버스로 칸쿤을 비롯해 플라야 델 카르멘, 툴룸, 바야돌리드 등 굵직한 중요 도시에서 이동이 가능하다. 장기 여행자의 경우 보통은 칸쿤, 카르멘, 툴룸을 거쳐 바칼라르로 여행하는 동선을 짠다. 반대로 체투말을 여행하고 칸쿤으로 올라오는 여행자들이 가장 먼저 접하는 휴양지가 바칼라르다.

1. 버스

칸쿤 아데오 버스 터미널에서 출발하는 버스를 타고 5시간 30분이면 바칼라르에 도착한다. 대개는 예상 시간보다 조금 일찍 목적지에 도착하는 편이다. 티켓은 홈페이지(rome2rio.com)에서 사전 예약하자. 또한 운행 시간이 현지 사정상 변경 가능하니 꼭 미리 체크하자.

출발지	도착지	운행 시간	소요 시간	요금
칸쿤 다운타운	바칼라르	07:10~15:10까지 매시간 10분에 출발, 17:05, 23:00, 23:59, 24:30	5시간 30분	편도 638페소

어떻게 다닐까?

바칼라르는 매우 작은 마을이다. 터미널에서 소칼로까지 도보 15분 정도 소요된다. 마을 중심지에서는 도보와 자전거를 이용하고 조금 떨어진 지역의 관광지는 택시로 이동하기를 추천한다. 중심지(아데오 터미널 기준)에서 공용 온천 물가(티비 프로그램에 나온 곳)까지 750m, 카페 로스 알룩시스까지 2.3km, 세노떼 코칼리토스까지 6km, 택시 요금은 50페소~(갈 때와 올 때 요금이 다르다) 정도로 크게 비싸지 않으니, 택시로 안전하게 다니는 것이 좋다. 바칼라르 지역명이 새겨진 조형물은 소칼로 입구, 산 펠리페 요새 앞에 있으니 그곳에서 기념사진을 찍으면 좋다.

바칼라르 도시의 상징
성 펠리페 요새 Fort San Felipe Bacalar

바칼라르를 상징하는 주요 관광지이다. 초기 히스패닉 역사부터 카스트 전쟁에 이르기까지 바칼라르와 주변 도시의 역사를 잘 보여 준다. 동쪽에 만들어진 요새 주위에는 깊은 해자(성 주위에 둘러 판 못)가 있다. 뿐만 아니라 박물관에는 17세기부터 시작된 여러 가지 역사적인 유물과 벽화를 전시한다. 요새에서 탁 트인 바칼라르 호수 전망을 볼 수 있어 바칼라르 관광 코스에서 가장 중요한 장소이다.

Data 지도 280p-D 가는 법 중앙 소칼로 광장 앞 위치 주소 Av 3, Centro, Bacalar 전화 983-125-1231 운영 09:00~19:00, 월요일 휴무 요금 입장료 55페소(일요일 무료)

중앙 광장 소칼로와 재래시장 둘러보기
소칼로 & 메르카도 Zocalo & Mercado

바칼라르 현지인들의 일상을 책임지는 두 곳, 바로 중앙 광장인 소칼로와 재래시장 메르카도이다. 소칼로 근처에는 다양한 식당들과 여행사, 은행 등 편의 시설이 있으며 도보로 3~4분이면 메르카도에 도착한다.

아침 일찍 문을 여는 바칼라르의 재래시장은 티비 프로그램에서 출연진들이 매일 생닭을 사가며, 쇼핑을 했던 바로 그곳이다. 바칼라르는 파인애플이 유명한 산지라 손질한 파인애플과 새콤달콤한 맛이 일품인 몽키바나나를 꼭 맛보도록 하자, 가격도 15~20페소로 매우 저렴하다. 세계적인 유명 가수가 구입했던 열대 야자수 셔츠 쇼핑 등 여러 발자국을 따라다녀 보는 깨알 재미가 있다. 새콤달콤한 몽키바나나 구입도 잊지 말자.

Data 지도 280p-D(소칼로), 280p-B(메르카도)
가는 법 메르카도는 소칼로에서 도보 4분
주소 Avenida 9 & Calle 28 entre y, Bacalar 운영 07:30~17:00

바칼라르 여행의 하이라이트

석호 보트 투어 Lancha Tour

바칼라르의 유명 석호를 골고루 돌며 각종 희귀 새들도 구경하며 스노클링, 다이빙을 하는 투어이다. 투어의 하이라이트인 유황머드가 가득한 물가에서 즐기는 진흙 놀이를 잊지 말자. 이 지역은 비용과 거리 측면에서 투어를 통해 안전하고 저렴하게 다녀오는 것이 이득이다. 마지막 투어 출발 시간은 14:30이며 모이는 인원에 따라 매 1~2시간마다 출발한다. 8~10명의 정원이 정해져야 출발하기 때문에 미리 확인이 필요하다. 투어는 숙소를 통하여 예약할 수 있고 소칼로를 중심으로 관광 상품을 파는 여행사들이 있으나 요금은 똑같다고 보면 된다.

Data 지도 280p-D
가는 법 몽키 호스텔 옆 블록 석호 바로 앞
주소 Calle 14 8, Centro, Bacalar
전화 983-835-5505
운영 08:00~18:00
요금 보트 투어 1인 350페소 (팁 별도)

THEME

숨은 보석 같은 여행지, 마하왈 비치 Mahahual Beach

바칼라르에서 불과 1시간 10분 거리에 위치해 있는 최고의 당일치기 관광지이다. 크루즈 여행자들을 위한 서비스부터 유적지 관람, 패들 보트, 스쿠버 다이빙까지 오락거리를 저렴하고 한적하게 즐길 수 있으며 마하왈 중심부와 비치만 돌아다녀도 즐겁다. 바칼라르에서 아데오는 매일 오전에 한 번 출발하며, 버스 시간은 시즌별로 자주 변경되니 아데오 터미널 현장에서 미리 확인하고 발권하는 것이 안전하다.

Data 지도 280p-B 가는 법 바칼라르에서 아데오 버스로 1시간 10분

〈서진이네〉에서 내내 나온 바로 그 물가
에코파크 Ecoparque Bacalar

천연 맹그로브 나무가 무성한 물가에 아름다운 관광용 부둣가를 드디어 오픈했다. 바칼라르시에서 오랜 시간 제대로 계획해서 만든 이곳은 길이가 무려 1km나 되며, 하루에도 매시간 다른 일곱 빛깔 하늘색 물빛을 즐길 수 있는 최적의 장소다. 이곳의 비현실적인 풍경은 세계 곳곳을 다닌 수많은 베테랑 여행자들이 가장 기억에 남는 여행지로 손꼽을 정도. 바칼라르의 천연 자연 생태계를 조용히 느낄 수 있으며, 액티브한 물놀이도 종일 무료로 즐길 수 있으니 천국이 있다면 바로 이곳이 아닐까. 〈서진이네〉의 멤버들이 식당 홍보를 위해 매번 들렀던 곳이기도 하고, 쉬는 날 멤버들의 물놀이 장소도 모두 이곳이다.

Data 지도 280p-B 가는 법 서진이네 호텔에서 도보 3분 주소 C. 36, Mario Villanueva Madrid, 77935 Bacalar 운영 09:00~18:00 홈페이지 www.menteurbana.mx

바칼라르를 대표하는 감성 사진 명소
로스 알룩시스 Cafe Los Aluxes

SNS에 자주 등장하기도 하고, 바칼라르의 상징이기도 한 물 위의 그네로 유명한 곳은 바로 로스 알룩시스 레스토랑이다. 마치 다른 세상에 와 있는 것 같을 정도로 물 위의 그네가 자랑인 이곳은 카메라 셔터 누르느라 정신이 없을 정도. 누구나 이곳에서는 패션 잡지의 모델이 될 수 있을 정도로 환상적인 배경이 매력적이다. 이곳은 호텔 레스토랑으로 운영되고 있는데, 카페의 음식과 음료를 이용해야 사진 촬영 및 내부 시설 이용이 가능하다. 하지만 비용은 아무것도 아닐 정도로 인생 사진을 남기기에 충분한 곳이다.

Data 카페 로스 알룩시스 Cafe Los Aluxes
지도 280p 가는 법 소칼로에서 자동차로 6분 주소 costera 69, Magisterial, 77930 Bacalar
운영 10:00~17:00, 월요일 휴무 요금 음료 50페소~, 메인 음식 주문 200페소~

스타벅스 커피와 갓 구워낸 머핀
라 메종 드 야라 La Maison de Yara

블루 호텔 1층에 위치한 카페. 알록달록한 색상의 소파와 인테리어가 인상적이다. 시골 마을에서 스타벅스 원두커피로 아침을 맞이할 수 있다. 각종 베이커리와 수제 크레이프도 좋지만, 어린 돼지고기 장조림으로 만든 마야 코치니타 파니니Panini de Cochinita가 인기 메뉴. 단, 아침에는 판매하지 않는다. 친절한 점원들과 아침 인사를 나누며 건네받는 진한 커피 한 잔과 여유로운 공기는 잊을 수 없는 추억이 될 것이다.

Data 지도 280p-C 가는 법 소칼로에서 도보 2분, 블루 호텔 내 1층 위치 주소 Av 7 146, Centro, Bacalar 전화 557-404-1848 운영 07:00~00:00, 수 휴무 요금 아메리카노 51페소, 마야 코치니타 파니니 120페소, 머핀·마들렌 35페소

멋진 경치와 맛있는 음식, 바칼라르 최고 유명 맛집
라 플레이타 La Playita

오래전부터 동네의 핫플로 유명한 곳인데, 〈서진이네〉에서 뷔와 박서준이 바칼라르에 도착하자마자 방문해 더욱 바빠졌다. 근처에 호스텔이 가까워 한국 배낭여행자들에게도 인기가 많은 곳. 식당을 이용하면 멋진 풍경의 사유지에서 물놀이가 무료이며, 넓은 테라스 테이블에 앉아 풍경을 즐기며 맛있는 식사가 가능해서 늘 사람들이 많다. 새우 타코Camarin Taco가 시그니처 메뉴이며, 부드러운 문어조림 Pulpo Braseado도 매우 맛있다. 천연 과일과 허브로 맛을 낸 뉴욕 맨하탄 스타일의 각종 칵테일도 맛과 비주얼이 특별하다.

Data 지도 280p-B 가는 법 소칼로에서 물가 쪽으로 걸어서 2분 주소 Av. 1 765 (costera, C. 26 Esq, 77930 Bacalar 전화 983-834-3068 운영 12:00~23:00 요금 새우 타코 215페소, 문어조림 410페소, 칵테일 110페소~

생참치 버거와 달콤한 코코넛 새우튀김을 맛볼 수 있는 이색식당
칠테핀 마리스킬로스 Chiltepin Marisquillos

칸쿤과 플라야 델 카르멘 지역에 본점을 둔 식당으로, 요즘 가장 인기 핫플 중 하나다. 뻔한 메뉴를 벗어나 창의적이고 독특한 메뉴 구성과 아름다운 플레이팅으로 입소문이 자자하다. 생참치를 살짝 익힌 패티로 만들어 낸 참치 버거와 달콤한 코코넛을 묻혀 튀겨낸 고소한 코코넛 새우가 인기 메뉴. 밥 생각이 나는 한국인에게 맞춤인 해산물 파에야도 추천한다.

Data 지도 280p-E 가는 법 소칼로에서 남쪽으로 사농사 5분 주소 Av. Costero 503, 77933 Bacalar 전화 983-167-0107 운영 11:00~23:00 요금 참치 버거 188페소, 코코넛 새우 238페소

이탈리안 주인이 직접 경영하는 정통 화덕 피자
피제리아 베르틸라 Pizzeria Bertilla

간단하고 저렴하면서 따뜻하고 맛있게 한 끼 먹고 싶다면 이곳을 추천한다. 화덕에서 구워낸 정통 이탈리안식 피자는 질 좋은 생 모차렐라 치즈를 사용해 맛이 특별하다. 실제 이탈리아에서 이주한 주인 부부가 운영하는데, 저렴하고 맛 좋은 하우스 화이트 와인 블랑코Balanco 한 잔을 곁들여 먹으면 그야말로 천국이다. 피자 종류가 많아 입맛 따라 골라 먹을 수 있으며, 새우 버섯 피자 강력 추천.

Data 지도 280p-D 가는 법 소칼로에서 도보 1분 주소 Avenida 5 S/N, entre Calle 20, Centro, 77930 Bacalar 전화 983-120-2134 운영 16:00~23:00 요금 마르게리타 피자 160페소, 새우버섯 피자 260페소, 와인 한잔 140페소

THEME

tvN <서진이네>가 남긴 바칼라르 명소 4

원래 유명했지만 방영 후 더욱 유명해진 바칼라르는 팬과 여행자들로 분주하다. 특히 출연진들이 방문했던 곳들은 도장 찍기하듯 찾아가는 코스가 되었다. 그중 우리에게 재미있는 에피소드들을 남겨 준 바칼라르의 맛집과 분위기 있는 스폿을 소개한다.

서진이네 멤버와 작가들의 매일 아침 커피를 담당한 카페

건강식과 비주얼 둘 다 잡은
카페 첸 Cafe Chen

한 번 방문했던 사람은 반드시 재방문하게 되는 곳으로 유명한 바칼라르의 작은 카페 첸은 <서진이네> 촬영 당시 모든 출연진과 작가 및 스텝들의 아침 커피를 담당했던 곳이다. 신선한 원두를 볶아 내린 커피와 생과일주스 맛은 물론이고, 가벼운 아침으로 곁들이기 좋은 연어 베이글 오픈샌드위치도 인기 메뉴다. 자연 친화적인 소박한 인테리어 역시 바칼라르의 아침을 시작하기에 부족함이 없다. 방영 당시 여러 잔의 커피 테이크아웃을 재활용 바구니로 배달해서 환경에 관심이 많은 시청자에게 감동을 준 집이다.

Data 지도 280p-B 가는 법 서진이네 호텔에서 도보 2분 주소 Calle 38 & Av 7, 77935 Bacalar 전화 983-131-2046 운영 09:00~14:00, 화요일 휴무 요금 커피 40페소, 연어 베이글 120페소

최우식이 점심으로 배달한 타코와 부리토 맛집

다양한 속을 골라 먹는 재미와 저렴한 가격
미스터 타코 Mr.Taco

이보다 더 다양한 타코 소는 없을 정도로, 그야말로 '타코 요리'라 할 수 있는 집. 게다가 가격도 저렴해서 가성비도 뛰어나 바칼라르 지역 맛집으로 소문났다. 타코에 넣을 소를 다양하게 고를 수 있고, 소스나 고수는 입맛에 따라 얼마든지 가감할 수 있어 맞춤형 타코가 가능하다. 아침 일찍부터 밤늦게까지 문전성시를 이루는 활기찬 곳이다.

Data 지도 280p-B 가는 법 소칼로 바로 앞 위치
주소 Calle 20 y 5, entre 3, Centro, 77930 Bacalar
전화 983-131-2403 운영 08:00~23:00
요금 타코 20페소, 퀘사디아 33페소, 부리토 110페소

이서진이 벤치마킹을 위해 찾아간 최고 리뷰 맛집

바칼라르의 최고 인기 부리토 전문점
미 부리토 Mi Burrito

무엇을 주문해도 만족스러운 맛에 안티가 없는 소문난 부리토 맛집. 미 부리토는 푸짐한 양과 합리적인 가격까지 갖춘 완벽한 곳이다. 친환경 푸드 트럭 콘셉트의 인테리어로 따끈한 부리토를 먹고 있으면 건강해지는 기분을 느낄 수 있다. 갓 구운 부리토는 그린 색 바나나잎에 감싸 너욱 입맛을 돋운다. 이서지이 프로그램에서 성공적인 장사를 위해 소문을 듣고 일부러 찾아가 영업 마케팅을 살펴보고 온 바로 그 집이다. 맛과 분위기, 가격까지 나무랄 데 없다 보니 현지인부터 관광객까지 늘 문전성시를 이루는 바칼라르의 떠오르는 명소다.

Data 지도 280p-D
가는 법 소칼로에서 물가 쪽으로 도보 2분 주소 요금era entre calle 16 y calle 18, Centro, 77930 Bacalartel 전화 없음 운영 12:00~21:00, 수요일 휴무 요금 부리토 145~185페소

BTS 뷔가 나이트 타임에 방문한 핫플

바칼라르 최고의 나이트 타임 바
아이스크림 바 I Scream Bar

바칼라르에서 늦은 시간까지 즐길 수 있는 아이스크림 바는 〈서진이네〉 출연진 중 가수 뷔가 주말에 들렀던 곳이다. 이제는 그의 팬이나 여행자들의 필수 방문지가 되었다. 가볍게 나초나 타코 안주도 판매하고 있지만 전문점 수준은 아니니, 식사는 맛있는 곳에서 하고 2차로 칵테일 한잔하며 분위기를 즐기러 방문하는 것을 권한다.

Data 지도 280p-B 가는 법 소칼로 바로 앞 위치 주소 C. 22 entre 5 y 7, Centro, 77930 Bacalar 전화 984-256-3421 운영 18:00~02:00 요금 칵테일 1잔 150페소~, 안주 나초 140페소~(15% 팁 별도)

SLEEP

 서진이네 촬영지, 바로 그 호텔
호텔 디오사 델 아구아 Hotel Diosa del Agua Bacalar

최근 개장한 에코파크와 매우 가까운 위치에 있는 자연 친화적인 호텔로, 서진이네 방송 출연진들과 스텝들이 한 달 넘게 머물렀으며, 서진이네 식당을 영업했던 곳이다. 지금도 관광객들의 성지가 되어 끊임없이 방문하는 곳으로 그야말로 핫플이 되었다. 새로 개장한 석호와 가까운 최적의 위치에 바와 레스토랑, 수영장이 있으며, 대부분의 입맛을 만족시키는 고퀄리티의 조식이 숙박비에 포함되어 있다. 친절한 직원들의 서비스는 덤이니 예약을 서두르자.

Data 지도 280p-B 가는 법 에코파크 근처 주소 Av. 1 Costera Norte 200, entre 32 y 34, Mario Villanueva Madrid, 77930 Bacalar 전화 983-177-5800 운영 체크인 15:00, 체크아웃 11:00 요금 비수기 10만원~

 작지만 아담한 모던, 럭셔리 호텔
토토 블루 호텔 Toto Blue Hotel Boutique

바칼라르 시내에서 가장 모던하고 럭셔리한 숙소다. 칸쿤 대도시의 대형 럭셔리 호텔에 비할 수는 없지만 조용하고 아늑하다. 루프톱 테라스에서는 여행자들과 함께 편하게 휴식을 할 수 있다. 호수 전망은 없지만 소칼로 중심지에 위치해 있어 모든 편의 시설이 가깝고 안전한 것이 장점이다. 자전거 대여도 호텔 내에서 가능하며 모든 직원들이 친절하다. 특히나 어린아이를 동반한 여행자에게 더욱 편리한 호텔이다. 애완동물 동반도 가능하다(특별 디파짓 필요).

Data 지도 280p-C 가는 법 소칼로에서 도보 1분 주소 Avenida 7 No. 714, Colonia Centro, Bacalar 전화 983-834-2126 운영 체크인 15:00, 체크아웃 12:00 요금 비수기 기준 150달러~(조식 포함)

가격, 접근성, 편안함, 모두 만족시켜 주는
마리아 마리아 호텔 Maria Maria Hotel

호스텔이 부담스러운 여행자들에게 추천하는 호텔로 바칼라르에서 가장 가성비가 좋은 숙소. 주인 마리아는 영어에 능통하며 4개의 객실을 매일 철저하게 관리해서 정갈하고 위생적이다. 취사가 가능한 부엌과 매일 아침 신선한 커피를 무료로 이용할 수 있다. 특히 정수기가 있어 따로 물을 사지 않아도 된다. 1박에 100페소만 더 추가하면 테라스가 딸린 넓은 방으로 업그레이드가 가능하니, 가족 단위 여행자들에게 더없이 훌륭하다. 입소문이 좋아 인기가 많으니 서둘러 예약해야 한다.

Data 지도 280p-D
가는 법 소칼로에서 노보 5분, 아데오 버스 터미널에서 택시 5분 (25페소) 주소 Avenida 3 entre calle 12 y 14, Bacalar
운영 체크인 14:00, 체크아웃 11:00
요금 비수기 80달러~(조식 포함)
홈페이지 maria-maria.hotels-quintanaroo.com/en/

환상적인 뷰의 호스텔
더 야크 레이크 하우스 The Yak Lake House Hostel

더 야크 레이크 하우스는 물가 바로 앞을 사유지로 운영하는 저렴한 호스텔이다. 바칼라르 호수를 바라보며 일출과 일몰을 직접 볼 수 있으니 한국 젊은 여행자들이 몰리는 것은 당연하다. 특히나 다양한 종류의 조식(3가지 빵, 3가지 시리얼, 3가지 과일)을 제공하니 그 인기가 가히 폭발적이다. 매일 밤 100페소를 내면 참석할 수 있는 다양한 이벤트 파티가 있으며, 카약, 패들 보트 등 액티비티 예약도 호스텔을 통해 가능하다. 체크인 시 웰컴 드링크도 주니 예약을 서두르자.

Data 지도 280p-B 가는 법 산 펠리페 성곽에서 도보 1분 주소 Boulevar costero de Bacalar Manzana 2 Entre Calle 24 y 26, Centro, Bacalar 전화 983-834-3175 운영 체크인 13:00, 체크아웃 11:00 (늦어질 시 50페소 추가 요금) 요금 도미토리 1인 침대 30달러(조식 포함) 홈페이지 yakbacalar.com/

TIP 바칼라르의 호스텔에는 일반 도미토리 가격의 반값으로 야외 텐트나 캠핑카에서 숙박할 수 있다. 금액이 매력적이지만 현실적으로 모기가 상당히 많아 잠을 이루기 어렵다. 모기약으로도 예방과 처치가 어려울 정도이니 조심할 것.

여행준비 컨설팅

칸쿤 여행의 가장 대표적인 수식어는 '일생에 단 한 번뿐인 여행'이다. 이토록 한국인에게는 멀게만 느껴졌던 멕시코 캐리비안 베이. 그러나 이제는 걱정과 두려움은 넣어두자. 수많은 신혼부부들이 가장 가고 싶어 하는 허니문 여행지이자, 배낭여행자들의 버킷리스트에도 올라 있는 칸쿤을 알차게 즐기기 위해 차근차근 준비해 보자.

한눈에 보는 **칸쿤 필수 정보**

수도
멕시코 시티

면적(멕시코)
1,964,380㎢ (남한의 약 20배)

공용어
에스파냐어.

통화
멕시코 페소

시차
한국보다 14시간 느림

비자
한국 여권 소지자 180일 무비자 여행 가능. 미국 경유 항공권일 경우 반드시 전자 여행 허가제 ESTA 신청

국제전화 국가 번호
+52

주 멕시코 한국 대사관 연락처
+52-55-5202-9866 /
+52-55-8581-2808

전압
110V

칸쿤 인구
약 100만 명(멕시코는 1억 3,000만 명)

기후
건기와 우기가 뚜렷한 열대 사바나 기후, 연평균 기온 27.1도

칸쿤 여행하기 좋은 시기
4~5월 / 11월~12월 초

칸쿤 여행 체크 리스트

여행 떠나기 전 가장 먼저 챙겨야 할 1단계는 여권과 비자!
여행지에서 운전을 하려면 국제 운전면허증이 필요하다.

1. 여권

여권은 여행자의 국적이나 신분을 증명하기 위해 꼭 필요하다. 여권이 없다면 반드시 만들어야 하고, 유효기간이 6개월 미만이라면 재발급을 받는 것이 좋다. 여권 신청은 가까운 구청이나 시청, 도청에서 발급받으면 된다. 여권 발급 접수 기관을 알아보려면 외교부 여권 안내 홈페이지(passport.go.kr)에서 찾아보자. 여권 신청 후 평균 7~10일 정도이니 미리 발급받아 두는 것이 좋다.

또한 기존에 전자여권을 한 번이라도 발급받은 적이 있다면 온라인으로도 재발급 신청을 할 수 있다. 정부24(gov.kr)에서 온라인 여권 재발급 신청을 하면 되고, 여권을 찾을 때는 수령 희망한 기관에 신분증과 기존 여권을 지참하고 직접 방문해 찾으면 된다.

여권 신청 준비물

- ♥ 여권발급신청서(여권 신청 기관 내 비치)
- ♥ 신분증
- ♥ 여권 사진 1매(6개월 이내 촬영)
- ♥ 병역관계 서류(18세 이상 37세 이하 남자인 경우)
- ♥ 여권 발급 수수료

2. 비자

비자는 국가가 외국인에게 입국 · 체류를 허가하는 증명서로, 비자 입국이 필요한 나라는 여권과 함께 꼭 비자를 발급받아야 한다. 칸쿤의 경우 180일까지 무비자 여행이 가능하다. 무비자 국가라 하더라도 체류 인정 기간이 나라마다 다르므로 장기간 여행을 하게 된다면 미리 체류 기간을 확인하자.

특히, 칸쿤을 가기 위해 미국을 경유한다면 미리 전자 여행 허가서를 받아두어야 한다. 미국은 인터넷에서 ESTA(미국 전자 여행 허가제)를 발급받아야 하고, 캐나다는 eTA가 필요하다. 무비자 입국이 가능하더라도 인터넷 여행 허가가 필요한 나라이니 놓치면 절대 안 된다. 만약 아에로멕시코 항공을 이용해 멕시코시티를 경유해서 칸쿤으로 간다면 비자는 준비하지 않아도 된다.

3. 운전면허증

여행지에서 오토바이나 자동차 등 운전을 할 계획이라면 운전면허증을 챙겨야 한다. 해외에서 운전 시 국제 운전면허증, 국내 운전면허증, 여권을 모두 지참해야만 한다.

국제 운전면허증은 전국 운전면허 시험장이나 경찰서, 인천·김해공항 국제 운전면허 발급 센터, 도로교통공단과 협약 중인 지방자치단체에서 발급받을 수 있다. 온라인 발급은 '도로교통공단 안전운전 통합민원' 홈페이지(safedriving.or.kr)를 통해 신청하고 등기로 면허증을 받으면 된다. 온라인으로 신청할 경우 면허증을 받기까지 최대 2주 정도의 기간이 소요되므로 미리 신청하자. 국제 운전면허증의 영문 이름과 서명은 여권의 영문 이름, 서명과 같아야만 효력을 인정받을 수 있다. 유효기간은 1년이다.

국제 운전면허증 신청 준비물

♥ 여권사진 1매(6개월 이내 촬영, 사진 촬영 별도 없이 신청 데스크에서 사진 촬영 진행)
♥ 운전면허증(혹은 신분증)
♥ 수수료(온라인의 경우 등기료 포함)

영문 운전면허증이 인정되는 국가에서는 국제 운전면허증이 없더라도 해외에서 운전이 가능하다. 다만 영문 운전면허증을 인정해주는 국가가 의외로 적다. 미국, 캐나다는 인정하지 않는다. 따라서 여행하려는 국가에서 영문 운전면허증 인정 여부부터 확인하자. 영문 운전면허증은 해외에서는 신분증을 대신할 수 없기 때문에 꼭 여권을 함께 소지해야 한다. 영문 운전면허증 발급은 신규 취득 시나 재발급, 적성검사, 갱신 시에 전국 운전면허 시험장에서 할 수 있으며, 면허를 재발급하거나 갱신하는 경우에는 전국 경찰서 민원실에서도 신청할 수 있다. 자세한 사항은 도로교통공단 안전운전 통합민원 사이트(safedriving.or.kr)에서 모두 확인할 수 있다. 유효기간은 10년이다.

현재 멕시코는 칸쿤이 속한 킨타나로주를 비롯하여 멕시코시티, 멕시코주, 누에보레온주, 바하칼리포니아주, 두랑고주, 과나후아토주 총 7개 주에서 한국인 영문 운전면허증 사용이 가능하다. 다시 말하지만 여권 소지는 필수이다.
overseas.mofa.go.kr/mx-ko/brd/m_5936/view.do?seq=1346972

영문 운전면허증 신청 준비물

♥ 신분증 ♥ 사진 1매 ♥ 발급 수수료

4. 항공권 구매

여행은 항공권 예약을 하면서부터 시작된다. 항공권은 각 항공사 공식 홈페이지나 여행사, 온라인 여행 플랫폼에서 구매할 수 있다. 네이버나 구글 항공권 검색 사이트와 온라인 여행 플랫폼 가격 비교 사이트를 이용하면 다양한 항공사의 항공권 가격을 한눈에 비교해 볼 수 있다. 대표적인 사이트를 소개한다.

① 항공권 구매 사이트

♥ **네이버 항공권** flight.naver.com
여러 항공사의 항공권 정보를 실시간으로 조회해 가장 저렴한 항공권부터 검색해 준다.

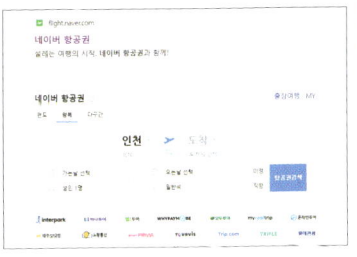

구매는 항공권 판매 사이트에서 이루어진다.

▼**구글 플라이트** google.com/travel/flights
다양하고 유용한 검색 필터로 편리하게 옵션을 검색할 수 있고, 가격 변동을 그래프로 나타내 준다. 가격 변동 알람 설정을 하면 메일로 정보를 받아볼 수 있다.

▼**트립닷컴** trip.com
프로모션이나 회원 전용 리워드가 좋다. '가격 알리미 설정'을 해두면 자신이 원하는 가격의 항공권이 나왔을 때 메일로 알려준다.

▼**스카이스캐너** skyscanner.co.kr
날짜별로 최저가 항공권을 검색하기 쉽고, 가격을 3단계로 표시해 준다. 여행지를 정하지 않았다면 '어디든지' 검색을 이용해 보자.

▼**트립어드바이저** tripadvisor.co.kr
항공권 검색 시 '가성비 최고' 옵션으로 검색하면 편리하다.

▼**아고다** agoda.com
구글로 접속하거나 개인 메일로 특가 할인 안내 링크를 통해 접속하면 저렴한 항공권을 구매할 수 있다.

② **항공권 구매 노하우**

항공권 가격은 천차만별이기 때문에 먼저 가격 비교 사이트에서 항공권을 검색해 대략적인 가격을 알아본 다음, 항공사 공식 홈페이지 가격과 비교해 보는 게 좋다. 가격이 비슷하다면 항공사 공식 홈이 서비스 면에서 훨씬 편리하고, 예약 취소나 변경에 대응하기 좋다. 항공사의 마일리지 이용이나 할인 등 이벤트를 이용하면 더 저렴하게 구입할 수 있다.

여행사나 온라인 여행 플랫폼에서 항공권을 구매할 경우 수수료를 조심해야 한다. 예약을 대행해 주기 때문에 예약 수수료가 있고 일정이 바뀌어 취소나 예약 변경을 해야 할 경우에도 취소 수수료를 별도로 내야 한다. 또한 마일리지 적립이나 수하물 추가 비용, 유류비 등이 포함된 가격인지 여부를 확인하자. 문제가 발생했을 때 항공사 공식 홈에서 구입한 항공권은 항공사에서 직접 대응 방안을 모색해 주지만, 대행 사이트에서 항공권을 구매했을 경우 해당 사이트 고객센터로 문의를 해야 한다는 사실도 감안하자.

얼리버드 항공권

항공권 중 가장 저렴한 것은 일찍 구매하는 항공권이다. 항공사들마다 매년 얼리버드 특가 이벤트를 진행한다. 주로 매년 1~2월, 6~8월 사이에 진행하니 메모해 두자.

공동구매 항공권

여행사들이 패키지로 미리 항공사와 계약한 항공권인데 다 채우지 못해 남은 티켓들을 판매하는 경우가 있다. 공동구매 항공권을 구입할 수 있는 여행사는 하나투어, 모두투어, 여행이지 등이다. 각 여행사 홈페이지에서 공동구매 항공권을 찾아 구입하면 저렴한 가격에 항공권을 구입할 수 있다.

직항이 아닌 경유지 환승의 경우 항공권 예약 시 주의할 점

① 수하물 처리

수하물은 경유 편으로 항공권을 발권해도 대부분 도착지에서 찾게 된다. 하지만 경유지 체류 시간이 아주 길어서 경유지에서 짐을 찾아야 할 경우 체크인하면서 수하물을 부칠 때 관련 사항을 직원에게 물어보고 어떻게 할지 결정하면 된다.

미국을 경유해 칸쿤으로 입국할 경우 수하물은 찾아서 다시 부쳐야 한다. 출발 전 수하물 관련 사항을 항공사에 반드시 체크해 두자.

② 환승 시간은 여유 있게 잡자.

경유해서 항공권을 예약할 때는 환승 시간이 최소 2시간 이상 여유가 있는 티켓으로 구매해야 한다. 해외에서는 공항 사정 등 여러 변수가 생길 수 있으므로 여유롭게 환승 시간을 남겨 두는 것이 좋다. 특히 유럽의 경우 경유지에서 입국심사를 받게 되기 때문에 승객이 많을 때는 시간을 지체하다 비행기를 놓칠 수 있다. 환승 시간이 짧은 경우 사전에 환승 가능 여부를 항공사나 여행사에 문의해 보고 구매하자.

> **TIP 경유지에서의 절차**
>
> 칸쿤 여행 시 경유지인 미국에 도착하면 입국 심사를 진행한다. 미리 발급받은 미국 이스타 비자를 반드시 소지하여 모든 입국자들과 동일하게 줄을 서서 입국심사를 받아야한다. 미국 입국심사 소요 시간은 적게는 30분에서 기본 1시간 이상 잡아야 한다. 미국에서 잠시 경유하며 며칠 여행을 하더라도 깐깐한 입국심사가 기다리고 있으니 입국 인터뷰 시 명확한 신뢰를 주는 것이 중요하다. 멕시코시티가 경유지일 시에는 비교적 간단한 입국심사와 보안검사를 마치고 나오면 된다. 멕시코 입국 시 건네주는 입국 카드 종이는 출국 시 반드시 제출해야 하며 분실 시 25달러 이상의 벌금을 내야 출국이 가능하니 잘 챙기도록 하자.

5. 숙소 예약

여행에서 숙소는 여행의 성패를 좌우하기 때문에 매우 중요하다. 편안하고 즐거운 여행을 위한 숙소 예약 방법을 알아보자.

① 숙소 예약 사이트

♥ **아고다** agoda.com
전 세계 호텔과 리조트 정보가 모두 있어 선택할 수 있는 옵션이 많다. 등급이 높을수록 혜택이 많고, 저렴한 프로모션이 많다.

♥ **부킹닷컴** Booking.com
전 세계 폭넓은 호텔 네트워크를 보유하고 있어 다른 사이트보다 많은 숙소를 찾아볼 수 있다. 무료 취소와 친절 겹치기 기능하다.

♥ **트리바고** trivago.co.kr
간단하고 직관적인 검색시스템으로 다양한 사이트의 숙소 가격을 한눈에 볼 수 있어 최

저가를 빠르게 확인할 수 있다. 수수료도 낮은 편.

♥**에어비앤비** airbnb.co.kr
호스트가 사이트에 등록해 놓은 로컬 숙소를 여행자가 예약하는 사이트. 개성 있는 다양한 현지 숙소를 알아볼 수 있다.

♥**트립닷컴** trip.com
다양한 프로모션과 리워드가 있고, 액티비티 티켓이나 공항 픽업 등 교통편도 있어 편리하다.

♥**호텔스닷컴** hotels.com
다양한 숙박 옵션, 일일 특가와 최저가 보장 등으로 저렴한 숙소 예약이 가능하다. 특히 여행자들의 리얼 리뷰와 평가를 공개한다.

♥**호텔스컴바인** hotelscombined.co.kr
여러 사이트를 일일이 비교하는 번거로움 없이 한 번에 가격 비교가 가능하다.

♥**트립어드바이저** tripadvisor.co.kr
전 세계 호텔의 리뷰와 평점을 제공해 호텔 상태를 미리 파악할 수 있다.

② 숙소 예약 시 팁과 주의 사항

숙소 예약 시 숙소 가격을 한눈에 비교해 볼 수 있는 사이트를 찾아 최저가 검색을 먼저 해보자. 이때 2~3개 사이트를 비교해 보는 것이 좋다. 무료 취소가 가능하다면 먼저 예약을 해두는 것도 좋은 방법이다. 검색 사이트에 여행자들의 리뷰도 숙소 선택에 도움이 되니 잘 살펴보고 선택하자.

숙소 예약 시 주의 사항

① 결제통화 설정(달러나 현지 통화로 결제)
해외 숙소를 예약할 경우 달러나 원화를 선택해 결제할 수 있다. 원화로 결제할 경우 환전 수수료가 올라가거나 이중수수료가 발생할 수 있으니 달러로 결제하는 것을 추천.

② 각종 부가 금액 확인
눈에 보이는 금액이 최종금액이 아닐 수 있다. 해외 숙소의 경우 세금이 추가될 수도 있으며, 기타 리조트 Fee 등이 추가될 수 있기 때문에 예약하는 금액이 최종인지 아닌지 미리 확인한 후 예약해야 한다.

③ 환불 정책, 체크인 시간 확인
무료 취소가 가능한지, 무료 취소가 언제까지 가능한지, 체크인 시간은 언제인지 반드시 확인하고 예약을 진행해야 한다. 여행 일정이 바뀌어 취소를 하는 경우가 생길 수도 있고, 체크인이 늦어질 경우 예약한 옵션의 방을 받지 못하는 경우도 있기 때문. 체크인이 늦어질 경우 호텔에 미리 알리는 것도 방법.

④ 할인 코드 및 이벤트 확인
대부분의 호텔 예약 사이트는 할인 코드를 제공하고 있으니 검색 후 코드를 활용하면 더 저렴하게 예약할 수 있다. 호텔 예약 사이트의 할인 코드를 꼭 검색해 보고 예약하자.

⑤ 숙소 사이트 회원가입이나 멤버십 가입
브랜드 호텔을 이용할 경우 각 호텔 사이트를 통해 예약하는 것을 추천한다. 호텔 멤버십을 가입하면 가입비는 무료이고 등급이 높을수록 무료 조식이나 객실 업그레이드, 이용 횟수와 결제 금액에 따른 리워드 프로그램 등 더 많은 혜택을 받을 수 있으니 챙겨보자.

6. 여행 경비-환전과 현지 결제

여행에서 사용할 경비는 환전을 하거나 카드를 준비해야 한다. 환전과 결제의 스마트한 대안이 요즘 핫한 트래블 카드다. 게다가 해외에서 결제 가능한 곳이 많아진 페이도 있다. 여행 경비를 어떤 방법으로 사용할 것인지 잘 계획해서 안전하고 스마트한 여행을 준비해 보자.

현금 환전

칸쿤 여행 시 여행 경비로 현금을 사용하려면 여행을 떠나기 전 은행에 직접 가서 달러로 환전하고, 멕시코 현지에서 멕시코 페소로 또 한 번 환전해야 한다. 멕시코 페소는 한국에서 환전이 불가능하기 때문. 은행마다 우대환전 수수료가 다르니 확인해 보고 가면 수수료를 절약할 수 있고, 모바일 앱을 통해서는 90%까지 우대받을 수 있다. 칸쿤 현지에서 페소로 환전할 경우 호텔 존이나 플라야 델 카르멘 코코봉고 근처 등 시내에 환전소가 많으니 환율을 잘 살펴보고 환전하자. 칸쿤은 멕시코 페소가 현지 화폐이나 관광도시라 달러(USD) 사용도 가능하다. 특히 팁 문화가 있는 칸쿤은 1달러나 5달러 등 소액 달러 환전을 여유 있게 준비해 가는 것이 좋다.

현지 결제-트래블 카드

해외여행 시 결제를 위해서는 현금과 카드가 필요하다. 대부분 비자나 마스터 기반 신용카드나 체크카드를 준비해 가는데, 요즘은 환전과 결제가 모두 가능한 트래블 카드가 인기다. 트래블 카드는 은행 계좌를 앱과 연결해 앱에서 환전과 결제를 할 수 있는데, 심지어 환전 수수료도 무료이거나 저렴하고, 실시간 환율로 24시간 환전이 가능하다. 칸쿤처럼 이중 환전이 필요한 경우 번거로움을 줄일 수 있어 유용하다. 결제는 실물 카드와 모바일 카드 모두 가능한데, 실물 카드는 앱에서 카드 신청을 할 수 있으니 여행 전에 미리 만들어 두자. 현금이 필요할 경우 현지 ATM에서 인출해서 사용하면 되는데, 인출 수수료도 무료(현지 ATM 사용 수수료는 제외)다. 다양한 외화를 충전할 수 있고, 결제 활성화 기능도 있어 실물 카드를 잃어버려도 앱으로 직접 조정할 수 있다. 카드 복제가 자주 발생하는 멕시코에서는 카드 결제 활성화 기능을 사용해 보자.

① 트래블 페이 카드

트래블 월렛 앱을 통해 충전한 외화를 해외 현지에서 사용하는 방식으로, 이중 환전 없이 현지 통화를 직접 환전하고 결제할 수 있다. Visa 카드 기반. 모든 은행 계좌 연동 기능이 장점이다. 멕시코 페소를 한화로 직접 충전하고(환전 수수료 2.5%), 충전한 멕시코 페소로 바로 결제할 수 있다. 그때그때 필요한 만큼 달러나 멕시코 페소로 환전해서 사용하면 된다. 쓰고 남은 멕시코 페소는 한화로 모두 무료 환불이 가능하다.

② 트래블 로그 카드

하나머니 앱으로 충전하고 직접 환전해서 쓴다. 하나은행 계좌로 연동가능하다. Master 카드 기반. 수수료 면제 금액을 확인할 수 있어 얼마나 아꼈는지 쉽게 확인할 수 있다. 트래블 로그 카드는 카드 디자인이나 체크카드와 신용카드 중 선택할 수 있다. 달러(USD), 유로(EUR), 엔화(JPY), 파운드(GBP)는 상시 무료 환전이며, 이벤트를 통해 다양한 통화의 환율 우대 서비스를 제공하고 있다. 환율 우대 서비스에는 멕시코 페소도 포함되어 있으니 환전하기 전에 이벤트를 꼭 확인하자.

트래블 카드 사용 시 주의 사항

♥ 트래블 카드는 충전 한도나 결제 한도, ATM 인출 한도가 각각 다르니 꼭 확인해야 한다.
♥ 해외 ATM에서 현금을 인출할 경우 일반적으로 비자, 마스터 무료 인출이 가능한 ATM이나 은행을 이용하자. 사설 ATM은 기기 사용 수수료가 포함되니 가급적 피하는 것이 좋다.

해외 원화 결제 차단 서비스를 사용하자.

해외에서 사용할 신용카드나 체크카드를 신청할 경우 카드사로부터 해외 원화 결제(DCC) 차단서비스 이용 여부를 꼭 챙겨야 한다. 해외 원화 결제(DCC) 차단 서비스는 해외 가맹점에서 현지통화가 아닌 원화로 결제되는 경우 카드 사용 승인이 거절되는 서비스로 사용자가 해외에서 카드 이용 시 원치 않는 해외 원화 결제(DCC) 수수료를 부담하지 않도록 한 것이다.

7. 여행 안전

해외여행 중에는 여러 가지 문제나 사건 사고가 발생할 수 있다. 이럴 때 당황하지 않도록 미리 대비해 두어야 할 것들을 살펴보자.

① 여행자보험 가입

여행자 보험은 여행 중에 발생할 수 있는 여러 위험 요소들을 보장해 주는 보험이다. 여행 중 아프거나 도난 사고가 발생하는 등 예기치 못한 문제가 생겼을 때 여행자 보험이 도움이 될 수 있기 때문에 중요하나. 여행은 안전하게 다녀오는 것이 가장 좋지만, 만일의 상황을 대비해 여행자 보험은 망설이지 말고 꼭 가입하는 것을 추천한다. 가능하면 최대한 보장받을 수 있는 상품으로 가입하자.

② 비상 연락망 정리

여행 중 긴급 상황이 발생할 경우를 대비해 비상 연락망을 준비해 두는 것이 좋다. 현지에서 도움을 받을 수 있는 영사 콜센터나 대사관 등 관련 기관의 주소와 연락처를 미리 메모해 둔다. 그리고 현지에서 국내로 쉽게 연락이 가능한 가족이나 지인들의 전화번호를 잘 챙기고, 여행 사실을 미리 알려두도록 하자.

③ 클라우드 활용하기

여행 중 여권과 같이 꼭 필요하고 분실하면 안 되는 것들은 클라우드에 저장해 두고 활용해 보자. 여권 사진이나 여권 사본, 신분증, 비자 등을 클라우드에 따로 저장해 두면 안전하게 보관하고, 안정적으로 백업도 되기 때문에 필요할 때 언제든 사용할 수 있다.

④ 휴대 물품 및 캐리어 관리

해외여행 시 고가의 물품(귀중품이나 고가의 카메라 등)을 가지고 출국했다가 입국 시 다시 가지고 입국하려면 휴대 물품 반출신고를 해야 한다. 휴대 물품을 가지고 출국할 때 여행자는 인터넷으로 세관에 사전신고(unipass.customs.go.kr)하거나 공항 세관에 신고해 '휴대 물품 반출신고서'를 발급받고, 입국 시에 세관에 자진 신고해야 관세를 면제받아 통관할 수 있다.

여행 시 필요한 짐이 들어있는 캐리어는 파손이나 도난의 우려가 많다. 도난 방지를 위해 캐리어용 열쇠를 따로 준비하거나 파손을 대비해 캐리어 벨트나 커버를 이용해 보자. 만약 수하물로 부친 캐리어가 파손되었을 경우에는 보상을 받을 수 있다. 여행자 보험을 들었다면 여행자 보험에서 보상받을 수 있고, 보험을 들지 않았다면 항공사에서도 보상을 받을 수 있다. 이때 항공사 규정은 조금씩 다르니 수하물 규정을 확인해 두자. 혹 배상 한도를 초과하는 수하물을 위탁하는 경우에는 수하물 위탁 시 가격을 신고하면 신고한 한도 내에서 배상을 받을 수 있다. 수하물에 이상이 생기면 도착 공항 수하물 벨트에서 확인한 후 직원에게 바로 접수하는 것이 좋다.

⑤ 비상금

여행을 하다보면 분실이나 도난의 위험은 언제나 있기 마련이다. 만약 소매치기의 위험이 높은 나라를 여행한다면 특히 조심해야 한다. 비상용으로 사용할 돈과 신용카드 하나 정도는 숙소 캐리어에 넣어두고, 여행 시 현금은 2~3군데 나누어 보관하자. 소매치기 위험이 높은 곳이라면 따로 작은 지갑에 현금을 조금씩 꺼내 사용하고, 지갑은 속주머니나 눈에 잘 띄지 않는 곳에 보관하는 것이 좋다. 사용하는 배낭이나 가방에 작은 열쇠를 사용하는 것도 추천한다. 칸쿤 호텔 외부에서 현금을 사용할 때는 한꺼번에 많은 돈을 가지고 다니지 말아야 한다. 안전을 위해 필요한 만큼만 소액을 들고 다니고, 외부 일정이 있을 시 가능하면 여러 군데로 나누어 현금 보관할 것을 추천한다.

⑥ 분실 사고 대처법

해외여행 중 가장 자주 발생하는 문제는 분실사고다. 여권이나 항공권, 개인 물품을 잃어 버리거나 도난당하는 일이 일어날 수 있다. 이런 일이 발생하면 현지에서 당황하지 않도록 미리 대처 방법을 알아두도록 하자.

TIP ❶ 여권 분실

여권을 분실했다면 즉시 가까운 현지 경찰서를 찾아가 상황 설명을 하고 여권 분실증명서를 발급받아야 한다. 미리 챙겨간 신분증(주민등록증, 여권 사본 등)과 경찰서에서 발행한 여권 분실증명서, 여권용 사진, 수수료 등을 지참해 현지 재외공관을 방문해 필요한 여행증명서나 긴급 여권을 발급받도록 하자.

❷ 수하물 분실

수하물을 분실한 경우에는 화물인수증(Clam Tag)을 해당 항공사 카운터에 보여주고, 분실 신고서를 작성하면 된다. 공항에서 짐을 찾을 수 없을 경우 항공사에서 배상한다.

❸ 여행 중 물품 분실

현지에서 여행 중 물건을 분실했을 경우 현지 경찰서에 가서 신고하면 된다. 여행자 보험에 가입했다면 현지 경찰서에서 도난 신고서를 발급받은 후 귀국 후에 해당 보험사에 청구하면 보상받을 수 있다.

❹ 지갑 분실이나 도난으로 현금이나 카드가 없을 경우

가까운 우리나라 대사관이나 영사관을 찾아가 그곳에서 신속 해외송금을 신청하면 된다. 서류를 작성해 제출하면 외교부 지정 계좌로 송금해 필요한 현금을 수령할 수 있다.

여행 실전 준비

여행 전에 할 일

여행은 공항에서부터 시작되는 것이 아니라 여행을 준비하는 그날부터 시작된다. 누구나 처음에는 다 막막하다. 그러나 걱정 대신 열정으로 하나하나 날짜에 맞춰 여행 준비를 시작해 보자. 열심히 준비한 만큼 여행은 알차진다.

여행 90일 전
여행 일정을 계획하고 항공권을 확보하자

여행지와 여행의 형태를 결정하자. 먼저 여행지를 선정하고, 자신의 스타일에 맞게 자유여행을 할 것인지 패키지여행을 할 것인지 결정한다. 출발일과 여행 기간이 정해지면 대략적인 일정을 잡자. 항공권은 최소 두세 달 전에는 구매하는 것을 추천한다. 여러 항공사 홈페이지와 항공권 가격비교 사이트를 체크하고, 프로모션 이벤트 등을 주시하면서 늦어도 3개월 전에는 항공권을 확보하자.

여행 80일 전
여행 예산을 짜자

여행 예산을 짤 때는 항공권, 숙박비, 식비, 교통비, 입장료, 투어 비용, 비상금 등을 고려해야 한다. 예산을 절약할 수 있는 다양한 방법들을 잘 살펴 알찬 여행을 완성해 보자.

여행 60일 전
여권과 비자를 확인하자

여행을 떠나기 전 여권 확인은 필수다. 여권 유효 기간이 6개월 미만이라면 꼭 재발급을 받도록 하자. 또한 무비자 여행국인지, 비자가 필요한지, 전자 여행 허가제가 필요한 나라인지 꼭 미리 확인해서 준비해야 한다.

여행 50일 전
여행 정보를 수집하자

여행지의 역사와 문화, 풍습 등 다양한 정보들이 있으니 살펴보자. 홀리데이 가이드북을 정독하고 관광청 홈페이지와 유튜브 등을 통해 자세한 정보를 알아두자. 카페나 블로그, 구글 검색도 이용해 볼 수 있다. 알고 가면 여행의 수준이 달라질 것이다.

여행 40일 전
숙소와 투어를 예약하자

숙소는 일정에 따라 이동이 편리한 곳에 위치를 정하고 예약하자. 도보로 이동이 가능하거나 역 주변이면 이동이 편하다. 또 투어나 액티비티, 공연 관람 등을 계획하고 있다면 미리 알아보고 예약해 두는 것이 좋다. 온라인 예약이 꼭 필요하거나 할인 패스 등이 있다면 정보를 알아보고 준비해 두자.

여행 30일 전
여행자 보험에 가입하자

여행자보험을 가입하자. 인터넷이나 여행시, 출발 전 공항에서 가입할 수 있다. 공항에서 가입하는 보험이 가장 비싸니 미리 가입해 두는 것이 좋다. 보험증서, 비상 연락처, 제휴 병원 등 증빙 서류는 여행 가방 안에 꼭 챙겨두자. 여행 시 문제가 생겼다면 보험 회사로 연락해 귀국 후 보상금 신청을 하면 된다. 미리 보상 절차를 알아두자.

여행 20일 전
각종 증명서를 발급받자

여권을 잃어버렸을 때를 대비해 여권 사본과 여권 사진 두 장, 현지에서 운전할 계획이라면 국제 운전면허증을 미리 발급받아 두어야 한다. 국내 운전면허증도 함께 챙겨두자. 학생인 경우 국제 학생증을 발급받아 각종 학생 할인과 무료입장의 혜택을 받도록 하자.

여행 15일 전
환전과 결제 준비를 하자

현지에서 사용할 현금은 미리 현지 화폐로 환전을 해서 준비해 두자. 요즘 핫한 트래블 카드로 환전해 사용할 예정이라면 미리 트래블 카드도 발급받고, 관련 앱도 설치해 두는 것이 좋다. 여행지에서 사용 가능한 페이가 있다면 미리 카드등록을 해두자. 해외에서 결제 가능한 신용카드도 챙겨두면 유용하다.

여행 7일 전
여행 짐을 꾸리자

아무리 완벽하게 짐을 꾸려도 현지에 도착한 후 생각나는 경우가 많다. 미리 체크리스트를 작성해 두고 참고해서 짐을 꾸리면 아쉬움을 줄일 수 있다. 여행에 꼭 필요한 각종 서류들도 다시 한 번 체크해 두자. 여권, 항공권, 숙소 예약 티켓, 각종 증명서나 사본, 교통편 확인 체크, 로밍이나 현지 데이터 사용 방법을 확정해서 준비해 두자.

여행 당일
출국과 여행지 입국하기

출국을 하려면 최소 출발 2시간 전에는 공항에 도착해야 한다. 면세품을 인도받아야 한다면 넉넉히 3시간 전에 도착하는 것이 좋다. 출국 24시간 전부터 온라인 체크인이 가능할 경우 원하는 좌석 선택과 항공권 출력을 해두자. 출발 시 꼭 여권을 챙기자.

여행 스케줄표 만들기

여행지에서 할 일과 이동 시 교통편, 숙소나 항공, 여행비 등을 함께 일목요연하게 정리해 두면 여행 시 필요한 내용을 한눈에 볼 수 있고, 체크할 수 있어서 좋다. 여행 일정을 체크하면서 여행 스케줄표를 미리 만들어 보자. 여행 스케줄표는 각자 여행의 목적이나 인원 등에 따라 항목을 만들면 된다. 엑셀 파일로 정리하거나 여행 일정 앱을 사용하면 훨씬 편리하고 효율적으로 활용할 수 있고 공유도 할 수 있다.

여행 스케줄표 작성 Tip

♥ 항목은 각자 편리한 대로 만들면 되는데, 교통비나 숙박비 등 여행 시 사용할 비용도 함께 만들어 두면 금액이 한눈에 들어와 예산을 파악하는 데도 도움이 된다.

♥ 엑셀 항목은 날짜/ 나라(도시)/ 일정(할 일)/ 교통편/ 교통비/ 숙박/ 숙박비/ 입장료/ 기타 등으로 나누어 스케줄표를 짜 보자. 여행 일정이 한눈에 들어와 편리하다.

♥ 엑셀로 정리한 여행 스케줄표는 현지에서 매일 일정별로 한 장씩 들고 다닐 수 있도록 프린트해 가면 현지에서 편리하다. 매일의 일정표를 작성하려면 이동 교통편을 자세히 정리해 두면 도움이 된다.

여행 준비 체크리스트

☐ 여권 및 여권 사본, 여권 사진
☐ 비자
☐ 신분증
☐ 항공권 e-티켓 인쇄
☐ 숙소 바우처 인쇄
☐ 각종 티켓이나 바우처
☐ 여행자 보험 인쇄
☐ 여행스케줄표 인쇄
☐ 통신사 확인(해외 로밍 등)
☐ 해외 사용 앱 다운로드
☐ 환전 / 해외 결제 카드
☐ 지갑
☐ 교통패스 구입
☐ 멀티 어댑터
☐ 보조배터리 / USB 허브
☐ 핸드폰 충전기
☐ 캐리어/보조 백
☐ 비상약
☐ 옷(양말, 속옷, 잠옷, 여벌 옷, 수영복 등)
☐ 모자
☐ 신발(샌들, 슬리퍼, 아쿠아슈즈 등)
☐ 접이식 우산
☐ 휴지(물티슈 등)
☐ 세면도구(칫솔, 치약, 샴푸, 린스, 바디워시, 샤워타월, 클렌징, 면도기, 손톱깎이 등)
☐ 화장품(스킨, 로션, 선크림, 기타 화장품 등)
☐ 선글라스(안경)
☐ 카메라 및 관련 물품
☐ 빌기봉
☐ 방수팩
☐ 지퍼백(비닐 팩 등)
☐ 비상식량
☐ 여행용 파우치

INDEX

▶ ENJOY

28 훌리오 파크	184
5번가(킨타 아베니다)	187
가라폰 파크	231
고래상어 수영	229
고래상어 투어 & 3섬 투어	273
과달루페의 성모 마리아 성당	230
그랑 세노테	259
더 시티	077
돌핀 디스커버리	227
두바이 팰리스 카지노	159
라스 팔라파스 파크	157
로스 알룩시스	283
리오 세크레토	072
마야 박물관	129
마켓 23	158
마켓 28	158
마하왈 비치	282
만달라	077
무사 해저 박물관	228
바야돌리드	252
벤츄라 파크	125
산헤르바시오 대성당	252
삼바 카타마란	074
석호 보트 투어	282
성 펠리페 요새	281
세노테 도스 오호스	188
세노테 아줄	190
세노테 쟈뎅 델 에덴	189
세노테 칼라베라 툴룸	259
세노테 크리스탈리노	190
셀바티카 어드벤처 파크	067
셀하	068
소칼로 & 메르카도(바칼라르)	281
소칼로(홀복스)	273
스카이 라이더	126
스칼렛	070
스트리트 아트	159
시크릿 비치	231
아시엔다 테킬라	187
아쿠말 비치	257
에코파크	283
엘 레이	129
이슬라 브루잉 컴퍼니	229
익스켈	232
익스플로어	069
익킬 세노테	251
쟈뎅 델 아르테	128
정글 투어	075
정글 투어 바라쿠다	124
치첸이트사	246
카르멘의 성모 마리아 성당	182
카안 루움 라군	258
캡틴 후크	128
코바	258
코수멜섬	191
코코 봉고	076, 185
콩고	077
크리스토 레스시타도 성당	127
크리스토 레이 성당	157
토레 에세니카 스칼렛 전망대	126
툴룸 유적지	256
파크 라 세이바	184
푼다도레스 파크	186
푼타 수르	232
푼타 코코	272
프리다 칼로 박물관	185
플라야 노르테	230
플라야 델피네스	127
플라야 마미타스	183
플라자 쟈뎅 드 마리에타	187
핑크 라군	160

🍽 EAT

100% 내추럴	196
더 캐리비안 갈레온	132
돈 루카 주스 & 스낵 바	194
돈 설로인	192
둘쥬라 아르헨타	235
라 메종 드 야라	284
라 보데기타	199
라 아비추엘라	165
라 타파티아	275
라 파릴라 칸쿤	163
라 파미글리아	197
라 플레이타	284
라스 퀘사디야 드 루이스	164
레 자르딘	274
로스 데 페스카도	162
로스 아구아칠레스	195
로스티세리아 라 멕시카나	235
루츠 피자	275
망고 카페	234
매니스 비어가르텐	204
멕스트림	131
미스터 타코	286
미스터 팜파스	161
미 부리토	287
베리베리 굿 바게트	202

보비노스	201	
부리토 아모르	260	
사쿠라 라멘	201	
서핀 부리토	131	
세비체 라 칭가다	274	
아 카카오	200	
아사데로 엘 포요	193	
아이스 바	237	
아이스크림 바	287	
알도스	199	
알룩스 레스토랑	197	
엘 니로	198	
엘 세야스	163	
엘 오아시스 시푸드	201	
엘 초피칸	202	
엘 카멜로 주니어	260	
엘 콤파	203	
엘 파이사노 델 23	162	
엘 포곤	196	
오스카스 그릴	236	
윅25	204	
이로리	164	
이마라 안토지토스 유카테코스	165	
칠테핀 마리스킬로스	285	
카르니타스 메르찬트	198	
카샤파 팩토리	193	
카페 모가구아	233	
카페 앙투아네트 페리	200	
카페 첸	286	
카페 후납쿠	261	
킨 하 이슬라 무헤레스	234	
킬로미터 19.5	132	
타이 코즈	163	
타코스 드 우모	233	

타코스 리고	130	
타코스 엘 티오노이	203	
타퀘리아 고메즈	204	
트로피컬	195	
판나 이 치콜라토	261	
팔라펠 네스야	194	
페스카디토스	161	
플라야 량케로스 라 까사 델 티킨힉스	236	
피시 프리탕가	133	
피자 렌조	203	
피제리아 베르틸라	285	
해리스 스테이크 앤 로우 바	133	
히로야 라멘	130	

🛒 BUY

라 이슬라 쇼핑몰	134	
라스 플라자 아웃렛	169	
럭셔리 애비뉴	134	
마르티 킨타 알레그리아	206	
메가 마트	209	
메르카도 코랄 니그로	135	
슈퍼 체드라위	134	
시가 팩토리	210	
아르테 탁스코	210	
와얀 내추럴 웨어	208	
우먼스 비딩 코퍼레이티브	237	
울트라펠	111	
월마트	169, 209	
징가라	207	
체드라위	170	
체드라위 셀렉토	209	
칼레 코라존	205	

킨타 알레그리아	205	
파세오 델 카르멘	207	
플라야 라 피에스타	135	
플라자 라스 아메리카	168	
하바이아나스	206	
후이촐 랜드	208	

🛌 SLEEP

그랜드 벨라스 리비에라 마야	212	
그랜드 파크 로얄 칸쿤 카리브	147	
그랜드 하얏트 호텔	217	
니죽 리조트 & 스파	145	
더 야크 레이크 하우스	289	
더 팜 앳 플라야 호텔	216	
라이브 아쿠아	143	
로디나 부띠크 호텔	219	
르블랑 스파 리조트	138	
리우 팰리스 페닌술라	148	
마레 콘도 호텔	218	
마리아 마리아 호텔	289	
마얀 몽키 호스텔	265	
맥스 호텔레스 칸쿤 센트로	172	
몰로치 호스텔	173	
미아 리프 이슬라 무헤레스	238	
바히아 프린시페 그랜드	262	
반얀트리 마야코바	213	
부카네로스	210	
비 플라야 호텔	214	
비치 프론트 호텔 라 팔라파	276	
빌라 필라밍고스	276	
산도스 리조트	146	

INDEX

선 팰리스 리조트	140
셀리나 호스텔	265
소호 플라야 호텔	216
스위트 말레콘 칸쿤	171
스칼렛 아르떼 호텔	211
시크릿 더 바인 칸쿤	137
알라다 호텔	217
알로프트 호텔	149
엑설런스 플라야 무헤레스	142
와비 호스텔	219
이슬라 무헤레스 팔레스	239
임프레션 이슬라 무헤레스 바이 시크릿츠	239
체 플라야 호스텔	219
카사 데 로스 수에노스	241
카사 티아 미차	253
터쿠아즈 앳 하얏트 지바	139
토토 블루 호텔	288
톰슨 호텔	215
파이니스트 플라야 무헤레스	136
파파야 플라야 프로젝트	264
포크나 호스텔	241
플라자 카리브 호텔	172
하드록 호텔 칸쿤	141
하얏트 질라라 칸쿤	144
호스텔 트리부	277
호텔 디오사 델 아구아	288
호텔 아드하라 칸쿤	173
호텔 아시엔다 델 카리브	218
호텔 임페리얼 라스 페를라스	149
호텔 카비아	171
호텔 킨타 마르시알라	253
호텔 포사다 06 툴룸	263
호텔 프리빌리지 알룩시스	240
호텔 플라자 알멘드로스	241
홀복스 드림 비치프론트 호텔	277

꿈의 여행지로 안내하는 친절한 길잡이

최고의 휴가는 **홀리데이 가이드북 시리즈**와 함께~